山西财经大学理论经济学文库；山西省“1331工程”资助出版；
国家社会科学基金一般项目“城乡互动的国际经验与中国城乡一体化道路研究”（14BJL060）阶段性研究成果

前沿·学术·经典
经管文库·经济类

U0877455

城乡关系演进下的中国城乡关联—共生发展研究

Study on the Correlation-Mutualism Development between Urban and Rural Areas in China under the Evolution of Rural-Urban Relationship

范　昊／著

经济管理出版社
ECONOMY & MANAGEMENT PUBLISHING HOUSE

图书在版编目（CIP）数据

城乡关系演进下的中国城乡关联—共生发展研究/范昊著. —北京：经济管理出版社，2021.1
ISBN 978-7-5096-7730-8

Ⅰ. ①城⋯ Ⅱ. ①范⋯ Ⅲ. ①城乡建设—研究—中国 Ⅳ. ①F299.2

中国版本图书馆 CIP 数据核字（2021）第 025850 号

组稿编辑：范美琴
责任编辑：赵天宇
责任印制：黄章平
责任校对：谢晓红

出版发行：经济管理出版社
（北京市海淀区北蜂窝 8 号中雅大厦 A 座 11 层 100038）
网　址：www. E-mp. com. cn
电　话：（010）51915602
印　刷：唐山昊达印刷有限公司
经　销：新华书店
开　本：720mm×1000mm/16
印　张：15
字　数：201 千字
版　次：2021 年 3 月第 1 版　2021 年 3 月第 1 次印刷
书　号：ISBN 978-7-5096-7730-8
定　价：98.00 元

·版权所有　翻印必究·
凡购本社图书，如有印装错误，由本社读者服务部负责调换。
联系地址：北京阜外月坛北小街 2 号
电话：（010）68022974　　邮编：100836

前言

城乡关系演进过程，是多层次城乡联系与城乡相互作用的外在表现，城乡关系协调与否，直接影响区域可持续发展能力。中国城乡关系经历了改革开放前的城乡分离、改革开放后的城市主导阶段，对区域经济增长和工业化、城镇化进程起到了推动作用，同时也带来了城乡差距扩大、农村发展落后及土地撂荒现象等诸多问题。2002年党的十六大提出“统筹城乡经济社会发展”，城乡关系从城市优先发展开始向城乡并重转变。2017年党的十九大报告首次提出了“城乡融合”发展理念并计划实施“乡村振兴战略”，标志着中国城乡关系已经进入到一个新阶段——从城乡并重到城乡互为动力、融合发展。而如何通过政策选择来顺应或加速城乡协调发展，以推进区域可持续发展能力提升，就显得尤为重要。

城乡关系既有自然演进的阶段性特征，也会因为制度选择和技术进步等或阻滞延缓、或加速跳跃、或改变路径而使得城乡关系呈现出不同演进特征。本书从城乡并重、城乡互动入手，尝试在空间、功能基础上，将制度、技术加入城乡演进过程，构建基于互动视角的城乡关联—共生发展分析框架，运用新经济地理研究方法，从理论上探索城乡相互作用机制及其阶段演进跃升条件，试图通过制度和技术变量来优化城乡关系，达到促进城乡协调、互动、融合发展的目的，以期在实践上能够对中国现阶段城乡关系演进提供借鉴。

本书以城乡关系演进为研究对象，基于城乡联系与城乡相互作用两类驱动机制，探讨城乡关系演进的内在机理以及互动视角下的城乡关联—共生发展模式。首先，对城乡关系的阶段演进做出内涵界定与特征演绎，强调关联发展与互惠共生对于城乡互动与城乡融合的重要作用；其次，将城乡联系与城乡相互作用作为城乡关系演进的两类驱动机制，并结合城乡关系不同演进阶段做出内在机理分析，通过驱动机制与内在机理分析过程解析核心驱动力指标，进一步构建出基于互动视角的城乡关联—共生发展分析框架；接着，运用城乡关联—共生发展分析框架对欧美城乡关系进行比较研究，分析不同变量影响下的互动融合模式；而后，运用新经济地理学研究方法，从城乡关联—共生发展分析框架中的阶段跃升条件入手，分别对城乡关系阶段演进做出模型推演；再次，从全国与区域两个维度对理论框架与模型变量进行实证检验，进一步探讨中国及其不同地区城乡发展阶段与可能的演进方向；最后，根据理论分析与实证检验结果，提出推动中国城乡关联—共生发展的对策建议。

本书主要工作、观点及结论如下：

（1）基于城乡互动视角探讨城乡关系演进，强调城市与乡村的“双主角”作用，弱化城市在城乡关系中的“单主角”特质。实践观察和理论分析结果显示，动态视角下城乡关系可以划分为城乡分离、城市主导、城乡互动与城乡融合四个发展阶段，其中关联发展与互惠共生是城乡互动与城乡融合阶段的重要特征。

（2）借助城乡关系演进的二类驱动机制，得到城乡关系演进中的六项驱动力指标。其中，乡—城单向要素流动性表现为城市向心下的集聚力，反映城市主导阶段核心特征；城乡双向要素流动性、多部门产业互动性、城乡跨域通达性在持续强化过程中，先显示出以城市为中心的集聚力，再不断向周边乡村区域扩散，体现城乡互动阶段核心特征；基本公共服务差异性、环境效用内化度则主要表现为分散力，重点与城乡融合阶段核心特征相关联。

（3）在城乡关联—共生发展分析框架之下，美国与欧洲作为互动融合发展的典型代表，前者为技术驱动下的自由延展式城乡互动模式，后者为网络共生构型下的组团式城乡融合模式。其中，技术与服务催生的新经济部门通过影响美国城乡社区经济活力，对城乡自由延展起到正向推动作用，从硅谷小镇到整个旧金山湾区的演化发展路径，其实质反映的是知识与科技导向下城乡多部门产业互动以及小城镇梯级延伸；在欧洲模式下，由城市群向多中心城市区域过渡的趋势十分明显，进一步形成了全球规模最大、关联最强的城镇网络体系，通过组团共生的城乡融合模式实现区域可持续发展。

（4）运用新经济地理学理论，通过城乡基础模型及其分类推演，将相关变量逐步加入，构建了城市主导模型、城乡互动模型和城乡融合模型，从理论上推导了实现城乡关系阶段演进的跃升条件。对应于不同城乡关系发展阶段下要素、产业、技术、环境等多种城乡联系及其相互作用的演化进程，将影响城乡关系演进的多项驱动力指标纳入不同的阶段模型中。这种限定条件不断收窄或不断严格的模型化方法，有助于深化与拓展城乡关系理论。

（5）实证检验结果显示，当前中国城乡关系正处于由城乡互动向城乡融合转变的阶段演进格局中，与党的十九大提出的城乡融合理念相符。从城乡关联—共生发展水平来看，东部地区居高，东北地区与中部地区紧随其后，西部地区相对较低。就全国整体而言，城乡产业互动性、跨域通达性与基本公共服务差异性是影响当前中国城乡发展差距与城乡关联程度的三个关键性因素。分区域来看，全国四大地区城乡关联—共生发展水平按照东部、东北、中部、西部的顺序依次显示出由高及低的梯级变动趋势，需要结合区域发展实际因地施策。

回首本书写作这段光景，常常往复于查阅文献时的壮志满怀，梳理框架时的若有所思，构筑思路时的恍觉顿悟，再到下笔行文时终究发现此路不通，而后搁置执念、重振旗鼓，并为根治论文顽疾换汤换药的序贯循环当中。历经此程，总是想到庄子所言“吾生也有涯，而知也无涯”，难免沮丧。每逢此时，幸得胡适先生箴言绕耳，“怕什么真理无穷，进一寸有进一寸的欢喜”。论及时间的力量，今天这个时日显得更有说服力。一路走来，兴叹几多磨砺之余，尤为令我动容的是感受到太多恩情。那些师长，那些亲友，正如煦暖春风，向我拂来良多教诲与无限关切。

首先感谢我的恩师景普秋教授。跟随景老师的几年时光当中，无论是从课程学习到论文写作，还是从硕士入门到博士精进，哪怕是从为人处世到平日生活，景老师都无一例外地对我倾注了大量心血。本书写作过程中，每逢遇到难处，工作繁重的景老师总是排除多方困难，以其高屋建瓴、洞若观火的学术思维加以引导，往往寥寥几笔、区区数语就能够让我如有醍醐灌顶、即获真谛之感。千言万语难表心中感激之情，唯有化作实际行动，继续奉行景老师的言传身教，以持久努力回馈景老师之恩情。

在此期间，还有许多师长亲朋给予我各种形式的指导与关怀，这些过往时光幸得有你们陪伴，方能使我排除杂念，潜心写作。秉相似眼角，漾励韧灿笑。无论是修德608的一排后座，还是点击文稿前的一抹清曲，是你们让我意识到，习惯是最好的精神良剂，时间是最好的制胜利器；保持一些饿感，保持一些困意，就是保持战斗力的最佳途径。

最后必须指出的是，城乡关系演进与城乡发展问题是一项涉及诸多学科和领域的大课题，本书从城乡互动视角对城乡关系演进下的中国城乡关联—共生发展进行了初步探索，分析与论证过程还存在有待商榷之处，研究中也不可避免出现遗漏与不足。同时由于笔者水平有限，编写时间仓促，所以书中错误和不足之处在所难免，恳请广大读者批评指正。

范　昊

2020年6月30日

目　录

第一章
绪　论

第一节　研究背景与研究意义

一、研究背景

城乡关系演进过程，是多层次城乡联系与城乡相互作用的外在表现，城乡关系协调与否，直接影响区域可持续发展能力。中国城乡关系经历了改革开放前的城乡分离、改革开放后的城市主导阶段，对区域经济增长和工业化、城镇化进程起到了推动作用，同时也带来了城乡差距扩大、农村发展落后及土地撂荒现象等诸多问题。那么，一个关键性的议题就是，如何能够在保持原有相对高速的发展水平之下，顺利破除或是化解上述城乡矛盾。这首先需要回到对乡村的原始认知这一起点上来，将人难留、无前途等固有判断[①]从乡村概念中摒弃，进而真正开始重新审视

① 很多学者在不同场合给出过类似描述。较为近期的，如中国人民大学经济学院刘守英教授在2017年底接受《中国经济报告》采访时表明，很多村庄“人走、资本不回”，进而“颓败加剧”；项继权、周长友（2017）也在《中国农村经济》中认为，对于乡村“秩序崩塌”“一片衰败”等现象的描述和评论常见报端。

究竟何为良性、健康、可持续的城乡关系，并有针对性地探讨不同形式的城乡关系之下存在怎样的本质特征与根本属性。实现对城乡关系及其发展形态的精准把握，有助于逐步解决城乡二元结构难题，真正将乡村发展与城市提质融入城乡一体化的整体格局与目标进程中。

从 2002 年党的十六大首次提出“统筹城乡经济社会发展”理念以来，我国对城乡可持续发展问题一直保持高度关注与积极探索，近十多年来政策导向的路径变化即为佐证。2008 年党的十七届三中全会针对农村改革问题，指出应当通过坚持以人为本的城乡统筹战略，用以实现全面、协调、可持续发展。到了 2013 年党的十八届三中全会，建立健全城乡一体化发展机制对于破除城乡二元体制的重要性开始逐步显现出来，我国明确提出必须经由城乡要素平等自由流动与基本公共服务合理均衡供给来提升乡村发展活力。这一观点在 2015 年党的十八届五中全会中得到了进一步体现，分别从要素流动、主体功能、服务均等与环境承载等方面对城乡协调与城乡一体化发展理念做出描述。之后在 2016 年与 2017 年的中央一号文件中，提出通过农业供给侧结构性改革破解“三农”新难题，着力推进农业现代化，培育农村发展新动能，标志着国家将基于农村内生性因素发力，重新审视城乡关系及其发展路径。顺着这一思路，2017 年 10 月党的十九大报告中没有继续使用“城乡统筹”与“城乡协调”等提法，而是首度提出了“城乡融合”发展理念并计划实施“乡村振兴战略”。这一政策性重大转变表明，城乡融合不仅真正反映出中国当下城乡关系发展格局的核心特征，并且已经成为未来一段时期城乡发展路径的占优选择。

那么，如何从理论上与实现机制上完成对城乡融合发展的系统阐释？结合国内外现有相关文献来看，对于城乡关系演进的系统性研究较少，以城乡互动视角作为核心切入点的论述则更加稀缺。党的十六大之后所推行的城乡统筹理念有助于引导公共政策在城市与乡村之间进行匹配与协调，在一定程度上起到了缓解城乡矛盾的作用，但是其过度依靠政府力量、以城市为驱动主轴的内核并没有发生实质性转变，自然也就无法响应或承载城乡互动深层次递进这一现实潮流。正是基于上述思考，党的十九大对城乡关系给出重新定位，这一政策导向的路径改变也呼唤着对于城乡融合发展领域的理论创新。实际上，城乡融合作为城乡互动发展的延伸与扩展，两者同属于城乡关系范畴，因而首先需要对城乡关系做出总体描述与分类演绎，在此基础上，进一步考虑从理论上与实现机制上论证城乡融合在城乡关系演进中的优势之处。

纵观世界发达经济体的城乡关系演进历程，多数国家或地区经历了从城市主导到城乡互动再到城乡融合的发展路径。那么，近年来我国城乡发展政策的一系列转变，是否意味着城乡关系格局也会朝着这个方向持续演化？城乡融合的关系格局确实能够引领区域良性、健康、可持续发展吗？为了回答这些深层次或者说根本性问题，需要在逻辑上进行逐级拆解，这一过程实质上正是对城乡关系内在演进机理的系统研究，并最终将上述复杂难题转化为一系列层层递进且更易于解答的浅层问题。在人类不同历史时期与不同地域环境背景下，城市与乡村究竟呈现出怎样的关系与格局？其中哪些是在逻辑上与现实中真正有价值进行归类推演的？既然认识到城乡关系处于动态发展过程之中，那么要素流动与城乡联系在其中扮演了怎样的角色，除此之外是否还有其他影响因素？城乡相互作用又是怎样在城乡联系中得以体现的？它们在不同城乡关系状态当中是如何发生作用的？是否有助于解释不同城乡发展阶段或发展形态并加以应用？在区域实际发展背景与相关政策制度下，城乡互动与城乡融合又分别具有哪些突出特征？面对这些饶有趣味且极具现实意义的问题，本书将以互动发展导向下的城乡关联—共生发展分析框架作为切入主线，将其代入城乡关系内在演进机理研究当中，进而尝试找出解答上述一系列问题的思路与方案。

二、研究目的与研究意义

1. 理论意义

从理论模式上，融合区域经济学、新经济地理学、新制度经济学、产业经济学以及资源经济学等相关学科领域，在合理界定城乡关系相关概念及其内在关联基础上，从城乡相互分离状态开始，尝试将城乡联系与城乡相互作用作为城乡关系演进的两类驱动机制，在多层次城乡联系分析视角基础上，通过城乡相互作用的纵向驱动型改造，使其贯穿城乡关系整个演进脉络，并在此基础上做出内在机理分析，进而对城乡关系进行特征阐释与分类演绎，最终构建出一个城乡关联—共生发展分析框架。其一，结合新经济地理学理论，将运输费用、规模报酬递增与不完全竞争等基本假定纳入城乡关系不同阶段的演化分析当中，体现城乡空间相互作用中的跨域通达性、接合带圈层结构、多中心集聚、网络式组团布局等城乡交互行为；其二，城乡之间在功能实现上的相互作用往往建立在一定的空间布局基础上，最为典型的是产业功能性集聚与分散以及节点区位功能集成化，主要表现在多领域通道建设、环境效用与生态功能、产业功能性集聚与分散、节点区位功能集成化等城乡交互行为；其三，引入以新经济（信息网络化、分布式能源、共享经济等）与新要素（数据、能源与交通等）为主要载体的城乡技术相互作用，由此推出新时代新形势下相应的城乡关系演进模式。从城乡关系演进内在机理构建城乡关联—共生发展分析框架，其出发点是尝试探究城乡关系演进的内在机理，既充分考虑到区位、规模与功能所带来的个案差异，又能够运用制度演化分析在城乡关系当中实现政策创新，同时还可以对新经济与新要素带来的影响做出及时反应，使得所给出的城乡发展优化路径兼具系统性、时代性与可操作性。

2. 现实意义

伴随着全国范围内工业化与城镇化的快速推进，我国城乡关系经历了由新中国成立初期的“城市偏向”到党的十六大之后的“城乡统筹”这一战略转变。尽管在此过程中，以农村剩余劳动力为代表的全社会潜在生产力得到释放，资源要素效率获得提升，但乡村撂荒、城乡差距以及城乡发展失衡等问题依然存在。对此，党的十九大报告重新就城乡关系做出调整，首次有针对性地提出“城乡融合发展”这一理念。因而，如何基于我国城乡发展现状及其演进趋势，结合世界发达经济体成功实践与经验借鉴，从实现机制上给出一条适用于我国的城乡融合发展路径，成为当下具有重要意义的研究课题。当前，我国城乡关系的主要特征是，要素仍然向城市流动与聚集，但加速度在不断放缓；乡村消费需求显著受到城市影响，但在城乡联动机制下日益旺盛；城乡产业割裂与产业失衡明显，但在动态演进过程中逐步扭转；城乡“信息鸿沟”与“数字鸿沟”显著，但在共享经济下有望改善；乡村基础设施与基本公共服务严重滞后，但发展动力日趋强劲；城市偏向政策仍占主导，但在制度变迁过程中趋于缓和。可见，我国城乡关系与城乡利益逐步发生越来越多的碰撞与交叠，如何在新形势新背景下稳妥推动城乡良性互动并逐步走向融合发展道路，具有重要的现实意义。本书纳入新经济理论与新经济形势因素，尝试构建城乡关联—共生发展分析框架，以演化视角分析发达国家城乡关系及其发展经验，进而得出适用于我国城乡发展的路径优化选择，对指导我国城乡融合发展、实现城乡一体化目标具有较为重要的应用价值。

第二节 国外城乡关系演进相关研究综述

梳理国内外城乡关系相关文献后不难发现，国外文章中一般出现的表达多为“城乡联系”（Rural-Urban Relation，Rural-Urban Linkage）与

"城乡互动"(Rural-Urban Interaction),而对城乡一体化的提法较少。与此相对,国内学者使用更为频繁的概念集中在城乡统筹与城乡一体化上,并且一般是针对解释与破解城乡差距而使用的问题导入式分析。实际上,尽管上述概念相互之间既有内在联系,又存在显著差异[①],但本书根本逻辑起点在于探讨城乡关系,需要对国内外相关研究进行多维度、宽视域的总结与提炼,进而为城乡关系演进发展研究提供多元的理论基础与翔实的应用素材。

世界主要发达国家普遍呈现出城乡互动或城乡融合的城乡关系格局,因而国外文献侧重研究城市与乡村之间的互动关系与空间形态等。本节主要从城乡关系演进中的乡—城劳动力流动、乡—城发展秩序、城乡空间形态、城乡政策实践以及城乡关系研究方法选择五个方面,对城乡关系演进相关文献做出梳理。

一、早期城乡均衡发展观的理论溯源

早期城乡均衡发展观始于亚当·斯密的自然顺序论,之后的思想家们在其基础上对城乡关系理论展开了进一步延伸与拓展。下面对这一时期的代表性理论做出分类概述。早期城乡关系的理论溯源可以归结为亚当·斯密的自然顺序理论。"自然顺序"又称"Smith 顺序",是早期城乡均衡发展观的起点。根据 Smith(1776)在《国民财富的性质及其原因的研究》一书中的相关论述,"在自然趋势之下,大多数人类社会的资本投入应当遵循'先农业—再工业—后国际贸易'的顺序。对于具有土地稀缺性特征的社会中,资本投入都符合上述自然顺序。在此情形下,城镇的规划建设须是经历了土地开垦才得以进行。如若不是集聚于城镇之中的手工业与制造业的发展,人们是无法从事区际贸易与国际贸易的"。Smith"自然顺序"理论一方面强调了经济社会的产业发展顺序,另一方面更是给

① 本书第二章将会对此进行相关概念界定及其内在关系分析。

出了由乡到城的发展顺序，即城乡关系的理论溯源。他认为，产业分工下的市场互惠互利关系是城镇与乡村得以成型的基础，因而城镇与乡村在数量与质量上都应成比例协调发展。

早期空想社会主义者也提出诸多“城乡协调”发展观，如英国法学家 More 于 1516 年构造的“乌托邦”（Utopia），意大利思想家 Campanella（1602）在“乌托邦”基础上进一步提出了“太阳城”（Sun City），而后法国哲学家 Fourier（1816）主张建立名为“法郎吉”（Phalanstère）的“和谐制度”以及英国社会活动家 Owen 于 1824 年前往美国印第安纳州，尝试实地创建城市与乡村融为一体、完全消灭城乡差别的新协和村（New Harmony，或称新和谐公社）等。这些理论都是对城乡关系最早的美好畅想，虽然“乌托邦”“太阳城”“法郎吉”这些美好的社会理想都以失败终结，但它们都共同表达了城乡关系均衡发展的理念，并对后续的理论研究产生了重要影响。之后，Marx 和 Engels 于 1880 年将空想社会主义上升到科学社会主义的高度，并进一步提出城乡关系的重要特征是“城乡融合发展”。

19 世纪末期至 20 世纪 50 年代，西方发达国家主要核心城市在这一时期快速膨胀，诸多问题伴随而来。英国城市学家 Howard 认为理想中的城市应当同时汲取城市与乡村二者的长处，并在“孤立国”区位理论基础上进一步做出空间拓展，于 1898 年提出“田园城市”构想。而后，美国地理学家 Mumford 基于环境因素提出乡村与城市不能割裂开来，二者应当共同发展（Mumford，1961）。“田园城市”构想后来为建筑学家 Wright（1932）与 Saarinen（1943）所推崇，两人相继总结出“广亩城”理论与“有机疏散”理论。他们不建议特大城市持续扩张，而是将其疏散为“一个中心、多点组团”的城市群格局，并对相应人口数量做出限制。他们指出，各种资源要素、行为活动过于向城市集聚的发展路径是存在弊端的，应当形成一种分散化发展模式，从而在城市与乡村之间实现协调与平衡。这一时期的理论都强调了分散化、低密度的城乡空间布局，为卫星城市规划建设提供了理论基础。

二、城乡劳动力流动理论的奠基性探讨

作为城乡关系演进的底层逻辑与基本表现，城市与乡村之间的劳动力转移及其流动机制理论成为许多学者首先关注的话题，因而可以称之为对于城乡关系演进的奠基性探讨。19世纪末期，一批经济学家开始探索城乡劳动力转移问题。最先涉足这一领域的是Ravenstein（1885），他发现不同经济体在收入与增长表现上的差异，会直接影响劳动力在区域间的转移行为。而后进入20世纪50年代，Lewis（1954）在发达国家已有实践的基础上，为发展中国家构建了农业部门与工业部门之间的劳动力转移及其经济增长模型，并首次运用二元经济结构理论阐释了发展中国家乡—城劳动力在产业部门之间进行转移的规律。该模型的诞生在学界引起强烈反响，Fei和Ranis（1964）沿着这一思路，进一步推演出名为Lewis-Fei-Ranis的劳动力转移模式。其核心观点是，现代经济增长的主要源泉是工业部门，相比之下，传统农业部门生产效率低下，因此只要工业部门的劳动边际生产率高于农业部门，那么这种劳动力跨部门迁移行为就会持续下去。该模型在学界产生广泛影响，其强调发展农业部门不仅有助于为工业部门供应所需的大量农产品，更能够为工业部门提供剩余劳动力，因而两部门之间的平衡发展才是经济增长的最佳保证（Schultz，1968）。

二元经济结构与劳动力转移模型从理论上印证并体现了当时发展中国家城乡关系的现实状态，那么是何种动力机制触发并推动这种城乡关系形成的？Jorgenson（1961）指出，农业部门劳动力向城市转移的必要条件是农业发展、农产品过剩，某一区域某时段内的农业剩余越大，则农业部门劳动力的转移就越显著。此外，以Todaro（1969）与Harris等（1970）为代表的经济学家发现一个奇怪的现象，乡—城劳动力转移与城市失业在南美洲欠发达国家一些城市同时存在。他们结合这一观察，提

出预期收入能够影响劳动力在城市工业部门与乡村农业部门之间配置的观点。Lucas（2004）则将注意力聚焦在劳动力人口自身素质上面，在传统人力资本理论基础上，他认为劳动力流动实际上也是人力资本投资的外现形式之一，并从微观视角入手，对南美洲欠发达国家城乡收入差距与劳动力流动问题进行重新审视。近年来，农业生产的相对高风险性被引入劳动力转移学说，代表人物是 Poelhekke（2011），他认为，乡村居民收入的不确定性与理性预期机制推动了乡—城劳动力转移，这一理论能够解释非洲与拉丁美洲一些国家低增长与快速城镇化并存的现象。

三、城乡发展秩序理论的系统性阐释

在劳动力转移及其流动机制理论的不断发展之下，国外学者逐步开始从空间视角入手，围绕聚集经济和聚集不经济相互作用来研究城乡关系与城乡互动机制，并进一步系统阐释了与之相应的城乡发展秩序理论。19 世纪中期，美国东北部大西洋沿岸区域开始快速增长，在很多学者看来，这是乡—城劳动力转移作用所诱发的一个直接结果，表现为一种空间集聚效应，并在学界引发很大关注。最先对这一问题做出研究的是 Marshall（1920），他以收益递增现象为切入视角，总结出与空间集聚效应相关的外部性理论，主要表现为熟练劳动力市场与共享、本地市场前后向关联与中间投入品共享、知识与信息溢出三个方面。尽管这三个维度的外部性都对经济的实际走向产生影响，但有碍于劳动力市场与知识溢出相关的模型构建及其技术处理尚未完备，甚至可以说至今仍未能有效突破，因而学界主要将注意力放在中间投入品共享带来的产业关联方面。在这种背景下，空间集聚与区位选址逐步成为传统经济地理学与空间经济学所关注的焦点。较为典型的有 Harris（1954）提出的市场潜力理论以及 Pred（1966）建立的基础—乘数数理模型，并已获得广泛应用。然而，传统经济地理学与空间经济学并未对一些重要变量做出探讨，如运输费用、不完全竞争等。

与此同时，随着空间聚集效应相关领域文献的不断积累与持续深入，乡—城发展秩序理论逐步活跃起来。Perroux（1950）可视作这一时期的领军人物，他在其提出的增长极理论中指出，经济增长往往具有非均衡性特征，不会同时发生在各个区域或是不同部门，而是通过具有规模优势、支柱地位、技术水平或是资源吸附能力等属性的高增长部门或区域的优先发展，进而带动周边区域或上下游部门共同推进，形成一个如"磁石"一般的增长极。几年之后，Myrdal（1957）继承并发展了这一理论，他提出的循环累积因果理论从相反的两个效应出发，对先发区域与后发区域之间的相互作用做出阐释。其中，回流效应是资源要素由后发区域流向先发区域，而扩散效应则反之。循环累积因果理论表明，如果在不受干预的自由市场环境下，回流效应将超越扩散效应，使得先发区域的增长极优势更为强化。几乎在同一时期，Hirschman（1958）又做出一定理论延伸，他提出了以极化效应与涓滴效应为主要内容的空间极化增长理论。该理论认为，两种效应分别在不同发展阶段显示出不同的相对强弱，尤为重要的是，长期中涓滴效应将占据主导，区域之间的收入差距趋于缩窄。

20世纪末，Krugman（1991）构建了著名的核心—边缘模型（Core Peripheral Model，CP模型），奠定了新经济地理作为一门独立学科的理论基础。该模型应用D-S分析框架来解决垄断竞争与规模报酬递增难题，并进一步使用"冰山型"运输费用代替主流经济学中的固定运输成本，在技术上辅以专业化程序给出数值模拟，以此应对演化进程中的多重均衡选择问题，最终将空间因素引入到经济学的分析框架当中。CP模型将空间区位选择与消费者、生产者行为紧密联系在一起，成为针对经济主体进行空间经济活动分析的微观基础，并进一步使得先前难以阐明的先"城"后"乡"非均衡发展秩序拥有相对完整严密的逻辑解释。

四、城乡空间形态学说的模式化推演

城市与乡村是具有联系性质的空间整体（Schaeffer 等，2013），积极的城乡联系能够推动城市优势逐步向乡村腹地扩散（Veneri 和 Ruiz，2013）。无论秉持怎样的学术观点，是非均衡增长理论还是核心—边缘理论、发挥集聚效应还是扩散效应、属于城市主导还是城乡融合发展，都会进一步面对关于城乡空间形态及其经济景观方面的动态演进问题。这一领域相关研究的一个突出特征是，众多学者从地理学视角出发，探讨要素流动与城乡空间形态之间的关联及其运动规律，并进一步围绕城乡空间形态学说展开各种模式化推演，比较典型的如城乡接合带、都市圈、大都市连绵区、城市群等。

法国地理学家 Gottmann（1961）在观察到美国东部大西洋沿岸形成的中心城市成片化现象后，首度提出了大都市连绵区（Megalopolis）概念。这种 Megalopolis 得以成型，先是依赖首位中心城市集聚效应带动，而后经历了大都市边缘区域的持续扩张，直至蔓延到其他核心城市空间边界的连接带附近。Lynch（1981）则受这一认识启发，提出了城市边缘区（Urban-Fringe Area）概念，首次给出边缘区这一范畴的相关界定，并指出城市边缘区对于城乡空间形态的最终成型具有显著影响。实际上，进入 20 世纪 80 年代后，各种城乡空间形态学说竞相面世。Stohr 和 Taylor（1981）提出的“选择性空间封闭”发展理论，重点强调应当以保障基本需求与减少社会贫困为根本，集中推动以当地资源禀赋为依托的劳动密集型产业发展，尤其是农业部门，这与当时重视资本密集、技术密集型产业的论调相背离。在此基础上，Rondinelli（1983）提出的“次级城市发展战略”认为，城市规模与等级划分是决定区域与城乡发展政策有效性的关键，而次级城市体系的建立恰好可以推动经济行为、社会活动与文化交流在城乡之间的传播。此外，他还进一步指出城乡联系有助于促进城乡平衡发展。

另外一些学者则将注意力转向发展中国家城乡实践，其中最具代表性的是 McGee（1986），他根据东南亚一些区域城乡发展的独有特征，总结出“Desakota”模式，发现其在城乡空间形态上与发达经济体存在较大差异。该模式重点强调乡村与城镇接合地带的强烈相互作用，劳动密集型工业与服务业在中心城市腹地与边缘区走廊地带出现快速增长。英国学者 Potter 和 Unwin（1989）则基于发展中国家古巴的城乡发展实践，首次明确将城乡联系划分为政治、经济、社会与观念四个理论层次，而这些不同联系又可以用劳动力、商品、权力、财政预算等客观存在的且易于量化的“流”来展现。在此基础上，Epstein（2001）基于发展中国家实践，提出包含乡村增长区域、乡村增长重心与城市中心的“三维城乡合作模型”，通过强化城市与乡村之间的要素流动与相互联系来提高农民收入机会与农业生产率，进而建立城乡合作关系。

世纪之交，以网络信息技术普及与全球联系不断深化为背景，世界上许多国家与地区城乡空间形态开始呈现出新的时代特征，诸多强调“城乡协调发展”的新理论新模式相继面世，表明城乡发展进入了一个崭新的时代。这一时期的代表性人物，是 1998 年从城乡相互依赖角度提出“区域网络模型”的 Douglass。他指出，“网络”（Network）得以成型，是由于一系列具有各自特征与区域化内在关联的簇群（Clustering）发生集聚（Douglass，1988）。在这一观点的影响下，进入 21 世纪，新的城乡关系理论将更多注意力集中于“网络”视域，并结合体现城乡联系的“流”理论进一步探讨城乡发展问题。而后，在区域网络模型基础上进一步演化出诸多城乡空间发展模式。Hidle 等（2009）基于挪威五个主要城市与腹地及其边缘地带之间（City，Hinterland and Borders）的要素流动与相互作用，提出城市—区域（City-Region）模式，将注意力集中在城乡联系上面。Van Der Burg 等（2003）则结合荷兰城乡发展实践，指出该国兰斯塔德地区城乡空间结构属于典型的城镇网络（Urban Network）模式。上述城乡空间形态都是基于城乡互动融合发展格局形成的，这是它们的共性特征，而交通运输费用和网络通信条件对此类城乡空间形态的形成具有重要影响（Puga，1998；Partridge 等，2010）。从发展实践来看，欧洲仅有伦敦与巴黎能够列为全球性特大城市，多数城市都处于中等规模（Medium-Sized），这里容纳了欧洲大部分聚居人口，由此形成了长期稳定的高密度网络化（Dense Mesh）城市中心（Camagni 等，2015）。Marsal-Llacuna（2016）指出，区域网络化空间构型的核心要义就是要追求精明增长，在体系内部实现经济、社会与环境三方面的可持续发展。

五、城乡政策实践的伴生性演进

在城乡关系演进过程中，无论是城乡发展秩序还是城乡空间形态，都受到区域城乡政策实践的显著影响。实际上，国外城乡相关政策实践正是随着城乡关系展开伴生性演进的。Lipton（1977）对包括拉丁美洲、亚洲在内的一些发展中国家城乡政策进行分析，并在此基础上提出经典的“城市偏向”（Urban Bias）理论。他指出，上述国家或地区决策者将经济增长视为首要政治目标，但未对城乡之间涉及诸如社会、文化等领域的因素做出充分考虑。其结果是政策导向过于“偏袒”城市居民与城市厂商，而对乡村产生不利影响。Corbridge（1990）将“城市偏向”归因于两个主要方面，一个是粮食、禽肉等农产品长期受到价格政策打压，另一个是乡村医疗卫生、教育培训等公共基础设施供给缺位。与此同时，Rigg（2001）以东亚国家为研究对象，针对城市偏向问题进行了专门分析。他指出，这些国家或地区一个普遍而相同的决策导向是，在经济发展过程中过分重视工业化的作用，而长期忽视乡村区域的政策规划。

从区域城乡政策实践来看，发展中国家和发达国家存在一定差异。Isserman（2001）指出，发展中国家政府统计部门大多直接将整个区域划分为中心城市区与乡村乡镇区来进行经济考察，城乡二分法观点根深蒂固，容易在政策上产生误导性作用。类似的论述还出现在 Berdegué 等（2015）的研究中，他认为发展中国家城乡政策往往在不同阶段背景下有针对性地偏向城市或乡村区域，很少能够在两者之间构筑一种政策联系，这样不仅不利于城市与乡村的发展，同时也无法体现城乡边缘区的重要作用。

进入21世纪以来，发展中国家希冀采取分散城镇化的发展战略来增进城乡联系并加强城乡互动。墨西哥政府在大型城市周边积极兴建诸多中小城镇，一方面鼓励企业向大都市边缘地区集聚，另一方面吸引人口向中小城镇迁移（Currit 和 Easterling，2009）。从要素流动的角度来看，人口大量从乡村地区流向城市，而食品流动与原材料流动却和人口流动的幅度不匹配。大量的农村劳动力到城市谋求生路限制了农村地区的发展，而缺乏以农业现代化为基础的城市经济发展又不足以提供与涌入劳动力相匹配的工作岗位，城市人口的增加并未伴随着就业性质、生活质量方面的转变，即出现了城镇化水平虚增的现象，导致许多找不到工作的人沦为贫民（Emran 和 Shilpi，2018）。

相对于发展中国家而言，发达国家在城乡政策实践方面就要领先许多。Caffyn 和 Dahlstriöm（2005）基于对欧盟主要国家或地区城乡政策纲领与指引的总结分析，发现城乡联系越来越多地在这些文件中获得体现，过去饱受诟病的城市或乡村单方面治理结构已被逐步打破，取而代之的是能够反映城乡相互依存性的政策方案。Alagh（2011）指出，21世纪以来发达国家重点在人力资本投资、观念共识提升以及生态环境打造等方面拟定城乡政策，并在此基础上不断优化城乡基础设施建设。美国通过对乡村社区合作组织提供战略规划、技术援助的方式，为城乡协调发展铺平道路，用较低的成本为乡村居民和农业人员解决社区经济社会问题（USDA，2018）。Conley 和 Whitacre（2016）拿美国明尼苏达州举例，该州乡村区域通过改善宽带基础设施来摆脱人才外流困境，并吸引创新阶层（Creative Class）流入。Scott 等（2013）则从城乡规划的视角出发，表明欧美等发达国家十分注重城乡边缘区在景观设计、功能定位、基础设施等方面的改善与提升，从国家层面到区域层面再到城乡结构层面，不同层级的规划研究能够体现一种城乡均衡的理念与状态。

六、新经济地理学的方法论补充

可以看出，无论是城乡劳动力流动、城乡发展秩序与形态布局，还是城乡政策实践，都反映出城乡关系演进过程与空间因素的密切相关性。实际上，空间经济理论作为区域问题研究中的重要方法，正在逐步为城乡关系演进研究所用，尤其是在新经济地理理论兴起以来，这一趋势愈发显著。具体来看，传统空间经济学与经济地理学等相关学科以经济主体的区位与空间为研究对象，创立了诸多区域与空间分析范式，如 Thünen（1826）、Hotelling（1929）、Hoover（1948）、Lösch（1954）、Isard（1956）、Moses（1958）、Alonso（1964）等。但是，上述区域与空间分析范式在探讨企业与个人的经济活动问题时，不仅缺乏较为严谨的理论工具与完善的数理模型，并且通常沿用主流经济学的规模收益不变或递减以及完全竞争等前提假定，而这种人为设定恰好是违背空间特性的，因而无法较好地应用到劳动力流动、城乡发展秩序与形态布局、城乡政策实践等城乡关系演进相关研究当中。而新经济地理学（New Economic Geography，NEG）的诞生真正解决了这一难题，将游离于体系之外的空间维度成功整合到主流经济学一般均衡分析框架中。

Dixit 和 Stiglitz（1977）所构建的 D-S 模型把脱胎于规模经济的收益递增和不完全竞争纳入一般均衡模型，成为新经济地理学得以创立，并使主流经济学得以接纳空间维度的关键。随后，20 世纪 70 年代末到 80 年代初，Krugman（1979）、Dixit 和 Norman（1980）、Lancaster（1980）等学者基于 D-S 模型，先后建立起各种形式的区际贸易数理模型或理论框架。这些思想的共同之处在于，完全忽略要素禀赋与比较优势，只关心收益递增与多样化偏好。而 Ethier（1982）则将研究重心放在中间投入品的收益递增方面，同样构建出涵盖了空间因素的区际贸易模型。上述这些研究在经济学领域掀起了规模收益递增与不完全竞争革命的四次“浪潮”，奠定了新经济地理学的理论基础。新经济地理学的发轫兴起，使得城乡关系演进研究在客观上拥有更为优化的方法选择。

近年来，新经济地理学在空间维度方面日益表现出强大的生命力与解释力。在考察了区域经济与城市经济学、国际贸易学、经济地理学等众多科学的经济问题后，Fujita 和 Krugman（1999）建立起一整套空间区位模型，通过变更假设条件、加入经济变量等手段，集中探讨了产业部门的空间集聚、城市的发轫演变、不同城市的层级变迁脉络、区际产业扩散与产业集群的出现或成型等诸多热点话题及其一般化的区位与空间经济结论。Baldwin 等（2003）则将视角放在了区际福利方面，他们基于新经济地理学数理模型的主要结论与参数表达，强调了经济活动区位与空间集聚对福利带来的影响，对一国内部不同区域兼顾效率与公平具有一定的实用性。Berliant 和 Fujita（2009）对新经济地理学做出了拓展，将空间集聚与区际互动延伸至知识关联层面，建立起基于区际知识创新与传递的知识关联模型，重点分析了区域之间人与人合作创新行为的时间、方式和效率，揭示出知识关联对要素区际流动、产业部门演化与生产者行为等方面产生的影响，代表新经济地理学未来的发展方向。

七、简要述评

通过以上文献梳理过程，能够对国外城乡关系演进的相关研究脉络有一个相对清晰的认识。可以看到，国外研究人员基于其特定的城乡发展背景与经济社会发展环境，形成了具有鲜明特征的理论体系与政策观点。其一，欧美等国学者多以发达经济体对应下的成熟市场经济模式与城乡规划理念为研究背景，其所关注的领域与试图解决的问题集中在如何通过强化城乡联系与城乡互动实现城乡融合协调发展。其二，国外文献在分析与探讨城乡关系及其发展形态过程中，非常注重理论体系研究与数理模型构建。其中，生命力最强、出现频次最高的研究领域主要包括劳动力流动理论、区位聚集效应与新经济地理学相关理论模型。其三，规模报酬与集聚效应等理论的发展，以及新经济地理学模型框架的广泛应用与延伸，使得空间因素能够真正作为城乡关系演进的主要研究切入点之一，并逐步得以在解决城乡产业部门集聚与扩散、城市的发轫演变、不同城市的层级变迁脉络等实际问题方面获得长足进展。其四，从国外城乡政策及其区域相关实践来看，近年来，城乡融合与关联发展领域获得前所未有的关注。从景观设计、功能定位等方面的整体规划，到基本公共服务、基础设施等方面的改善与提升，这些不同层级的城乡发展政策都是对城乡互动与城乡融合理念的集中体现。

对国外学者的四点主要研究特征进行总结，一方面，能够基于上述城乡互动与城乡融合发展的共识，为本书在研究思路与参考资料上提供一定的启发与帮助；另一方面，也同样提示本书针对这四点主要特征做出进一步思考，探寻其可能存在的理论突破点或潜在的延伸之处。其一，正是由于欧美等国学者多以发达经济体对应下的成熟市场经济模式与城乡规划理念为研究背景，所关注的问题早已跳出城乡二元结构、缩小城乡差距等“城市偏向”领域。然而，乡村在世界各国，尤其是发展中国家，仍然面临着巨大的发展问题甚至是生存挑战。这就提示本书应当从城乡联系的基本内涵入手，对影响城市与乡村之间相互作用的各类因素做出深入分析，以求能够提出更加适用于发展中国家的城乡理论与城乡政策。其二，尽管新经济地理学在空间维度方面日益表现出强大的解释力与生命力，但同时也存在一些值得商榷之处。比如，过分仰仗于相对复杂的数理推导过程，而对社会、文化、环境等多种实际因素视而不见。再比如，在网络信息化时代，现有新经济地理模型尚未引入新经济部门与新要素结构，它们将深刻影响城乡关系并驱使城乡发展格局发生一定变化。其三，既然国外已将城乡互动与城乡融合等关联—共生发展形态作为一种较优的城乡发展路径，那么城乡联系究竟具体涵盖哪些方面内容？在此过程中，城乡之间的要素流动与空间交互是如何体现其中的？它们对各种不同的城乡关系演进阶段又具有怎样的影响与作用机制？这一系列问题是国外文献鲜有谈及的，启发本书尝试以此作为一个研究切入方向进行探讨分析。

第三节　国内城乡关系演进相关研究综述

与国外文献相对更为注重理论分析不同，国内研究重点为城乡差距判定及原因分析、城乡统筹及城乡一体化路径探索等。本节主要从城乡差距问题对城乡关系格局的现实反映、城镇化推进模式对城乡关系格局的初步调整、城乡产业互动对城乡关系演进的重要影响、城乡生活一体化对城乡关系演进的推进作用以及城乡一体化评价对城乡关系演进的综合测度五个方面，对国内城乡关系演进相关文献做出梳理。

一、城乡差距问题对城乡关系格局的现实反映

从改革开放之前中国处于割裂状态的城乡格局开始，到改革开放之后管制政策的逐步放开，再到进入 21 世纪以来对城乡一体化的实践，这些摸索都是基于对二元经济理论与城乡收入差距问题的思考（厉以宁，2009），其背后实质上是对于城乡关系演进的现实反映。王检贵（2002）从整个区域资源配置有效性的视角对二元经济结构弊端展开分析，认为严重的城乡发展失衡不仅会延缓全社会经济结构转型步伐，而且随之而来的乡村消费不足会拖累区域内需动力，并陷入持续性的城乡收入差距困境。沿着这一思路，刘天宇和姜彦福（2010）从经济增长过程中城市现代工业企业生产方式入手，指出城市现代部门之间相互依赖程度越来越高，这一过程不可避免地削弱了乡村传统部门对城市的重要性，最终导致城乡收入差距扩大化。对于造成城乡差距的主要原因，学界的主流观点集中于城市偏向的城镇化政策（陆铭和陈钊，2004）与重工业优先

发展战略（陈斌开和林毅夫，2013）两个方面，可能的破解方法主要对应于改变城市利益导向下的人口流动政策（陈钊和陆铭，2008）。而其他一些学者则从知识贫困与制度变革等方面来寻求突破。

胡鞍钢和李春波（2001）在总结了传统理论中有关贫困的内涵界定后，进一步提出了知识贫困（Knowledge Poverty），并指出这种新的贫困类型会在未来几十年内严重困扰中国城乡共同发展。知识与信息作为乡村区域最为缺乏的生产要素，成为贫困人口实现收入增长的最大限制因素。众多新经济形式依赖知识创新与人力资本深化蓬勃兴起，使得知识丰裕与信息富集的国家或地区更容易积累财富，实现增长。而落后地区逐步被边缘化，从“知识鸿沟”到“信息鸿沟”再到“数字鸿沟”，造成发展过程中难以逆转的城乡差距。那么如何破解这一难题？在固有经济体制与城市偏向政策下，蔡昉和杨涛（2000）将注意力聚焦在利益集团于长期中设置的制度屏障上面，并将其归结为影响城乡收入差距周期性变化的首要因素。考虑到21世纪以来这种差距正处于周期性扩大阶段，整个经济社会体系谋求针对原有城乡相关制度框架进行改革的需求与动力日趋提升。基于这一判断，蔡昉（2003）又从制度经济学视角入手，对中国城乡收入差距进行研究，得出了打破城乡差距的关键在于制度变革这一观点，并进一步给出了其演进过程中的几个关键临界点。

二、城镇化推进模式对城乡关系格局的初步调整

随着对城乡差距问题探讨与认识的不断深入，国内学者逐步意识到城市偏向政策下城镇化发展模式研究的重要性，究竟何种城镇化推进模式有助于推动城乡关系良性演进？从20世纪90年代开始，学界以不同视角展开探讨。包括从城乡发展进程的空间状态变迁视角划分（谢文蕙和邓卫，1996）、从城镇化内在推动机制或制度演进动力的视角划分（邹农俭，1998；顾朝林，1999）、从城镇化与工业化潜在关联的视角划分（胡顺延，2002）、从城镇化蔓延区域与原生区域关系的视角划分（朱铁

臻，2003）等。在上述归类基础上，李强等（2012）则主要以城镇化内在推动机制与空间状态模式为切入点，从动态推进视角将中国城镇化模式总结为开发区、城市扩展、乡镇产业化等七类，更为强调政府主导、整体规划这一特征。

对于城镇化推进模式的探讨能够为城乡关系演进研究带来一定帮助，但在某种程度上不可避免地弱化了城乡之间的联系。实际上，早在 80 年代初期，费孝通（1984）就提出了小城镇模式，一方面，该理论在 20 世纪末对乡镇企业兴起带动下的小城镇建设贡献良多；另一方面，很多学者很快将注意力集中于这一领域，并且以小城镇为切入点，强化了对城乡协调发展的认识。比如，卢荣善和张远秀（2009）基于“小市大镇”理念，提出了中国城乡协调发展的构思，以中小城镇、县城和乡村镇集为基本单元，吸引各种要素向“小市大镇”转移，借此带动广袤乡村区域的经济增长与繁荣。陈学云和史贤华（2011）则将新农村建设相关内容纳入进来，认为可将其视为一种平台，通过城镇郊区化与乡村城镇化分别推动新城镇与新农村建设。此外，曹钢和何磊（2011）以不同时期的城乡协调背景为视角，针对国内中小城镇与乡村区域给出了第三阶段城镇化模式。可以看出，这些城镇化推进模式及其具体实践，对城乡关系演进格局起到了初步调整作用。

三、城乡产业互动对城乡关系演进的重要影响

产业作为经济发展与经济绩效的直接载体，在不断推进的城乡协调与城乡关联发展中处于至关重要的环节，可以说在城乡关系演进过程中，城乡产业互动带来的影响至关重要。基于这一背景，国内掀起了该领域的研究热潮。在城乡产业互动的动力机制方面，郭继（2002）从城乡劳动力流动方面入手，指出高效的产业互动离不开要素资源在城市与乡村之间的完全充分流动，同时强调了各个产业部门之间以及相关配套政策制度与基础设施所起到的协同作用。任迎伟和胡国平（2008）则以演进

视角为切入点，在城乡之间构建起一个产业互动模型，进而提出城乡产业发展路径，一般会经由初始的相对独立状态向更高级的互动发展格局进行过渡与演化。其中，要素资源的流动性、城乡技术服务的交互性、产业结构的层次性以及政策制度的驱动性等，是影响城乡产业互动及其动态演进的主要因素。在城乡产业互动的实现途径方面，洪银兴（2007）从纵向一体化的视角入手，对城乡互动具体表现进行了考察，主要侧重于农业方面。他指出，可以通过纵向一体化途径对乡村农业加工与流通环节施以改造，从而在空间上实现与周边城镇的产业互动。王兴明等（2010）则站在更为宏观的视角对城乡产业互动做出探讨，他将其视为城乡一体化的重要组成部分，需要综合考虑空间分布格局、要素配置能力、技术现代化水平以及城乡就业布局等多重因素。

近年来，以网络信息化为代表的现代技术及其影响下的新经济蓬勃兴起，成为推动城市与乡村在产业结构、要素分布乃至空间形态等领域发生进一步交互的重要因素。江曼琦（2001）较早围绕知识经济与网络信息化做出探讨，提出信息革命对区域集聚能力以及企业选址行为具有重要影响，有助于优化城市空间结构。刘玉（2003）则认为，网络信息化时代集聚与分散同时并存特征显著，由此能够引致乡村区域发展路径有所改观，并在此基础上诱发城乡互动出现新的模式。但就当前来看，我国城乡之间尚存在较为明显的信息差距，而这种网络信息化方面的发展失衡正是城乡经济与收入差距的重要影响因素之一。对此，高红樱和罗红（2008）提出，应对这一问题首先需要考虑的，应当是通过政策制度对信息资源进行调控，并强化乡村地区信息基础设施的供给力度。邹磊和徐策（2015）进一步强调，互联网环境将有助于推动不同领域新兴产业部门出现，其包容性增长将为乡村居民等弱势群体带来社会收益分享，有助于从教育医疗、基本公共服务等方面促进城乡区域均衡发展。郭美荣等（2017）则结合乡村主要产业的业态特征，总结出信息互联网在乡村具体的应用方向与途径，包括现代农业驱动型、信息服务驱动型、电子商务推动型和全域综合发展型等。此外，根据江小涓（2017）的判断，网络技术所带来的高度通联社会将会引发各种资源要素发生广泛的重组与聚合，进而逆转服务业生产率相对较低的假设。安同良和杨晨（2020）认为，网络信息化强化了以房价为重要代表的拥挤因子的分散力，有助于打破集聚与效率之间的必然关联，正在逐步成为区域发展新动能。在新经济条件下，新一代信息技术可以同时经由自身产业发展壮大以及与传统产业深度融合两个方向持续带动经济增长（李晓华，2018）。这提示我们，从今后的趋势来看，结合网络信息化与乡村乡土特色以及优美环境所创新的服务型业态，应当成为新经济环境下推动城乡关系演进的一个重要突破口。

可以看出，在网络信息化、共享经济与分布式能源等新经济兴起之下，不仅推动了城乡消费升级以及产业联动，并且打破了集聚与效率之间的必然关联，使得分散化经济得以经由市场化手段实现布局。近年来，许多学者从不同方向入手，就新经济对区域经济或发展模式的影响展开有益探索。例如，网络平台或数据信息的易复制性、零边际成本等特性降低了市场搜寻成本，提高了消费者搜寻次数（孙浦阳等，2017；宁朝山，2019）；利用大数据网络式重构发展城乡物流网络有助于降低供给成本（陶君成等，2016；纪良纲和王佳淏，2020）；以共享经济视角研究社会治理、空间重构等相关内容（余航等，2018；陈燕纯等，2018；唐清利，2018）；以互联网视角研究农村家庭创业、农村消费与农村劳动力就业等（周洋和华语音，2017；祝仲坤和冷晨昕，2017；马俊龙和宁光杰，2017）。

四、城乡生活一体化对城乡关系演进的推动作用

随着城乡产业互动研究的不断深入，作为城乡关系演进的重要内容，城乡基本公共服务均等化与城乡生活一体化也日益为学界所重视。洪银兴和陈雯（2003）较早从基本内涵层面入手，提出城乡基本公共服务均

等化与城乡生活一体化重点强调乡村居民在教育培训、医疗健康以及社会保障等领域，能够有机会享有同城镇居民均等或相近的服务与政策。而对于城乡公共品供需差异的内在机理问题，熊巍（2002）认为，乡村居民在公共服务需求方面存在一定的局限性，这对乡村地区公共服务需求的传递机制造成某种程度的阻碍。陈雪娟和余向华（2011）在考察了国内大量关于城乡一体化进程中乡村公共品供给的相关研究后指出，从总体上看，乡村公共品供给与城镇相比而言，存在结构不合理、总量相对不足等问题。魏佳容（2015）围绕城乡生活环境及其卫生服务供给方面，对基本公共服务均等化与城乡生活一体化的实质问题与治理难点做出分析。李斌等（2015）则从民生财政支出视角展开研究，发现尽管公共服务差异是导致城乡要素非均衡流动的重要影响因素，但民生财政支出在城乡之间的协调有助于平抑这种差异。此外，缪小林等（2017）还探讨了转移支付作为一项重要财政制度，对全国各个省份城乡公共服务差距缩小的影响及其作用机理。

关于如何在城乡之间实现基本公共服务均等化这一问题，学术界提出了诸多不同的标准。李华（2005）在对城乡公共品供给做出基础性与差异性的区分基础上，提出以结果、机会、权力、福利与功利主义五类判别标准来具体衡量均等化概念。其中，针对最为常见和重要的结果、福利以及功利主义均等，骆永民和樊丽明（2011）进一步基于制度表现与福利绩效做出比较研究。对于公共服务的治理机制，刘小玄和赵农（2007）提出，应当对公利、私利以及自愿机制采取兼收并蓄态度，在不同类型公共服务之间针对政府机构与市场自发部门形成有效边界。周业安和宋紫峰（2008）顺着这一思路，着重分析了市场自发投资对于公共品与公共服务供给的影响，相当于对于公共服务自愿供给行为给出的一个验证。与之相反，刘成奎（2012）则针对政府部门内的官员自豪感做出研究，认为这种自豪感带来的政府偏好会通过财政手段影响到城乡公共服务供给，应当考虑利用公共信息与网络媒介推动政府部门收益内生化，从而促进城乡基本公共服务均等化。结合当下供给侧结构性改革，林阿妙（2017）针对乡村地区公共产品与服务供给，从明确主体对象、强化基本职能、激活内生动力、优化供给结构以及扩大有效规模等多个层面做出分析。

五、城乡一体化评价对城乡关系演进的综合测度

从上述文献梳理可以看出，城乡一体化涵盖城乡产业一体化、城乡基本公共服务一体化、城乡生活一体化等诸多方面，学界逐步尝试探索建立与城乡一体化进程相关的指标体系，这种评价手段实质上是对城乡关系演进做出综合测度。其中，杨荣南（1997）较早提出了涉及城市与乡村之间关于经济、人口、空间、生活与生态环境五个领域的融合度测算体系，每个领域之下又对应若干个次级指标（共计 35 个），用以衡量城乡一体化水平。之后，顾益康和许勇军（2004）在对城乡一体化基本内涵做出界定的基础上，构建起一套通过发展度、差异度与协调度三个逻辑层次作为主要内核，共计 42 个次级指标的城乡一体化测度框架。近年来，学者们致力于突破传统评价体系构建中的片面性与静态性问题。周江燕和白永秀（2014）分别从时序变迁与区域差别两个视角对全国城乡一体化程度做出评价，其结果显示，尽管全国各地区之间城乡一体化水平具有一定差异，但总体呈现收敛态势，且随空间变化的趋势较为稳定。吴丰华等（2015）则重点强调了城乡社会一体化水平的综合测度，从基础教育、医疗卫生、社会保障、就业住房以及社会管理等方面分省域进行分析，提出了“中等水平阵营”基本成型的观点。

在此基础上，国内很多学者基于区域相关数据对城乡一体化发展进程进行了大量实证研究。曾磊等（2002）采用层次分析法对全国不同地区城乡发展特征做出静态演绎，重点体现了城市与乡村之间资源要素流动状态以及城乡区域联系的实际状况。前述各类指标体系的思路都是以城乡一体化概念作为逻辑起点，而徐明华和白小虎（2005）则通过经济

社会结构性发展规律，从城乡关系入手，提出以城市、农村、城乡总体以及城乡一体化四个方面发展水平为主要内容的综合测度体系，并基于浙江省城乡一体化水平做出测算。刘伟等（2010）强调应当以国家政策视角进行考察，从城乡功能、基础设施、公共服务、城乡产业以及居民生活等多个方面对北京、上海、天津与重庆四个直辖市的城乡一体化建设进程做出综合评价与比较分析。焦必方等（2011）认为指标体系的预设目标应侧重于地区比较和进程监测两个方面，在此基础上重点针对长三角地区城乡一体化综合水平及其进程监测做出相关研究。张国平等（2015）也同样强调了可比性与无量纲化处理的重要性，并据此给出九对城乡一体化测度指标，对 2008~2013 年京津冀与长三角地区城乡一体化水平进行了进程监测与比较研究。

六、简要述评

总体来看，与国外文献相比，国内对于城乡关系领域的相关研究是典型的问题导入型，即以城乡矛盾与城乡差距为切入点，专门的理论体系研究与数理模型构建较少。这就决定了国内研究更多是建立在已有城乡理论基础之上，针对中国城乡差距判定及其成因、城乡统筹与城乡一体化路径等偏向于实践的层面进行分析与探索。正如前文所述，尽管欧美发达国家在城乡互动与城乡融合领域具有值得发展中国家借鉴的经验与做法，但考虑到现实环境与时代背景的差异，其适用性与可复制性势必大打折扣，因而必须结合具体国情对城乡关系及其演进做出进一步研究。这正是通过国内外文献梳理与述评所要达成的目标，为本书指出了一个大致的研究方向，具体分述如下。

其一，在城乡发展进程中，城市与乡村以及两者之间的关系并非一成不变。如果想要基于演化视角，针对城乡关系内在演进机理进行研究，那么必须以城乡关系的概念界定与内涵把握为切入点。在不同发展时期与不同地域环境背景下，城市与乡村究竟呈现出怎样的关系与格局？其中哪些是在逻辑上与现实中真正有价值进行归类推演的？为了准确描述城乡关系，就必须首先给出上述问题的答案。

其二，总体来看，国内乃至国外对于城乡关系演进的系统性研究较为稀少。但是，如何才能让发展中国家既可以有效规避城乡隔离与城市偏向的危害，又能够在要素自由流动机制下克服乡村撂荒与阶层固化等城乡发展难题？这就必须以城乡联系的视角作为切入点，充分挖掘城乡相互作用的内在机理，从而深入到城乡关系演进发展的研究当中，并在分阶段演绎基础上结合区域现实环境与发展实际做出路径优化选择。

其三，分层来看，国内乃至国外文献较少呈现能够融合体现空间、功能、技术与制度四个维度城乡相互作用的范式分析。其重要性在于，考虑到现有城乡联系理论存在一些客观局限，如果将城乡相互作用视作城乡关系演进的重要驱动力，从广泛发生在城市与乡村之间的空间、功能、技术与制度四个维度的交互行为入手，能够有助于为分析城乡关系演进内在机理提供直接的理论依据。

其四，一个必须单独列出的具体环节是，在新经济与新要素等领域，国内乃至国外文献同样较少述及。近年来，网络信息化、共享经济与分布式能源等新经济形态的兴起，不仅推动了城乡消费升级以及多部门产业互动，并且打破了集聚与效率之间的必然关联，使得分散化经济得以经由市场化手段实现布局。这势必会对城乡关系演进施加一定影响，启发本书应当将新经济与新要素纳入分析框架当中。

第四节 研究思路、研究内容与研究方法

一、研究思路

本书的总体研究思路是围绕“问题提出与文献综述→概念界定及其内在关联→内在机理与分析框架→欧美模式与演化分析→模型构建与模型拓展→实证研究与综合测度→主要结论与对策建议”展开的（见图 1-1 左列实体箭头）。即“以城乡关系演进下的互动视角为切入点，强调城乡互动与城乡融合阶段的动态演进过程，从内在机理入手构建城乡关联—共生发展分析框架，结合不同模式下的欧美城乡关系演化分析与经验借鉴，在此基础上抽象并拓展出各类一般化数理模型，尝试基于区域视角测度中国城乡关联—共生发展水平，以期提出有助于推动中国城乡关联—共生发展的对策建议”（见图 1-1 右列实体箭头）。具体研究思路及其相关内容见图 1-1。

二、研究内容

（1）问题提出与文献综述。在梳理国内外相关文献基础上提出本书研究视角与研究思路。其中，国外文献述评主要围绕城乡劳动力流动理论的奠基性探讨、城乡发展秩序理论的系统性阐释、城乡空间形态学说的模式化推演、城乡政策实践的伴生性演进以及新经济地理学的方法论补充五个方面展开；国内文献述评主要涵盖城乡差距问题对城乡关系格局的现实反映、城镇化推进模式对城乡关系格局的初步调整、城乡产业互动对城乡关系演进的重要影响、城乡生活一体化对城乡关系演进的推动作用以及城乡一体化评价对城乡关系演进的综合测度五个方面。在此基

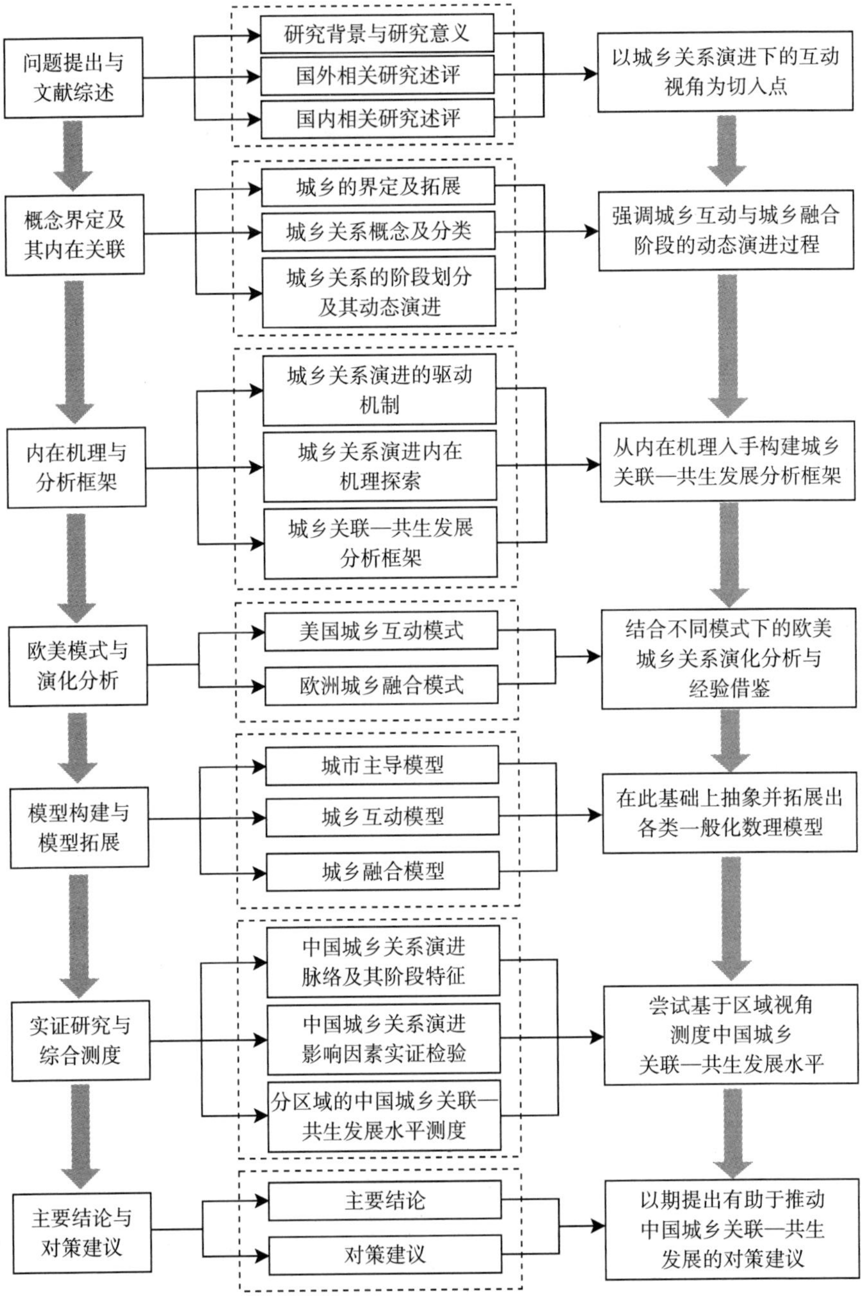

图 1-1　本书研究思路与分析框架

础上，提出以城乡关系演进作为本书研究对象，并指出研究思路、研究内容与研究方法。

（2）概念界定及其内在关联。界定城乡关系多个相关概念内涵并理顺其内在关系。对于城乡关系及其内在演进机理的研究，必须以城乡关系的概念界定与内涵把握为切入点。为了准确阐释城乡关系，首先需要面对的问题是，对于城市与乡村这一对主体对象范畴的概念界定。那么第二章将从这里入手，对城市、乡村及其边缘区（腹地）进行充分探讨，并在此基础上，分别从理想状态、政策导向以及阶段演进等多个分类层次，对城乡关系相关概念进行内涵界定，明确以城乡分离、城市主导、城乡互动、城乡融合作为城乡关系动态演进的四个发展阶段，进而逐一给出内涵界定与特征演绎。实际上，第二章所承担的角色是全书逻辑起点，通过上述界定与分析环节可以得到，在要素自由流动与城乡关联发展格局下，城乡互动与城乡融合阶段兼具复杂性、系统性与时效性特征，在不同空间区位、规模密度、制度技术等条件背景下具有多种影响因素，这种城乡关系动态演进中的内在机理研究及其实际应用正是本书着重探讨之处。

（3）内在机理与分析框架。基于城乡互动视角探讨城乡关系演进，提出一个以城乡关联—共生发展为雏形的理论分析框架。第三章将坚持这一研究视角，试图首先探索城乡关系演进内在机理，然后在此基础上设计城乡关联—共生发展分析框架，作为对第五章动态演进假设环境下进行模型拓展的理论准备。具体来看，首先在第一节对现有城乡理论的发展脉络及其启示与延伸方向做出分析，同时结合城乡联系未来演进趋势，进行相关理论延伸；第二节分别探讨作用于城乡关系演进的两类驱动机制，即多层次城乡联系与多维度城乡相互作用；在此基础上，第三节尝试探索城乡关系演进的内在机理，从乡—城单向要素流动性、城乡双向要素流动性、多部门产业互动性、跨域通达性、公共服务差异性、环境效用内化度等影响城乡关系演进的几项驱动力指标入手，使城乡联系及其相互作用贯穿于整个城乡关系演进脉络，进而对城乡关系阶段特征展开分类演绎；第四节则重点考察互动视角下的城乡关联—共生发展分析框架，涵盖了更为全面的城乡联系与更为复杂的城乡相互作用。其中，要素流动与城乡联系是关联—共生发展假设前提，报酬递增与产业互动是关联—共生发展作用机制，消费升级、通道建设与新经济兴起以及服务均等、环境效用与网络共生，分别作为关联—共生发展的先期跃升条件与后期跃升条件，城乡差距缩窄、城乡融合与城乡一体化是关联—共生发展结果。基于这一分析框架，将在第五章围绕城乡关系阶段演进展开模型构建。

（4）欧美模式与演化分析。第四章选定美国与欧洲作为城乡互动与城乡融合两种发展模式的典型代表，对城乡关联—共生发展的国际模式做出演化分析。在第三章所提出的城乡关联—共生发展分析框架基础上，以欧美为样板对城乡互动与城乡融合模式下的欧美案例进行演化分析与经验借鉴。其中，美国从硅谷小镇到整个旧金山湾区的演化发展路径体现了新兴业态主导下的自由延展式城乡互动，可以归结为技术驱动下的自由延展式城乡互动模式；欧洲则实现了城市群向多中心城市区域的演化与过渡，进一步形成了全球规模最大、关联最强的城镇网络体系，通过组团共生实现区域可持续发展，属于网络共生构型下的组团式城乡融合模式。

（5）模型构建与模型拓展。在城乡关联—共生发展分析框架的理论前提与参数设定之下，第五章通过假设修正与分类推演，进一步针对城市主导、城乡互动与城乡融合等不同城乡关系演进阶段展开模型细化与拓展。尽管新经济地理学在空间维度方面日益表现出强大的解释力与生命力，但在数理建模过程中仍然存在一定的局限性或者说值得商榷之处，尤其是在涉及城乡关系演进等相关研究领域。一方面，模型假设应当更加贴合研究对象的背景条件与实际情况；另一方面，模型构建应当针对不同国家或地区所表现出来的城乡关系及其演化与变迁过程进行分类推演。在模型构建过程中，要素流动与城乡联系是城乡关系与城乡发展模式得以逐步实现演进的主要驱动因素，其最终可以体现在城乡之间工业部门与农业部门的工资差异以及达到要素迁移均衡状态时所发生的工资差异耗散上面。以典型城市—乡村结构下的基础模型为起点，在城市偏向政策放开、城市工业部门不断扩散、知识浪潮背景下新经济部门崛起、农村消费潜力释放、城乡居民环境效用内生化等因素作用下，可能出现具有不同特征的城乡关系演进阶段，对此进一步给出模型细化与拓展，用以反映推动不同阶段实现动态演进的主要驱动特征。

（6）实证研究与综合测度。第六章重点运用多种计量方法与统计方法从全国与区域两个视角进行实证检验与相关解释，并在此基础上尝试探讨中国不同区域城乡关系发展水平及其未来可能的演进方向。具体来看，第一节以中国城乡关系阶段演进脉络的梳理分析作为导入点，初步判定以互动融合为导向的城乡发展模式将代表着当前乃至未来一段时期中国城乡关系演进方向；第二节则沿着这一演进脉络，对中国城乡关系演进的影响因素做出实证检验；第三节重点将地域非均衡性与异质性考虑进来，试图实现区域视角下对中国城乡关联—共生发展水平的评价与测度。在此基础上，以城乡关联—共生发展分析框架五个维度基本特征为判定标准，根据两个层面实证结果对全国不同区域城乡发展水平及其未来可能的演进方向做出相关分析。

（7）主要结论与对策建议。第七章与第八章将重点围绕整个理论体系与逻辑框架对全书核心观点进行必要总结，提出有助于推进中国城乡关联—共生发展的几点建议：破除制度障碍加强要素流动和城乡联系；加强城乡通道建设培育新经济模式；优化观念提升城乡基本公共服务均等化水平；分类推进打造组团共生的城市区域与城镇网络；因地制宜推进实施差异化城乡发展策略。最后针对研究局限与欠缺，提出本书可能存在的不足之处，在此基础上对未来潜在研究方向做出相关展望。

三、研究方法

（1）归纳分析与演绎分析相结合。在本书第二章与第三章理论研究部分，大量运用归纳与演绎相结合的分析方法。首先对城市、乡村及其边缘区（腹地）进行充分探讨，在文献收集与梳理归纳基础上，明确以城乡分离、城市主导、城乡互动与城乡融合作为所研究的几个城乡关系演进阶段，并逐一给出内涵界定与主要特征。进而在城乡关系演进的内在机理与分析框架章节，首先探讨了作用于城乡关系演进的多层次城乡联系与多维度城乡相互作用两类驱动机制，并在此基础上做出内在机理分析，进而对城乡关系不同演进阶段进行特征阐释与分类演绎。正是综合运用了归纳分析与演绎分析的研究方法，我们才能够面对城市与乡村以及伴随其间的城乡关系这种较为复杂的演进过程，最终构建出基于城乡互动视角的城乡关联—共生发展分析框架。

（2）理论研究与实证研究相结合。经济学研究的规范性与科学性体现在，应当基于价值判断进行理论总结与规范分析，并进一步通过实证研究对相关结论予以验证。本书针对城乡关系演进所提出的“城乡关联—共生发展分析框架”，重点强调城乡联系与城乡相互作用两类驱动机制，进而设计出一套核心指标，对城乡互动融合发展各个演进环节做出理论阐释。为了检验上述理论框架的合理性与科学性，本书集中于第六章展开实证研究。首先通过模型设计并运用多种估计方法，对中国城乡关系演进的影响因素做出实证分析；之后再针对区域视角下的中国城乡关系演进发展水平展开评价与测度。在这一思路之下，以“城乡关联—共生发展分析框架”的五个逻辑层次为基准特征，构建出涵盖 28 个具体量度参数的综合评价指标体系，对全国 30 个省、市、自治区展开区域视角下的比较分析与分类阐释。总体来看，理论与实证分析相结合的研究方法，有助于同时从理论上与实践中体现本书研究的科学性、客观性与针对性。

第五节 本书的主要观点与创新之处

一、主要观点

（1）从动态演进视角将城乡关系划分为城乡分离、城市主导、城乡互动与城乡融合四个发展阶段，并将关联发展与互惠共生作为城乡互动与城乡融合阶段的重要特征。其中，城乡分离阶段主要以单维的“城市—工业”与“乡村—农业”为基本形态，城市和乡村在生产生活方式与社会文化组成形式等多个领域形成两极化格局；城市偏向政策推动下的城市主导型城乡关系，其核心特征是各种生产要素与商品资源由乡村向城市单向流动，以城乡差异与收入差距为主的城乡矛盾愈发突出；而在城乡互动模式之下，城乡区域范围内要素、商品、产业、政策、信息、环境、需求等开始发生双向流动与相互作用，并通过城乡市场体系对其进行优化匹配，形成同时具备有效集聚与有机疏散特征的城乡关系；对于城乡融合导向下的网络共生关系，就好比要形成一个以互惠共生为基础的生态系统，重在强调城市与乡村之间具有正向溢出效应并形成动态反馈机制，区域空间主体在互动过程中具有差异化或层级化获益行为与贡献能力。

（2）提出城乡互动视角下城乡关系演进的驱动机制，在多层次城乡联系的一类驱动之上，进一步将多维度城乡相互作用视作城乡关系演进的二类驱动。在现有城乡联系理论基础上，将城乡相互作用视作城乡关系演进的重要驱动机制，主要涵盖广泛发生在城市与乡村之间的空间、功能、技术与制度四个维度的交互行为。本书尝试给出一个针对城乡关系演进内在机理的探索性研究框架，即从经济、政治、社会、文化与环境城乡联系的五个层次切入，以城乡相互分离状态为逻辑起点，加入城乡空间相互作用、城乡功能相互作用、城乡技术相互作用与城乡制度相互作用四个维度的驱动型交互因素，这种动态改造使城乡联系及其相互作用贯穿于整个城乡关系演进脉络。实际上，“城乡相互作用”的重要性在于，它强调的是城市与乡村的“双主角”交互性，弱化了城市在城乡关系中的“单主角”特质。这种逻辑阐释的最大创新之处与价值所在是，能够将城乡相互作用视作城乡关系演进的重要驱动力，从广泛发生在城市与乡村之间的空间、功能、技术与制度四个维度的交互行为入手，进一步挖掘促成不同城乡关系格局形成的几项主要驱动力指标，为分析城乡关系演进内在机理提供直接的理论依据。

（3）基于内在机理分析得到影响城乡关系演进的六项驱动力指标，作为城乡关系阶段演进的判定依据。通过城乡关系演进的内在机理分析得出，乡—城单向要素流动性、城乡双向要素流动性、多部门产业互动性、城乡跨域通达性、基本公共服务差异性、环境效用内化度六项变量，构成作用于城乡关系演进形态的主要驱动力指标。其中，乡—城单向要素流动性、城乡双向要素流动性衡量的是劳动力、资源、资金与信息等要素在城乡之间转移与交换的难易程度，前者强调由乡村流向城市的单向行为，后者则反映双向自由流动的交互行为；多部门产业互动性是衡量城乡不同产业部门之间实现空间转移、改造升级等互动能力强弱的指标，在城乡技术相互作用基础上，新经济与新要素在城乡之间孕育新兴产业部门，改造传统产业部门，形成多部门产业互动的格局；城乡跨域通达性衡量经济要素在城乡不同区位之间实现空间位置转换的效率高低，可以通过运输费用、通勤费用、租金成本等予以反映；基本公共服务差异性体现政府在城乡基本公共服务领域实行差别化对待的程度高低，主要涵盖就业住房、职住通勤、教育培训、医疗健康与社会保障等内容，与城乡社会联系直接相关；环境效用内化度则融合了人们追求生活质量的绿色观念以及乡村优美自然环境的功能属性，衡量的是城乡居民能否将生态环境视作自身消费者效用集合的组成子集之一，能够同时体现城乡环境联系与城乡功能相互作用。上述六项核心指标不仅体现着不同层次的城乡联系，内含着不同维度的城乡相互作用，而且在城乡关系演进过程中显示出相应的内在驱动力特征。

（4）以城乡互动为切入视角，通过“假设前提—作用机制—先期跃升条件—后期跃升条件—发展结果”的逻辑内核，构建城乡关系演进下的城乡关联—共生发展分析框架。其中，要素流动与城乡联系作为关联—共生发展假设前提，在整个框架中的地位如同中枢神经；报酬递增与产业互动能够直接反映城乡联系及其相互作用，是关联—共生发展作用机制；消费升级、通道建设与新经济兴起以及服务均等、环境效用与网络共生，从微观机制上对城乡关系演进起到不同程度的正向驱动作用，分别作为关联—共生关系的先期跃升条件与后期跃升条件；城乡差距缩窄、城乡融合与城乡一体化则对终态目标做出动态描述，是关联—共生发展结果。在此基础上，对新经济地理核心—边缘基础模型做出相应的假设修正与分类推演，对应于不同城乡关系阶段下要素、产业、技术、环境等多种城乡联系及其相互作用的演化进程，将影响城乡关系演进的诸多因素纳入不同的阶段模型当中。

（5）在城乡关联—共生发展分析框架之下，美国与欧洲作为互动融合两种城乡发展模式的典型代表，前者为技术驱动下的自由延展式城乡互动模式，后者为网络共生构型下的组团式城乡融合模式。其中，技术与服务催生的新经济部门通过影响美国城乡社区经济活力对城乡自由延展起到正向推动作用，许多乡村社区基于良好的技术设施与小城镇便利环境，对新经济行业产生强大的孕育空间与从业人员吸引力。从硅谷小镇到整个旧金山湾区的演化发展路径是新兴业态主导下自由延展式城乡互动的一个典型实例，其反映的实质是知识与科技导向下的城乡多部门产业互动以及小城镇梯级延伸；而欧洲模式以较高的经济发展程度与区域通达性但却有限的土地面积与人口规模为背景特征，众多中小城镇之间的联系与相互作用日益密切，由城市群向多中心城市区域过渡的趋势十分明显，进一步形成了全球规模最大、关联最强的城镇网络体系。欧洲在这种基本形态之下，以要素流动、产业关联以及通道建设为主要衡量指标的城乡互动程度已达到较高水平，取而代之的是通过组团共生的城乡融合模式实现区域可持续发展。

（6）实证检验结果显示，当前中国城乡关系正处于由城乡互动向城乡融合转变的阶段演进格局中，与党的十九大提出的城乡融合理念相符，从城乡关联—共生发展水平来看，东部地区居高，东北地区与中部地区紧随其后，西部地区相对较低。就全国整体而言，城乡产业互动性、跨域通达性与基本公共服务差异性是影响当前中国城乡发展差距与城乡关联程度的三个关键性因素。城乡要素双向流动性与环境效用内化度同样有助于弱化或缩窄城乡发展差距，但它们对于当前中国城乡发展差距与城乡关联程度的影响较弱。分区域来看，全国四大地区按照东部、东北、中部、西部显示出由高及低的梯级变动趋势。东部地区显示出较强的城乡关联—共生发展能力，处于城乡融合发展阶段中；相对于东部地区，东北地区与中部地区具备较强的城乡关联—共生先期跃升条件，处于城乡互动发展阶段中；与全国其他区域相比，西部地区所有因子与合成指数得分均位于城乡互动融合发展能力的“荣枯线”以下，尚处于向城乡互动阶段逐步演化与追进的发展格局之下。

二、创新之处

（1）城乡关系演进研究的新视角：城乡互动视角下城乡关系演进的驱动机制，主要体现为经济、政治、社会、文化、环境多层次城乡联系的一类驱动，以及空间、功能、技术与制度等多维度城乡相互作用的二类驱动。

城乡相互作用主要涵盖广泛发生在城市与乡村之间的空间、功能、技术与制度四个维度的相互作用行为，其重要之处在于，强调城市与乡村的“双主角”交互性，弱化城市在城乡关系中的“单主角”特质，能够挖掘出城乡关系演进的主要影响因素与关键驱动力指标，为分析城乡关系演进内在机理提供直接的理论依据。作为一种研究视角创新，本书突破了以往局限于既有城乡联系而静态谈论城乡关系的研究模式，尝试给出一个针对城乡关系演进内在机理的动态研究框架，在现有城乡联系视角基础上，加入城乡空间相互作用、城乡功能相互作用、城乡技术相互作用与城乡制度相互作用四个维度的纵向驱动机制，这种动态改造使城乡联系及其相互作用贯穿于城乡关系演进的整个脉络中。

（2）借助城乡相互作用视角下的城乡关系演进内在机理研究，通过“假设前提—作用机制—先期跃升条件—后期跃升条件—发展结果”的逻辑内核，构建基于互动视角的城乡关联—共生发展分析框架。

作为研究方法创新，本书有别于以“目标论”为导向的传统城乡关系研究形式，并不事先给出诸如城乡一体化等类似预设目标，而是围绕城乡互动与城乡融合发展阶段，提出城乡关系演进下的城乡关联—共生发展分析框架。在该理论框架中，通过“假设前提—作用机制—先期跃升条件—后期跃升条件—发展结果”的逻辑内核，能够有效实现城乡互动融合发展模式的演化分析、模型设计以及实证检验。其中，要素流动与城乡联系作为整个框架的中枢神经，是关联—共生发展假设前提；报酬递增与产业互动能够直接反映城乡联系及其相互作用，是关联—共生发展作用机制；消费升级、通道建设与新经济兴起，以及服务均等、环境效用与网络共生，从微观机制上对城乡互动与城乡融合发展起到不同程度的正向驱动作用，分别作为关联—共生发展先期跃升条件与后期跃升条件；城乡差距缩窄、城乡融合与城乡一体化则对终态目标做出动态描述，是关联—共生发展结果。

（3）运用新经济地理学理论，通过城乡基础模型及其分类推演，将相关变量逐步加入，构建了城市主导模型、城乡互动模型和城乡融合模型，从理论上推导了实现城乡关系阶段演进的跃升条件，在一定程度上扩展了城乡关系研究理论体系。

同样作为研究方法创新，本书对新经济地理核心—边缘基础模型做出相应的假设修正与分类推演，对应于不同城乡关系发展阶段下要素、产业、技术、环境等多种城乡联系及其相互作用的演化进程，将影响城乡关系演进的多项驱动力指标纳入不同的阶段模型中。在城市主导模型下，传统工业蓬勃发展，集聚效应与规模报酬趋向峰值，要素迁移的核心特征是乡村劳动力单向流动，城乡空间形态表现为向城市集聚；在城乡互动模型下，由于传统工业“阈值区间”下乡村传统工业部门的引入，要素流动的内在驱动力表现为集聚力与分散力并存，要素迁移的核心特征是乡村劳动力自由流动，城乡空间形态由集聚趋于扩散；在城乡融合模型下，由于新经济部门、环境效用与跨域通达性等因素的引入，要素流动的内在驱动力集中体现为分散力，可以通过城市拥挤成本、人力资本因子与环境效用因子予以反映，要素迁移的核心特征是乡村劳动力与城市劳动力都能够发生自由流动，城乡空间形态进一步趋于扩散。这种限定条件不断收窄或不断严格的模型化方法，有助于深化与拓展城乡关系理论。正如开放经济下蒙代尔—弗莱明模型所指出的“三难选择”(Impossible Trinity)，考察的维度越多越贴近现实，自然越容易造成研究困难。但从硬币的反面来看，正是视角变得更为宽广真实，使得可以通过多个方面实现控制的灵活性，从而有助于在不同区域城乡发展及其政策实践中去选择。

(4) 构建城乡关联—共生发展综合评价指标体系，通过实证分析得到，当前中国城乡关系正处于由城乡互动向城乡融合转变的阶段演进格局中，与党的十九大提出的城乡融合理念相符；从城乡关联—共生发展水平来看，东部地区居高，东北地区与中部地区紧随其后，西部地区相对较低。

作为研究内容创新，本书根据城乡关联—共生发展分析框架设计相关指标，尝试分别从全国与区域两个层面对中国城乡关系演进阶段做出判定与评价，并进一步有针对性地提出推进城乡关联—共生发展的对策建议。从全国层面来看，中国当前城乡关系正处于由城乡互动向城乡融合转变的演进格局中，应当通过强化城乡产业互动性、深化城乡跨域通达性与弱化城乡基本公共服务差异性的“三方演化”联动策略，加速中国城乡关系逐步实现由城乡互动向城乡融合格局演进与转变。从区域层面来看，其一，东部地区处于城乡融合发展阶段。江浙沪三省市应当发挥现有城市群与特色小镇优势，逐步打造多中心城市区域乃至城乡共生网络。京津两市与闽粤两省则适宜探索消费升级与技术驱动型城乡发展路径，通过新兴业态由城及乡的延展式互动逐步走向城乡融合。其二，东北地区与中部地区处于城乡互动发展阶段。东北三省应当重点应对城乡基本公共服务差异与生态环境等问题，推动城乡发展向融合格局演化；中部六省则需要基于区域联动视角巩固与强化城乡通道建设与产业关联水平，逐步积累城乡互动融合发展能力。其三，西部地区尚处于向城乡互动阶段逐步演化与“追进”的发展格局之下。重庆、陕西与四川三省市城乡发展阶段与中部地区相差无几，其重点在于稳妥推进产业布局由城及乡的梯级转移与构建贯通城乡的商品流通体系；云南、甘肃、青海等西部其他省区则应当更加关注强化城乡联系与促进要素流动，为城乡关联—共生先期跃升积累充足动能。

第二章
城乡及其二者关系的内涵界定

对于城乡关系及其内在演进机理的研究，应当以城乡及其二者关系的概念界定与内涵把握为切入点。在人类不同历史时期与不同地域环境背景下，城市与乡村究竟呈现出怎样的形态特征与关系格局？在城乡及其二者关系的动态演进过程中，应当如何针对城乡关系相关概念确定适当的分类层次，并在此基础上分别进行内涵界定，从而进一步在逻辑上与现实中对城乡关系动态演进展开阶段归类及其内涵演绎？为了准确阐释城乡关系，首先需要面对的问题是，对于城市与乡村这一对主体对象范畴的概念界定。本章将从概念界定入手，对城市、乡村及其边缘区（腹地）进行充分探讨，并在此基础上，分别从理想状态、政策导向以及阶段演进等多个分类层次，对城乡关系相关概念进行内涵界定，明确以城乡分离、城市主导、城乡互动、城乡融合作为城乡关系动态演进的四个发展阶段，进而逐一给出内涵界定与特征演绎。本章是全书研究的逻辑起点。

第一节　城市与乡村的界定及拓展

城市与乡村是人类一切活动的外化形式，与社会分工、劳作关系密不可分。长期以来，来自不同时期、不同地域、不同学科领域的研究人员都尝试对城市与乡村做出判别与划分（见表 2-1）。不难发现，由于世界上不同国家或地区拥有不同格局特征的发展历程，城市与乡村的内涵与外延显然不是一成不变的，它们会随着区域经济社会乃至历史政治格局的变化而发生演变，主要表现在空间形态、产业布局、功能服务与环境景观等方面，具有动态化特征。下面将重点围绕城市、乡村及其边缘区（腹地）的动态演进脉络，对主体对象范畴相关概念界定展开讨论。

表 2-1　不同学科领域对城市与乡村的概念界定与划分标准

学科领域	提出时间	观点主体	概念界定	划分标准
地理学视角	1896 年	德国地理学家 Friedrich Ratzel	城市在空间形态上首先应指向较大的规模与便利的交通，呈现为劳动人口与居所工厂的紧密联合体；而作为与城市相对应的一面，乡村则在空间形态上显示出人口与居所的散落化格局这一特征	空间结构
经济学视角	1976 年	英国城市经济学家 Kenneth John Button	城市的主要产业类型为从事非农业生产与服务，同时承担国家或地区的枢纽与中心角色，如政治、经济、文化、医疗或教育等方面；而农村则以农业生产为核心，在景观环境与文化风俗方面具有乡村特色	主体功能
统计学视角	1987 年	国际统计学会（International Statistical Institute，ISI）	首次倡导以人口密度为辨识依据，定居人口在 2000 人以上的区域视为城市地区，其余则为农村	人口密度

资料来源：①Ratzel，F. The History of Mankind［M］. London：MacMillan Publishers，1896. ②Button，K. J. Urban Economics：Theory and Policy［M］. London：MacMillan Publishers，1976. ③ISI 官方网站：https：//www.isi-web.org/.

一、工农隔离下的城市与乡村

在拉丁语初始意义中，Rural（乡村）作为 Urban（城市）的对立概念（Antithesis）出现，与 Rustic 具备相同的语源学词根（Etymological Roots）。Rustic 可进一步释义为 Primitive（原始的）、Unadorned（朴素的、未经修饰的）与 Unspoiled（未经破坏的），后逐步衍生出“富有乡土气息”的含义（Guttenberg，1977）。从中可以发现，这些描述同时涵盖正面与负面蕴意。而另一个表达乡村区域的单词 Country，其拉丁语的语源学词根为 Contra，意指“某些相反的事物”（Opposite）或“某些事物的反面”（Williams，1973），这与 Rural 作为 Urban 的 Antithesis 有异曲同工之妙。不难看出，城市与乡村这组概念从诞生之初就在词义上存在二分法级别（Dichotomy）的对立，有着正反相斥的含义蕴藏其中。

经典意义上，或者说传统语境下城市与乡村的这种相斥意味，其背后实质上是特定历史时期工业与农业之间所存续的对立态势。从传统农业社会一直到工业化初期，土地以及依附于土地上的农民成为核心经济要素，农业因而占据国民经济主导地位。当时从家庭作坊、民间手工业孕育而来的原始工商业，由于根植于小农经济与农业生产方式，只能作为农业部门的补充。在空间上，手工业与工商业基本集中于城市，城乡之间存在泾渭分明的界线，如早期的城墙。除了基本的食品、棉麻与耕具、器皿作为城乡之间农业与工业的商品交换，再无其他形式的交互与流动。这样，逐步形成了“城市即工业，乡村即农业”的区域分工环境。

城乡分治是这个时期的重要特征。在中世纪后期的西方社会，城乡分治发源于自发形成的“城市自治运动”，而中国则是外力使然。通过鸦片战争打开中国国门之后，帝国主义列强设立租界并成立具备政府管理职能的城乡管理机构，如上海租界由列强国家设立的“工部局”，于 20 世纪初通过相关法律规章[①] 开始施行城乡分治（庄林德和张京祥，2002）。这种经典意义上的“城市—工业”与“乡村—农业”，是本书研究对象（包括城乡关系与基本模型）的逻辑起点，也是城市与乡村的核心内涵。

二、要素流动下的城市与乡村

随着城乡经济社会尤其是工业化不断推进，上述关于乡村的概念性描述开始与乡村的实际状态发生偏离，而且其趋势呈逐步扩大之势。在

① 清政府于 1909 年颁布《城镇乡地方自治章程》。

这一过程中，社会也开始重新审视乡村景观及其带动之下的乡村生活方式，Barron（2006）通过一个有趣的视角生动展现了这一变化。他发现，如今的词根 Pagan（异教徒）衍生于过去拉丁语里 Paganus（村民）一词，而美国 20 世纪三四十年代的无声电影风靡后，开始大量涌现出将农民褒誉为“自然的贵族”（Nature's Nobleman）这种剧情或台词模式，在当时是非常显著的转变。

这一时期很多学者注意到了这种转变，开始质疑过去经典意义上对于城市与乡村对立性的划分方式。Unwin（1989）提出，当前的经济理论与发展实践过于片面聚焦在单纯考察乡村或城市的种种问题，而对于城乡之间的多维度、多层次联系却往往遗漏。尽管在探讨过程中，需要在某种程度上对城乡概念进行一定的区分，但在产业部门与空间关联方面将乡村与城市一分为二的观点与做法是脱离现实的（Tacoli，1998）。

城乡二分法（Rural-Urban Dichotomy）的破除，是以资源要素在空间上实现重新配置为起点的。工业化进入中后期，以农业为核心的传统社会构型逐步丧失效率，取而代之的是“城市—工业”导向下的经济发展主线，工商业等制造与服务部门占据主导地位。尽管农业仍然作为基础产业存在，但生产经营模式正在经历着机械化与规模化改造，并逐步成为以市场交换为目的而非单纯承担食品供给任务的现代化农场农业。上述城乡格局形成的主要驱动力源于发生自农业部门至工业部门的要素流动，其中尤以农业剩余劳动力为甚。规模化与机械化农业将农民从维持基本生计的土地劳作中大量释放，并为能够创造更高边际产出的城市“工业资本+劳动力”生产模式所吸收。源源不断的农业剩余劳动力流向城市工业部门，同时在空间形态与产业结构上成就了这一时期城市化的迅猛推进，城乡的功能边界与空间边界也随之日趋模糊。这种由土地劳作（农业）向“资本+劳动力”（工业）的生产模式转变，其直接结果是促使利润部分在国民收入中的占比份额不断提升，而后进一步用于工业资本投入，从而推动工业化与城市化持续深化。城乡之间初步形成了

“由农业至工业”的要素流动与部门间作用机制，并以乡村农业劳动力流向城市工业部门为首要表现，内涵特征逐步扩展。

三、区域交互下的城市与乡村

如前所述，伴随“由农业至工业”要素流动发生的，不仅仅是农业生产效率提升、城市规模持续扩大，还有城乡地理联系与功能地位的重构，往往集中反映在两者空间边界的蔓延与趋近上。最早意识到这一问题并给出具体分类框架的是“城乡连接带准则”（Rural-Urban Continuum Code，RUCC），后来 Rural-Urban Continuum 成为城乡研究领域被搜索与引用最多的学术名词之一（Brown 等，1975）。近十多年来，美国联邦政府机构基于 RUCC 陆续做出一系列改良性分类法则，其中影响力较大的主要包括城乡通勤区域（Rural-Urban Commuting Area，RUCA）[①]、统计学核心区域（Core Based Statistical Areas，CBSA）[②] 与城市影响力准则（Urban Influence Code，UIC）等。RUCC 研究对象的基本单元是县（Counties），初步划分为都会县与非城县（Metro and Nonmetro Counties）。进一步来看，可以通过人口规模将都会县分为三类，再通过人口规模、人口密度以及周边都会县邻接性将非城县分为六类，因而共计将城乡区域划分成九种类型。UIC 则在 RUCC 核心框架分类基础上，将都会县缩为两类，而将非城县扩为十类，共计 12 种类型（Isserman，2005）。

从美国 RUCC 到 UIC 发生的非城县类别条目大幅扩充现象表明，乡村在发达国家日趋激烈的区域交互机制作用下，无论是在边界范围、人口密度还是景观环境等，都经历着越来越精细化（Sophisticated）与紧凑

---

① RUCA 以城乡之间通勤往来的频次与密度作为分类标准，主要针对城市与乡村区域分别划分为混住区（Mixed）与主导区（Dominant）。下文有对应年份的具体统计数据。

② CBSA 侧重于依据大都市（Metropolitan）区域与微型都市（Micropolitan）区域给出分类准则。其中，大都市区域至少拥有一个居民人口数量超过五万的城市核心，微型都市区域则至少拥有一个居民人口数量超过一万的城镇核心。可以看出，CBSA 两类区域都可以涵盖多个县或是跨越多个州。而两类区域以外则被划为非都市区域（Nonmetro Area），称作 OCBSAs（即 Outside CBSA）。

化（Compacted）的演进趋势。20 世纪末西方国家热议的城乡连接带（Rural-Urban Continuum，RUC）理论正是这一背景的直接印证。除此之外，众多学者给出了不同的界定方式。如“异质马赛克”（“Heterogeneous Mosaics”，Allen，2003）、“昙花（景观）地貌”（“Ephemeral Landscapes”，Qvistrom 和 Saltzman，2006）、“无序（景观）地貌”（“Landscapes of Disorder”，Qvistrom，2007）、“城市蔓延新地界”（“New Geography of Urban Sprawl”，Micarelli 和 Pizzoli，2008）、“边缘地带”（“Edgelands”，Farley 和 Roberts，2012）等。不难看出，尽管命名各异，但它们相对于城市与乡村区域，仍凸显出异质性与不稳定性等方面的类似特征。考虑到这一特殊区域与城乡区域的紧密联系及其广泛发生的交互趋势，本书沿用作为 RUC 概念近年来在主流学界的变体“城乡边缘区”（“Rural-Urban Fringe”，RUF）这一界定（Scott 等，2013），其负面蕴意较少，出现频次较高。RUF 两端起点大致是乡村腹地（Rural Hinterland）、尚处于建设阶段的城市与中心城市市郊（Ravetz，2010），由乡村与城市之间相毗邻的空间地带形成，往往既享有最高的社会价值，同时又承载着最大的社会压力。

可以看出，区域要素、产业、制度、环境等持续发生碰撞与交互的城市与乡村，衍生出作为城乡边缘区的外延特征。研究过程中基于不同发展背景与假设条件［如都市绵延区（Megalopolis）、乡村都市带（Ruralopolises）等］分别纳入城乡关系不同演进阶段予以探讨。

四、组团格局下的城市与乡村

随着以城乡边缘区为主要空间载体的区域交互不断广化与深化，围绕某个增长极向外围进行水平蔓延的传统城市扩张模式难以为继，取而代之的是多中心、网络型区域组团格局。在这种情况下，城乡边界进一步模糊与失真，城乡关键指标（如就业类型、经济结构、消费模式与通勤表现等）愈发收敛（Converge），实现两者的科学合理划分越来越困难。RUCA 划分准则重点将城市与乡村按照主导区与混住区通勤状况进行分类，不同县域类别下主要产业雇员占比份额如表 2-2 所示。不难看出，所有县域分类的主要产业部门雇员占比份额都非常接近。相较于城市区域，尽管乡村区域的农业雇员占比份额仍占据较大比例，但就算考察对象是乡村小镇主导区与偏远区域，其制造业雇员占比份额也比农业部门要高，而服务业雇员占比份额更是几倍于农业部门水平。另外，从表中最后一列各县域分类下不同产业雇员占比份额与上年变动情况来看，城市混住区的数值比城市主导区拥有更小的绝对值，表明就业构成反而更为稳定。这也是为何 DiCecio 和 Gascon（2010）指出，如今只能说农业与渔业仍旧主导着乡村县域的地貌与景观（Landscape），但绝不能说它们把控着乡村经济。

表 2-2　2009 年 RUCA 准则下美国县域分类及其主要产业雇员占比份额（%）

县域分类（RUCA）	农业	制造业	服务业	政府部门	与上年相比变动情况
乡村（合计）	8.81	13.29	44.57	5.55	-0.49
乡村小镇主导区与偏远区域（Dominant small town and isolated rural）	11.23	12.01	43.45	5.85	-0.51
乡村大镇主导区（Dominant large town rural）	5.03	14.44	47.58	5.27	-0.39
乡村混住区（Mixed rural）	5.24	16.12	45.16	4.96	-0.52
城市（合计）	2.33	12.30	51.70	5.28	-0.49
城市混住区（Mixed urban）	4.84	14.16	46.18	5.39	-0.39
城市主导区（Dominant urban）	1.86	11.95	52.75	5.26	-0.51

资料来源：USDA. http：//www.ers.usda.gov/data/ruralatlas/download.htm.

实际上，在许多经济发达、市场化程度较高的国家，尤其是西欧、北欧与北美等区域，城市次中心与乡村混住区的枢纽特征日趋显著，区间通勤（Commuting）成为衡量区域网络化发展水平的关键性指标（Lluisa

和 Llacuna，2016）。此时城乡边缘区不仅在空间上充当区域交互行为的承载者，而且同时能够实现区域组团网络的部分节点功能。中心都市区诸多原本集聚的功能属性正在逐步分散至外围广袤的城乡边缘区甚至乡村腹地，同时周边县域乡镇的环境与景观对中心都市区的可持续发展起到重要支撑作用。总体来看，这种区域城乡互动趋于成熟、融合发展格局基本形成的城市与乡村，其范畴外延往往涉及区域网络化发展的空间构型，在本书对于城乡联系及其相互作用研究过程中需要考虑更多组团式与功能型发展格局，如城市群、城镇网络、卫星城镇、城市区域乃至特色小镇等。

第二节　城乡关系的相关概念及分类

作为人类经济社会中最为重要的关系状态之一，城乡关系反映的是城市与乡村在产业分工、经济联系、社会交往、制度变革等多个方面所呈现出来的总体格局，并于不同背景或不同时期之下显示出各异的形态与特征。从根本意义上来讲，城乡关系通常涵盖以工业与农业为主要载体的经济关系、以城市与乡村为主要载体的区际关系以及以市民与农民为主要载体的社会关系，分别对应于经济学、地理学与社会学等多个学科领域，体现出其特有的复杂性与综合性内涵。正是基于这种特质，伴随着城乡关系动态演进过程，在不同发展背景或历史环境下，应当对应于不同分类层次对相关概念展开探讨。它们或是出于对当前城乡关系理想状态的客观描述，或是用于推行某种城乡发展理念的战略选择，抑或是倾向于表征可能的城乡关系演进方向或目标，其共同之处是，都会对城乡关系的阶段演进施加重要影响。因此，如表 2-3 所示，首先需要对不同分类层次下的城乡关系及其对应相关概念进行逐一界定与归纳。其中，阶段演进下的城乡关系为本书重点研究的分类层次，将安排在下一节中进行单独阐述。

表 2–3　不同分类层次下的城乡关系及其对应相关概念

分类层次	对应分类下的相关概念
理想状态下的城乡关系	城乡协调、城乡一体化
政策导向下的城乡关系	城乡隔离、城市偏向、城乡统筹
阶段演进下的城乡关系	城乡分离、城市主导、城乡互动、城乡融合

一、理想状态下的城乡关系

1. 城乡协调

城乡协调将城市与乡村两大地域对象视作整个系统的有机构成部分，保证城市与乡村发展的统一性与共生性，代表着一种理想状态下的城乡关系。城乡协调侧重于传达一种发展理念，旨在引导城乡关系向着融合共生的方向演进。从根本意义上来看，城乡协调发展理念主要用于解决可能表现在多个方面的城乡对立关系与城乡发展失衡问题，重点强调在城乡协调发展进程中，一方面应当将城市与乡村两大地域对象视作整个系统的有机构成部分，保证城市与乡村发展的统一性与共生性，另一方面又需要兼顾城乡区域所分别固有的鲜明特征与个体差异，能够在城乡关系动态演进下实现个性化与差异化发展。不难发现，城乡协调发展正是要处理好这两个方面的关系，既要将城市与乡村、工业与农业、城镇居民与乡村居民纳入一个系统进行统一筹划，又要基于两大聚落空间的差异性特征推动城乡协调共生发展，使得能够在最大程度地保留各自固有禀赋与天然属性基础上，形成一种功能互补、效益共享的城乡关系。从表现形式上来看，城乡协调主要涵盖城乡要素协调、城乡空间协调、城乡产业协调、城乡功能协调、城乡制度协调等多个维度。从实现机制上来看，在城乡资源、要素、资金、资本、技术、信息等自由流动下，城乡协调发展理念通过打造集聚与疏散有机并存的网络共生系统，有效推动城乡关系向互动与融合方向演进。

2. 城乡一体化

作为另一类描述理想状态的概念范畴，城乡一体化重点强调的是城乡关系演进方向与目标，能够从系统论与价值观的高度体现人们对于城乡关系未来的预期走向。从目标的接近程度上来说，城乡融合的关系状态与城乡一体化最为贴合。相对于城乡互动更多关注资源要素双向流动与自由匹配，城乡融合与城乡一体化同时将多中心网络空间构型与社会文化多元渗透考虑在内，最终驱使城乡关系实现融合发展、高度依存、协调共生。必须指出的一点是，城乡一体化并不是唯一能够反映城乡关系演进方向与目标的概念，如果需要的话，同样可以界定诸如“城乡离散化”“城乡对立”等概念，用以体现分离的关系终态。但这显然是没有必要的，很容易认识到人们预设类似城乡离散化这种未来预期目标毫无意义。因此，在当前的认知水平下，城乡一体化应当是人类对于城乡关系发展的占优终态选择。

面对这样的界定，欧美等西方发达国家可能不以为然，因为“城乡一体化”这种概念描述确实鲜见于国外文献。实际上，这归因于西方文化很少关注事件的终态与目标，对于各个学科皆是如此，尤其涉及城乡关系这种处于长期动态演化格局的领域。不过有意思的是，城乡一体化思想还是在这些国家的政策实践中得以体现。Sørensen（2014）认为，良好的城乡关系必须将城市与乡村上升到利益共同体（Interest-based Community）的高度，无论是中心都市、城乡边缘区还是乡村腹地，主体间都不应牺牲各自与对方的利益。《欧洲空间发展展望》中首次提到城市群与组团式发展对城乡关系的促进作用，并作为 2016 年 10 月第三次联合国住房和城市可持续发展大会（简称“人居三”）中“城乡关系”议题的理论基础（United Nations，2016）。

城乡一体化作为表征城乡关系演进方向与目标的概念，其核心是目标一体化、利益共同体，并能够在城乡融合不断演化的推进下得以逐步实现。在范海燕和李洪山（2005）的相关概念界定中，尽管其他城乡关系相关提法与本书存在观点上的差别，但对于城乡一体化的理解还是不谋而合的。

二、政策导向下的城乡关系

1. 城乡隔离

城乡隔离作为一类城乡关系推进政策与战略选择，其实质是依托政府行政手段与管理职能，将城市与乡村在最大程度上锚定在某种割裂状态之下，使得原本仅仅具有地理分割属性的两个区域，进一步扩展至政治事务、经济事务乃至社会事务等领域，形成一种富含制度化特征与强制性色彩的城乡二元发展格局。较为典型的具体政策，即户籍管理制度。在较为严格的城乡隔离体制机制之下，政府往往借助强制性行政手段限制或禁止乡村居民前往城市区域工作与居住，与之相对应的，城市与乡村之间基本不存在建立在自由意愿基础上的生产交换与贸易往来。在政治方面，城市居民对于行政体系的影响力与控制力远远强于乡村居民，由于政治话语权处于极低地位，乡村居民在城乡各类事务中进一步陷于被动状态；在经济方面，表现为城市工业部门与乡村农业部门处于长期隔离状态，乡村剩余劳动力难以实现向城市工业部门转移；在社会方面，由于政府部门针对城乡居民实行差别化的管理体制，乡村居民在就业、医疗、教育、社保、购房等诸多领域无法与城市居民享受同等待遇。可以看出，在城乡隔离政策之下，相对于城市居民而言，乡村居民无论在政治、经济还是社会领域都处于一种不平等格局中，并趋向于进一步造成事实上的城乡对立。

2. 城市偏向

与城乡隔离相类似，城市偏向作为另一类城乡关系推进政策与战略选择，由于决策者初始主观意愿存在差异，既可能诱发城乡关系朝着城乡分离状态演进，同时也可能驱使城乡关系转向城市主导格局发展。这种不同城乡关系阶段演进结果的出现，不仅会受到经济社会发展基础与历史背景因素的制约，也同城市偏向相关政策选择与战略手段的执行效果密切相关。从表现形式上来看，城市偏向往往体现于政府行政部门在长期中制定并推行对城市更为有利而对乡村不利的政策制度，从而使得国家或地区整体发展优势偏向于城市区域与工业部门。出于基础薄弱、资源有限与效率优先方面的现实考虑，诸多发展中国家在处理城乡关系事务时更为倾向于做出城市偏向的政策选择或战略定向，易于进一步加剧城乡差距、增长放缓与乡村撂荒等各类城乡问题。从形成机制上来看，城市偏向政策首先是以城市与乡村作为不同利益集团进行博弈的结果，尽管乡村居民数量更为庞大，但受制于经济、文化与社会地位等因素，其政治活动介入程度与影响能力远远低于城市居民，进而导致制度设计与政策理念偏向于城市居民利益。从作用方式上来看，城市偏向的政策选择或战略方向涵盖诸多领域，包括资源使用偏向、公共投资偏向、价格税收偏向、社会民生偏向等，往往使得价格机制扭曲、市场体系失灵，乡村与城市在各个方面发生明显分化，城乡差距逐步拉大。

3. 城乡统筹

相对于城乡隔离与城市偏向两类政策选择而言，城乡统筹所蕴含的强制性意味较弱，其更倾向于传达一种引导城乡关系良性互动的发展理念。从根本意义上来看，城乡统筹发展理念针对的是重工轻农、重城轻乡的局限思想，进而破除城乡分离与二元结构格局，并能够对以城市为重心的制度设计与战略方向起到“纠偏”功效，从而逐步向城乡一体化的共同发展目标靠近。不难发现，与城乡隔离或城市偏向等政策导向不同，城乡统筹发展理念体现的是一种建立在平等关系下的相互联系视角，同时将城市与乡村发展、城镇居民与乡村居民利益纳入一个系统进行统一筹划，其目的在于突破城乡分离或城市主导的城乡发展格局，并进一步引导城乡关系朝着关联互动的方向演进。从表现形式上来看，城乡统筹主要涵盖整体规划统筹、要素市场统筹、产业布局统筹、基础建设统筹、社会治理统筹等几个方面。从实现机制上来看，一方面，通过强化城乡之间多种资源要素的自由流动与合理配置，进一步推动市场机制下城市与乡村、工业与农业、城镇居民与乡村居民的交流与交换；另一方面，通过城镇对周边乡村区域的辐射作用与溢出效应，逐步建立起平等统一的经济、社会、文化等各方面秩序，逐步形成城乡一体化发展格局。

第三节　城乡关系的阶段划分及其动态演进

从上文界定内容可以看出，城市与乡村在边界范围、功能属性、空间形态以及作用方式等不同维度表现出各异的演进态势。实际上，这种动态变化同样发生在城乡关系阶段演进中。根据 Potter 等（2004）的观点，城市与乡村之间的异质性与互通性是城乡关系得以成型的直接来源，并贯穿于区域经济社会的整个发展历程之中。郑国和叶裕民（2009）则进一步提出，城乡关系会随着时间而发展变迁，且该过程具有显著的阶段性特征与周期性表现。对于城乡关系阶段演进及其内涵与外延的精准把握，有助于真正理解看上去较为复杂的城乡关系。基于这种认识，本书在针对城乡关系渐进的阶段划分界定过程中，侧重于结合相互联系与相互作用对其客观演进规律展开探讨，能够为下一章城乡关系演进内在机理研究奠定概念基础。

一、缺乏市场交换的城乡分离阶段

人类传统农耕文明历史漫长而悠远，直至代表着工业化星火的民间手工业与原始工商业初步显现于散落的中心集市与小城镇，城乡之间鲜有发生劳动力流动或商品市场交易等自发性、逐利性行为，产业构成上更是以单维的“城市—工业”与“乡村—农业”为基本结构，导致城市和乡村在生产生活方式与社会文化组成形式等多个领域形成两极化形态，可以说在这种情况下，“城市即工业、乡村即农业”的城乡分离格局逐步成型。

对于造成这种割裂式城乡关系的根源，周志山（2007）指出，在工业化开端与工业化前期，尽管社会劳动生产率有所提高，但仍然处于发展不足的状态，城乡分离状态在这种背景下是历史的必然。可以看出，由于生产力低下而缺乏区域间市场交换，是导致城乡分离的主要因素。必须指出的是，尽管处于割裂式关系状态，但这并不意味着城乡之间就像完全孤立的两个区域一样不存在任何形式的接触与交流。在城乡分离的关系格局中，唯一重要且显著的城乡经济往来特征，就是乡村向城市提供维持生活必需的食物与棉麻。换言之，依托于农业的乡村居民是能够自给自足的，而城市居民则反之。实际上，这一特征与一些学者所描述的“乡育城市”是契合的（叶超和陈明星，2008），只是这一界定方式更加突出了小农经济对当时城乡精英阶层与社会风俗的统治力，城市在共同价值观与文化塑造方面深受农业生产方式影响。直到城乡分离关系格局存续期的末期前后，劳动生产率与工业化水平有所改观，这才开始出现由城市向乡村提供的专业化工业品，但也仅限于耕具、器皿等以农业生产生活为主要目标的手工业或轻工业商品。如图 2-1 所示，在城乡分离阶段下，乡村以农业生产方式与食品棉麻提供为主，末期在城市中出

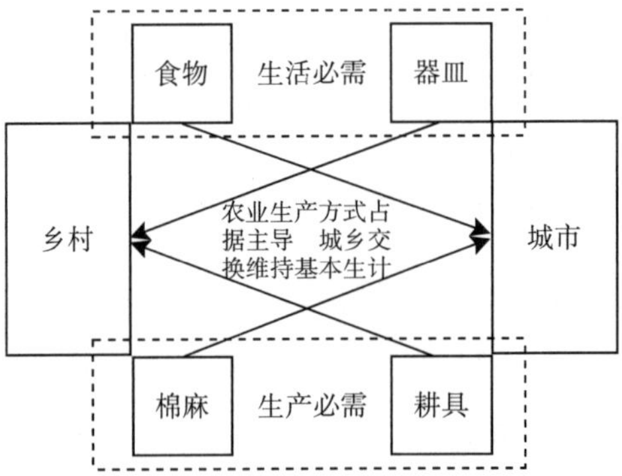

图 2-1 城乡分离阶段下基于生计“必需”的城乡交换

现生产器皿与耕具的城市手工业与家庭作坊，双方目标都仅为维持基本生计，尚未出现以追求利润为目的的商品市场交易行为。

欧洲在 18 世纪经历着封建社会向资本主义社会的过渡时期，工场手工业是当时城市工业的基本特征，社会化生产格局尚未形成。与之形成鲜明对比的是，农场规模化经营水平较高，农业人口基本可以自给自足。Thünen 结合那一时期德国北部一个农场的实际情况，提出了以农业区位为研究对象的“孤立国”理论。其基本假设即不存在航道与运河，四周都是易于耕作的肥沃土地，处于一种与世隔绝状态，因而称为孤立国。尽管该理论旨在强调空间区位对于农业的重要性，但其实质上反映的正是城乡分离下的关系格局。

二、强调经济偏好的城市主导阶段

近代社会化分工兴起与人口实现持续增长，是工业生产与集聚经济得以超越传统农耕生产方式的两大基础性因素。工业化发展水平成为衡量区域经济最为重要的规模指标与效率指标，伴随而来的是人口不断涌向城市以追求更集中的就业市场与更丰厚的工作回报。在这种向心势能的驱动之下，城市化如同工业化的孪生兄弟一般，以同样强劲的势头快速推进。乡村与农业逐步从台前转向幕后，成为工业化与城市化发展的“大后方”，城乡关系趋向于朝着城市主导阶段演进。

从上面的概念描述中可以发现，以工业化大潮带动的城市化似乎是一国经济社会发展的必由之路，也似乎是难以阻挡的趋势。正如 Marx 和 Engels（1932）所言，社会资本在相当长的时期内持续向城市汇聚，是具有进步性特征的经济体现。实际上，从城乡分离到城市主导的阶段演进过程，确实在政治层面上反映了统治主体对于经济发展的偏好性，尤其是在大多数发展中国家。面对众多受益于三轮工业革命与国际分工格局、已基本实现工业化的西方发达国家，相对落后的欠发达国家与发展中国家同时承受着快速推进工业化与实现国家经济振兴的迫切渴望与赶超压力。而正是在这种背景之下，城乡二元结构理论与城市偏向理论相继面世，让这些处在渴望与压力中的国家如获珍宝，受到学术界与决策层的共同垂青。进入 20 世纪 80 年代以来，南美洲、亚洲乃至非洲一些国家先后将城乡二元结构与城市偏向理论上升到政策高度予以实施，形成一整套以城市中心论为主旨的理论框架与政策实践。这样，城市主导下的城乡关系又通过政策层面得到强化。

具体来看，从增长极理论到循环累积因果关系理论，再到空间极化增长理论，上述这些理论都以非平衡性区域增长作为核心论点，充分强调集聚效应与极化效应的极端重要性，认为区域间要素与资源应当配置在特定区域的关键产业之中。该理论体系呼唤着“自上而下”的要素流动与调配政策，而城乡二元结构理论恰好又从微观视角对乡村劳动力向城市工业部门的转移行为做出解释，两者实质上成为城市偏向学说的理论基础。至此，城市成为区域发展进程中的单一主角，学术界与决策层基本将全部注意力放在如何实现农业剩余劳动力向城市转移这一议题上面，城乡关系从复杂的跨学科问题转变为单纯的技术问题（谢文蕙和邓卫，1996），这将不可避免地引发一系列诸如城市病、乡村撂荒等城乡发展弊端（见图 2-2）。

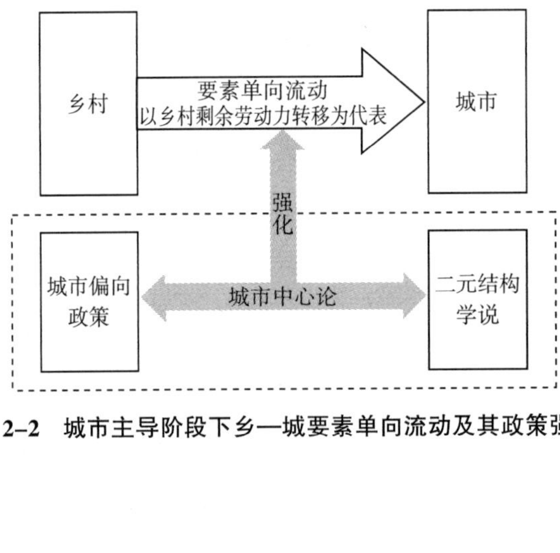

图 2-2 城市主导阶段下乡—城要素单向流动及其政策强化

总体来看，城市偏向政策推动下的城市主导型城乡关系，其核心特征是各种生产要素与商品资源由乡村向城市单向流动，一方面使得乡村趋于被城市同化，另一方面也诱使乡村从内部自发向城市形态靠拢，城市化进程在这种城乡关系下不断加速，以城乡差异与收入差距为主的城乡矛盾愈发突出。而从硬币的反面来看，正是这种对立与矛盾的持续积累，才孕育出之后学界对城乡关系的重新审视与构建。

三、体现关联发展的城乡互动阶段

如前所述，在城市拥挤、乡村撂荒、贫富分化等城市主导阶段引发的种种城乡问题面前，人们开始反思城市偏向政策的合理性。一个普遍共识是，在边界愈发模糊、空间日趋重构的城乡发展格局之下，无论是将城市与乡村割裂来看，还是将重心倒向任意一边，都非常容易诱使决策者忽视两者之间的联系。与此同时，以技术革新为主要驱动力，工业文明逐步走向成熟期，在众多产业领域形成了标准化的生产模式（降低准入成本）、便捷化的组织平台（降低流通成本），以及稳定化的交易结构（降低搜寻成本），使得集聚效应的传统优势大为削弱，资源要素为实现更有效率的市场匹配，具备了向乡村扩散的充足意愿与动能。其中，通达性占优且租金成本较低的城乡边缘区首当其冲。这样，资源要素不再只是“由乡到城”的单向流动，取而代之的是往来于城乡之间的双向流动，城乡互动成为两者关系格局中的占优模式。

尽管人们较早意识到不应孤立看待城乡发展与城乡关系问题，但碍于经济话语权乃至利益集团优势在城市区域过度集中，乡村在重新夺回民众注意力的道路上经历了诸多理论与实践上的探索。实际上，在 20 世纪 70 年代末，面对城市主导与城市偏向的相关理论与政策，一些学者就已经发出了不同的声音，城乡关系的理论重心开始向城乡互动与城乡关联发展的观点方向逐步偏移，相关政策实践随之在许多发达国家与发展中国家相继展开，如欧洲基于普遍共识出台的“城乡关联发展”城乡规划（Kunz，2000）、美国针对加利福尼亚州单独推行的“城乡合作与联系”计划（Elijah，2004）等。而发展中国家中较为典型的，如中国，在中共十六大报告中首次提出“城乡统筹”新理念，旨在破除固有的城乡割裂观念，扭转现有的城市偏向政策，引导城乡要素按照市场匹配原则进行双向互动，破解中国经济社会长期存在的城乡二元结构难题（见图 2–3）。可以说，城乡统筹实质上是发展中国家意图通过打造城乡互动的关系格局以促进城乡关联发展的一种政策尝试。

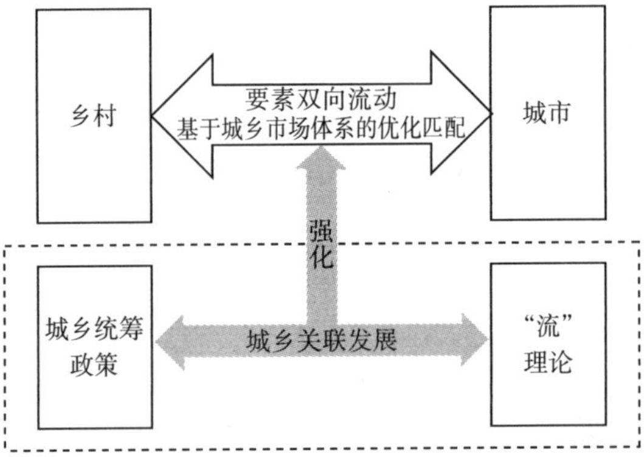

图 2–3　城乡互动阶段下要素双向自由流动与城乡关联发展

不难看出，从城市主导到城乡互动的城乡关系阶段演进过程，反映的是由片面追求经济增长转向寻求一种全面、协调、可持续的城乡关系与区域发展模式。城乡边缘区作为城乡要素发生交互与匹配最为激烈的地带，是承载这种城乡关系阶段演进的前沿战线，从空间到功能再到制度与环境等方面都经历着最为显著的改观。在这一阶段中，城乡区域范围内要素、商品、产业、政策、信息、环境、需求等开始发生双向流动与相互作用，并通过城乡市场体系对其进行优化匹配，形成同时具备有效集聚与有机疏散特征的城乡关系。

四、反映互惠共生的城乡融合阶段

进入 21 世纪以来，尤其是最近的十多年内，城乡关联发展无论在理论拓展还是政策实践方面，都得到进一步深化。在这种背景下，尽管世界上大多数国家都意识到城乡互动才是真正健康可持续的城乡关系，但由于在经济基础、收入差距、社会观念等不同维度或多或少存在一些阻碍因素与现实困难，大部分发展中国家城乡关系仍不可避免地陷于城市主导阶段中。反观欧美等发达国家，早在20世纪中期就实现农业现代化与过度城镇化，城乡分工与产业结构差异越来越不显著，许多郊区居民的收入甚至超过了都市居民。这表明发达国家城乡关系已由单纯的双向互动逐步演化为城乡深度融合，以自由流动与互利网络为基础形成一种城乡共生关系。这种融合与共生关系的背后，实质上是网络化与组团式的发展模式，互动时期交互激烈的城乡边缘区不断衍生出次级都市、卫星城市、小城镇、乡镇等多极多点空间区位，加上原本的城市（中心都市）与乡村，构造出由区域平面、节点城镇与连接轴线组成的“点—线—面”网络构型，形成单纯互动关系下无法比拟的复杂流动与交互模式（见图2–4）。此外，诸如城市群、城市区域、都市绵延区等多中心、

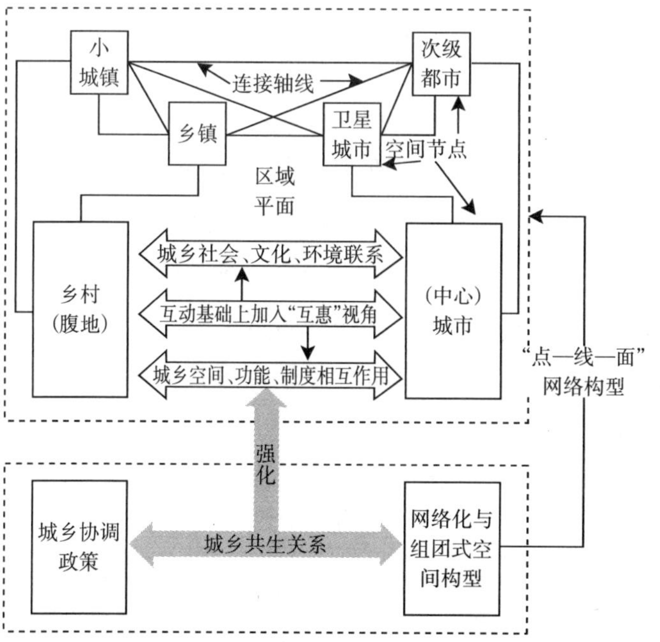

图2–4 城乡融合阶段下的网络共生构型

组团式格局也是城乡关系处于融合阶段的重要特征之一。

从城乡互动到城乡融合，最为关键的变化在于空间区位向多点多极演化，并在多个节点之间的互动格局下形成动态反馈机制。最早结合区域发展实践做出总结的相关研究，是 Douglass 于 1998 年提出的“区域网络模型”。该模型在城乡互动相关理论基础上，加入互惠（Reciprocal）视角对城乡区域进行网络式重构。紧随其后，学界开始将关注重心放在城乡之间网络结构在空间、功能、制度等维度的演化与应用上。Christer（2004）指出，欧洲当前的城乡关系已经超越了此前单一的城乡互动方式，逐步显示出动态网络特征，通过经济、社会、文化、观点等有形或无形的互动形式实现城乡关系进一步趋于融合，其最重要的表现是，城市与乡村在这一进程中都享有潜在的发展机会。近年来，发展中国家也进行了相关探索，中国提出的“城乡协调”以及基于乡镇企业的小城镇实践就是比较典型的例子。城乡协调的实质在于，面对更为复杂的城乡互动关系，如何在动态反馈过程中从政策指引上协调多方利益，形成责任共担、共同发展的良性模式（马晓河，2004）。

总体来看，城乡融合导向下的网络共生关系，就好比要形成一个以互利共生为基础的生态系统，重在强调城市与乡村之间具有正向溢出效应并形成一种动态反馈机制。在多元交互格局下，区域空间主体在互动过程中具有差异化或层级化的获益行为与贡献能力。实现城乡融合的难点在于，如何提升弱势方（低层级一方）对互动关系的贡献能力与强势方（高层级一方）在互动关系中的获益水平。换言之，只有各方都处在具有正向溢出的情境之下，这种动态反馈机制才能持续运转下去，从而真正维系一种融合共生关系。

第四节 小结

在人类近几十年的发展进程中，城市在经济社会中扮演着越来越重要的角色，就好像城市成为财富的代名词一般，甚至说城市与乡村之间存在“二八效应”都毫不为过。联合国环境规划署早在2011年报告中就提到，城市地区用不到地球表面积的2%，创造出高达80%的全球经济总量。这种情况下，城市自然而然能够获取更多关注，通过吸睛（人才）与吸金（资本）行为集聚发展优势。相反，乡村在世界各国，尤其是发展中国家，几乎成为荒凉与贫困的同义语。不过，伴随着经济、社会、环境等方面的城乡问题层出不穷，加之欧美等发达国家在城乡关联发展方面带来的示范效应愈发明显，发展中国家对于城乡关系的重新思考正在逐步兴起，甚至其中一些经济基础较优、民众共识较强的国家或地区已经付诸实践探索。种种迹象表明，尽管世界上不同国家或地区城乡关系发展历程不尽相同，但多数情况下可以采用城乡分离、城市主导、城乡互动与城乡融合四组城乡关系的阶段演进给出表征，城乡协调与城乡一体化作为理想状态下的城乡关系，正在成为越来越多国家或地区预设的城乡发展目标。本章概念界定及其内涵演绎论述至此，可以得到两个逻辑上统一的重要结论。一方面，通过对动态演进视角下城市与乡村、城乡关系相关重要概念与提法以及城乡关系阶段划分的梳理与阐释，一个大致清晰的脉络将众多复杂概念贯穿起来，即要素流动与城乡联系，这是由城乡分离或城市主导向城乡互动发生阶段转变的假设前提[①]；另一方面，在要素自由流动与城乡关联发展格局下，城乡互动与城乡融合阶

① 这一观点将在第三章第四节中详细论述。

段兼具复杂性、系统性与时效性，在不同空间区位、规模密度、制度技术等条件背景下具有多种影响因素，这种城乡关系动态演进下的内在机理研究及其实际应用正是本书着重探讨之处。

第三章 城乡关系演进下的关联—共生发展分析框架

在城乡关系研究过程中，通常会因为国外文献较少提及 Relation、Bind[①] 以及 Connection 等描述“关系”概念的词语而略感尴尬，使用频率最高的往往是 Linkage、Interaction 以及 Interdependence 等强调“联系”与“互动”的单词。尽管如此，这并不能说明城乡关系并不重要。由于经济学研究领域话语权占优的欧美等发达国家内部早已就城乡关联发展形成共识，在这种背景下单纯针对城乡关系的探讨显得不再那么重要，而是侧重于在互动与融合式发展实践中强化城乡联系相关理论与问题的研究。对此必须明确，城乡关系的动态演进脉络对于大多数发展中国家还是非常值得深入探讨的议题。基于上一章关于城乡关系范畴的概念界定与脉络梳理，一方面认识到城乡关系并非一成不变，而是处于动态发展过程之中，另一方面则肯定了要素流动与城乡联系对于这一动态进程的重要作用，进一步确立了本书互动融合导向下的城乡关系演进这一研究视角。既然如此，那么城乡联系具体涵盖哪些方面的内容？城乡相互作用是怎样在城乡联系中予以体现的？要素流动又在其中扮演了怎样的角色？除此之外是否还有其他影响因素？这些潜在影响因素在不同城乡关系状态

① 该词若与 Rural-Urban 连用恰好能够体现“城乡一体化”的含义，但正如上一章中所述，国外文献鲜有出现。

之下是如何发生作用的？是否有助于解释不同城乡关系演进阶段并加以应用？为了回答这些问题，需要对城乡关系动态演进的内在机制进行细致研究。本章将顺着这一思路，试图首先探索城乡关系演进的驱动机制与内在机理，然后在此基础上设计一个城乡关联—共生发展分析框架。

第一节　城乡联系理论主要内容及其启示

城乡关系作为一个复杂的社会科学问题，跨学科交叉性是其重要特征，可能涉及经济、人口、社会、生态、地理、管理、建筑等诸多领域（Davoudi 和 Stead，2002）。考虑到这一点，在城乡关系相关研究过程中，需要做到以更加开放包容的姿态兼收并蓄，同时又要保证不偏离经济学思维的主线。基于这种认识，我们选择以城乡联系理论作为切入视角，从“城市即工业、乡村即农业”的城乡分离状态开始，对城乡关系内在演进机理进行层层解构。

一、城乡联系理论发展脉络梳理

城乡联系理论作为区域经济学与城市经济学的基础理论之一，经历了漫长而曲折的发展历程（见图 3-1）。从 19 世纪早期以前到 20 世纪 80 年代以后的城乡联系理论，不同时期的学者通过不同视角贡献了各自观点，不同的城乡联系理论之间表现出较强的承接性。

（1）19 世纪早期以前的城乡联系理论。最早由英国法学家 More 于 1516 年构造的“乌托邦”（Utopia），开始注意到城乡之间存在的各种对立与矛盾，其设想的“最佳政治状态”以公有制度为基础，无论社会身份如何，都享有同等权利，成为空想社会主义的鼻祖（More，1516）。意大利思想家 Campanella（1602）在“乌托邦”基础上进一步提出了“太阳

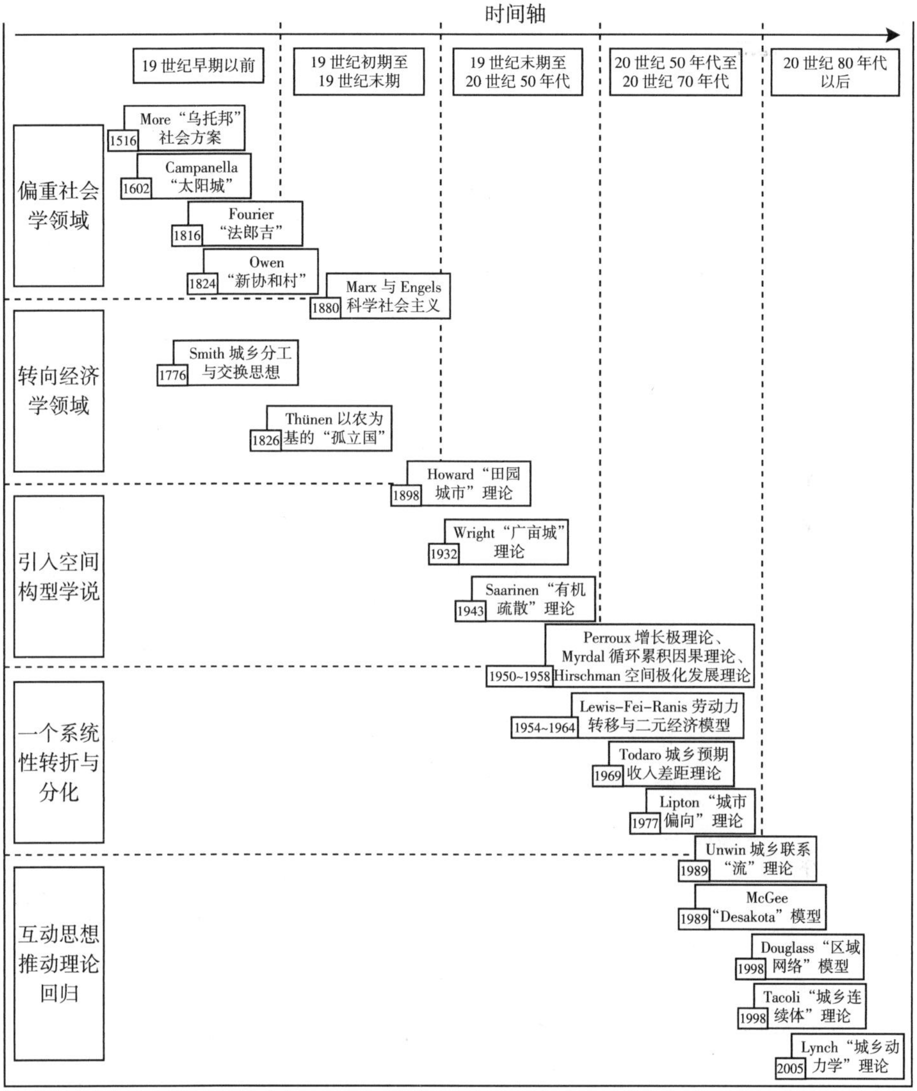

图 3-1　城乡联系理论发展与演化脉络

城”（Sun City），首次对残疾人与弱势群体的生存问题做出探讨，成为社会保障相关思想的理论渊源。而后法国哲学家 Fourier（1816）主张建立名为“法郎吉”（Phalanstère）的“和谐制度”，把城市工业与乡村农业结合起来，消除脑力劳动与体力劳动之间的对立，首次为破除城乡割裂指明方向。在上述思潮影响下，英国社会活动家 Owen 更是于 1824 年前往美国印第安纳州，尝试实地创建城市与乡村融为一体、完全消灭城乡差别的“新协和村”（New Harmony，或称新和谐公社）。从代表性人物的学科领域及其著作内容可以看出，这一时期城乡联系理论偏重社会学领域。

（2）19 世纪初期至 19 世纪末期的城乡联系理论。尽管 Smith（1776）的经典巨著《国富论》诞生于 18 世纪末期，但他首次从经济学微观视角对城乡差距做出解读，提出城乡分工与交易效率的不同是主要影响因素，成为近代城乡联系理论奠基者。进入 19 世纪，德国经济学家 Thünen（1826）对 Smith 城乡分工与交换的思想给出进一步阐释，根据农、林、牧、副等不同细分产业潜在的运费差异，以同心圆形式划分为六个农业区位，设计出圈层结构分明的“孤立国”，首次将产业布局纳入城乡联系理论的分析框架。而与古典理论联系最为紧密的，是 Marx 和 Engels 于 1880 年将空想社会主义上升到科学社会主义的高度，指出消灭城乡对立成为工农业生产与交换的现实需求，认为破除旧有城乡分工、强化工种培训是改变城乡分离的关键（Marx 和 Engels，1880）。与 Smith 和 Thünen 相同的是，他们也将注意力转向了经济学领域，这也正是这一时期城乡联系理论的重要特征。

（3）19 世纪末期至 20 世纪 50 年代的城乡联系理论。西方发达国家主要核心城市在这一时期快速膨胀，诸多问题伴随而来。英国城市学家 Howard 认为理想中的城市应当同时汲取城市与乡村二者的长处，并在“孤立国”区位理论基础上进一步做出空间拓展，于 1898 年提出“田园城市”构想（Howard，1898）。他不建议特大城市持续扩张，而是将其疏散为“一个中心、多（六）点组团”的城市群格局，并对相应人口数量做出限制（见图 3-2）。这一思想后来为建筑学家 Wright（1932）与 Saarinen（1943）所推崇，两人相继总结出“广亩城”理论与“有机疏散”理论，都强调了分散化、低密度的城乡空间布局，为卫星城市规划建设提供了理论基础。这一时期的重大突破在于，空间构型学说被引入城乡

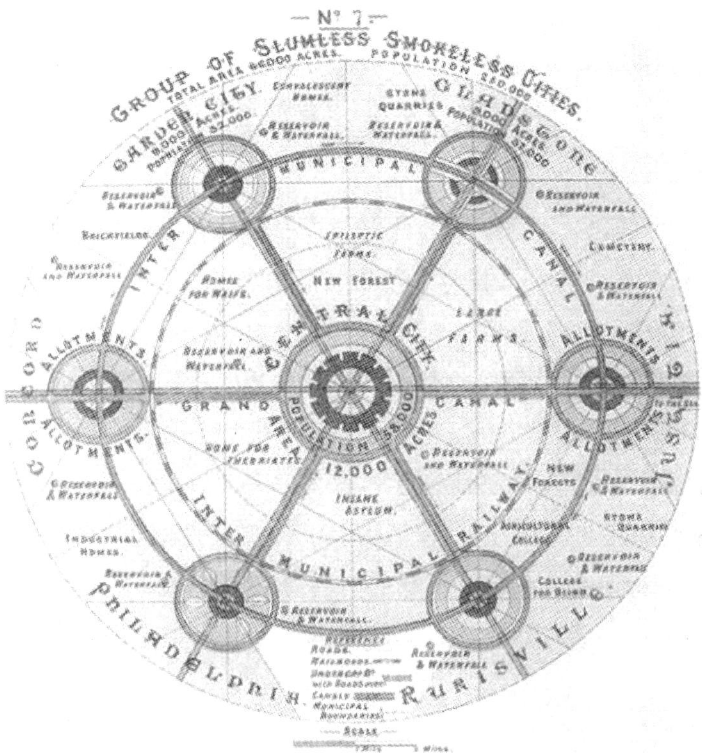

图 3-2　Howard“田园城市”与 Saarinen“有机疏散”思想

资料来源：①Howard，E. Garden Cities of Tomorrow［M］. London：S. Sonnenschein & Co. Ltd.，1898. ②Saarinen，E. The City：Its Growth，Its Decay，Its Future［M］. New York：Reinhold Publishing Corporation，1943.

联系理论研究之中。

（4）20 世纪 50 年代至 20 世纪 70 年代的城乡联系理论。第二次世界大战之后，以工业化大潮带动的城市化发展似乎成为难以阻挡的趋势。在这一现实背景下，城乡研究领域逐步衍生出两条自成体系、相互关联的思潮主线。其一是非均衡增长理论，主要代表性成果包括 Perroux（1950）的增长极理论、Myrdal（1957）的循环累积因果理论与 Hirschman（1958）的空间极化发展理论，推崇集聚效应带来的辐射作用与极化作用；另一条主线是劳动力转移与城乡二元经济模型，代表人物有 Lewis（1954）、Fei 和 Ranis（1964）。Todaro（1969）通过引入城乡预期收入差距变量，解决了实际情况与理论模型的某些冲突，使二元经济理论动力机制与真实世界更为相符。这些思潮成为“城市偏向”学说的理论基础（Lipton，1977），乡村不再成为学界关注的重点，城乡联系理论至此发生了系统性转折与分化。

（5）20 世纪 80 年代以后的城乡联系理论。面对城乡二元结构与城市偏向理论带来的一系列经济社会问题，20 世纪 80 年代以后一批学者开始重新将乡村纳入城乡理论的视野中。Unwin（1989）关于城乡联系提出的“流”理论成为这种趋势的奠基人与发起者。他首次明确将城乡联系划分为政治、经济、社会与观念四个理论层次，而这些不同联系又可以用劳动力、商品、权力、财政预算等客观存在且易于量化的“流”来展现。这一经过细致化与体系化处理的理论工具，实际上反映的是一种互动的思想，为众多从事城乡领域研究的学者打开了思路，出现一些体现不同国家和地区城乡联系实践与演变的理论模型。比较典型的有 McGee（1989）“Desakota”模型、Douglass（1998）“区域网络”模型、Tacoli（1998）“城乡连续体”理论以及 Lynch（2005）“城乡动力学”理论等。可以看出，互动与演化的思想扮演了制动阀的角色，对城乡二元结构与城市偏向理论及时“刹车”，推动当下城乡联系理论实现回归。

二、城乡联系理论的启示与延伸方向

从 19 世纪早期开始，城乡联系理论对于人类城乡关系演进及其相关实践发挥了重要作用。随着时间轴的推演，这一脉络同时显示出两个鲜明的理论特征。一个理论特征是学科交叉性，不仅可以通过各个时期代表学者的专业领域予以窥视，比如涵盖了哲学、经济学、法学、地理学、建筑学、城市规划学等一系列跨度较大的领域，也能从他们经典著作的宽泛类属中得出相同结论；另一个理论特征建立在前者之上，正是这种极强的学科交叉性，使得每一次标志性理论发展及其阶段划分都显示出典型的承前启后的意义，并往往伴随着新视角的开辟（如图 3-1 几处虚线交汇部分所示，以下称作“交汇理论”）。

上述两个鲜明特征也恰好针对现有城乡联系理论给出了几点启示。接下来我们将针对这些特征，同时结合城乡联系未来演进趋势，进行相关理论延伸。

（1）现有城乡联系理论层次不明、未成体系。尽管历史上不同时期的城乡联系理论体现出很强的学科交叉性，同时显示出一定的类属思想，但各派学者基本只关注自身研究领域，无法形成理论体系以全面阐释城乡联系。比如古典理论中空想社会主义的内容在一定程度上反映了城乡政治与体制联系，近代理论中分工与交换思想以及科学社会主义等内容体现的是城乡经济联系，现代理论中田园城市与有机疏散等内容强调的又是城乡环境联系。实际上，城乡联系涵盖政治、经济、社会、文化、环境等多个理论层次。为进行深入研究与机理阐释，一个重要的延伸方向即从层次上对城乡联系理论进行重构，并在此基础上形成完整体系。

（2）现有城乡联系理论未能有效体现城乡相互作用思想。城乡联系与城乡相互作用之间的区别常常为学界所忽视，两者基本被视作同一概念，这在“交汇理论”中表现得尤为明显（见图 3-1）。像 Howard“田园城市”吸收前一阶段经济学思想，打开城乡空间构型思路；Perroux、Myrdal 与 Hirschman 等人又以空间为突破口，将非均衡与集聚经济观点引入体系；Unwin 的“流”理论更是针对这种极化概念，贡献出城乡互动这一重要论点。实际上，他们每一次对城乡联系认识的突破都蕴含着不同维度的城乡相互作用。Naldi 等（2015）指出，城乡相互作用强调城市与乡村之间的交互行为。实际上，笔者认为，城乡相互作用包括空间、功能、技术、制度等多个维度，这种多维度交互行为会促使政治、经济、社会、文化、环境等不同层次的城乡联系发生变化，换言之，城乡相互作用能够为城乡关系演进提供一种纵向驱动力，是另一个值得进行理论深化之处。

（3）现有城乡联系理论与新经济、新环境脱节。一方面受限于时代背景等客观约束条件，另一方面可能归因于主流经济学长期缺乏相关领域的探索，使得学界对于新经济与新环境背景下的城乡联系鲜有述及，因而无法体现城乡联系未来演进趋势（见图 3-3）。

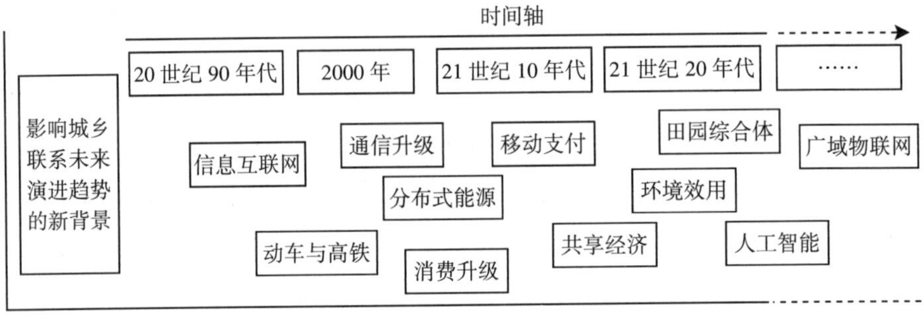

图 3-3　影响城乡联系未来演进趋势的新背景

其一，技术革命推动下的信息互联网、分布式能源、共享经济等新经济模式（以下称“新经济”）打破了集聚与效率之间的必然关联，分散化经济得以经由市场化手段实现布局；其二，近年来，轨道交通、通信网络、移动支付等技术手段已基本融入大众日常生活，区域之间交通、交流、交易的便捷性（以下称“跨域通达性”）大大提升；其三，在新时期环境问题日趋严峻的背景下，物质生活已极大丰富的民众对生活质量导向下的优美环境更为向往，表现在人们认为生态、绿色的环境具有更高的效用（以下称“环境效用”）。容易看出，在新的历史背景下，“新经济”蓬勃兴起、“跨域通达性”大幅提高、“环境效用”大受追捧，这些变化将为城乡联系理论的延伸方向给出提示。

第二节　城乡关系演进的驱动机制

通过上一小节对现有城乡联系理论的脉络梳理及其延伸方向的分析，笔者得到的一个启发是，应当将城乡联系与城乡相互作用视为作用于城乡关系演进的两类驱动机制。可以看出，现有城乡联系理论存在一些客观局限，不仅层次不明、未成体系，而且未能有效体现城乡相互作用思想，同时还与当下新经济、新环境背景脱节。这一部分将尝试顺着这一思路，引入作用于城乡关系演进的两类驱动机制。其中，城乡联系与城乡相互作用分别作为一类驱动与二类驱动，在城乡关系演进过程中实现动态改进，如图 3-4 所示。这里的城乡联系包括城乡经济联系、城乡政治联系、城乡社会联系、城乡文化联系与城乡环境联系，城乡相互作用则包括城乡空间相互作用、城乡功能相互作用、城乡技术相互作用与城乡制度相互作用，它们共同构成城乡关系演进的两类驱动机制。

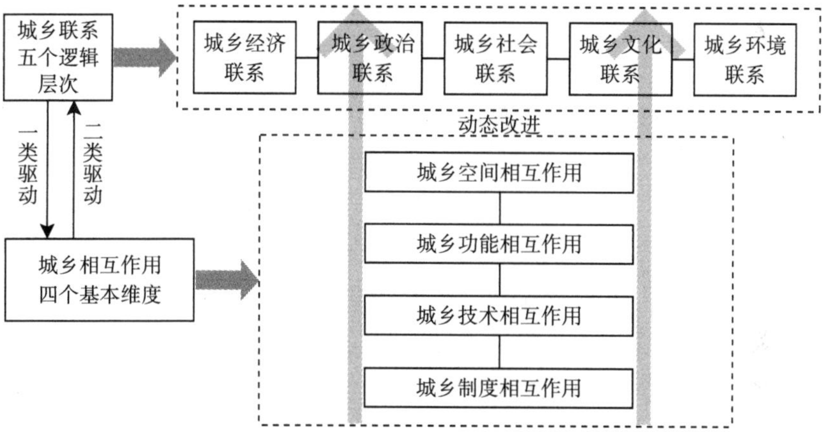

图 3-4　作用于城乡关系演进的两类驱动机制

在城乡联系与城乡相互作用的驱动机制基础上，进一步对城乡关系动态演进的内在机理做出阐释。综上，考虑到本节与下一节内容在思路上所体现的连续性，这里首先给出城乡关系演进内在机理的逻辑框架（见图 3-5）。

本节与下一节的主要任务是，从城乡分离状态开始，试图将城乡联系与城乡相互作用作为城乡关系演进的两类驱动机制，在多层次城乡联系分析视角基础上，通过城乡相互作用的纵向驱动型改造，使其贯穿城

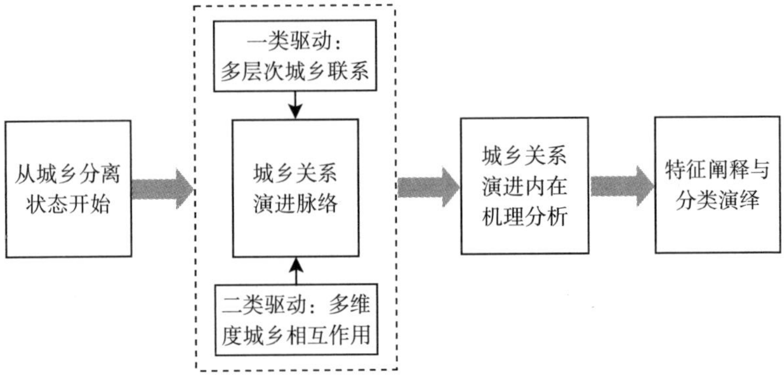

图 3-5　城乡关系演进内在机理的逻辑框架

乡关系整个演进脉络，并在此基础上做出内在机理分析，进而对城乡关系演进展开特征阐释与分类演绎。

一、一类驱动：多层次城乡联系

本书对于城乡联系理论的体系化重构，一方面注重兼顾经济、政治、社会、文化与环境五个逻辑层次，尤其对于以前常常被忽视、处于相对薄弱环节的城乡文化联系与环境联系，试图将其拔高到与前三者等同的重要性水平上予以探讨；另一方面，城乡联系反映的是某一区域在某一发展背景下所表征的状态特点，如果将其置于不同城乡关系阶段划分下，整个体系中的各个逻辑层次也会体现出相应的不同城乡联系特征。那么，接下来研究的重点工作应当是将城乡联系五个逻辑层次的具体内涵，拆解到城乡关系的不同阶段划分及其演进过程中。

为便于图示与阐释，这里首先对空间边界做出一个易于讨论的假定。如图 3-6 所示，乡村腹地与城乡边缘区的空间边界为正六边形，都市区（CBD）为处于中心的圆形地带[①]。小城镇（或称中心集镇）作为城乡边

① 实际上，空间边界的具体形状并不影响所研究问题的结论。在第五章中，为便于讨论模型构建与数理推导过程，还会对城乡空间边界做出几组同心圆的假定。

缘区的主要集聚区位，成为都市区与乡村腹地发生政治、经济、社会、文化与环境等不同层次联系的前沿阵地。这五个方面的城乡联系，对城乡关系的不同阶段划分及其演进过程产生重要影响。在城乡分离阶段中，城市与乡村处于割裂状态，各种城乡联系几乎无从谈起；城市偏向下的城市主导阶段中，往往只关注到城乡政治联系与经济联系中的某些方面或某些环节，在一定程度上曲解了城乡联系或者说对城乡联系的认识过于片面化；在城乡互动阶段下，则开始统筹多种联系，其突出特征是广泛而普遍的经济联系在城乡之间铺开，并向社会联系层次不断扩展；城乡融合则基于利益与目标一致性，对多种联系进行动态协调与网络共生，进一步达成城乡文化与环境联系共识，逐步向同时涵盖城乡联系五个逻辑层次的城乡一体化终态靠近。

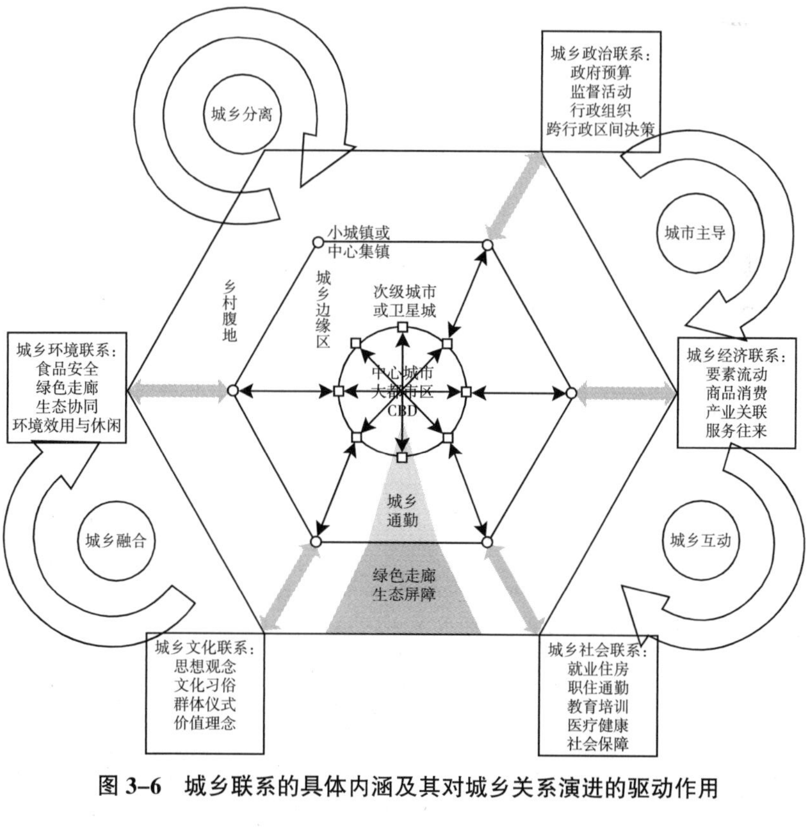

图 3-6　城乡联系的具体内涵及其对城乡关系演进的驱动作用

（1）城乡政治联系。主要涵盖政府财政预算、监督与督察活动、行政组织结构以及跨行政区决策等内容。从打破城乡分离局面以来，首先需要面对的是城市与乡村的边界划分与权力归属问题。在这种情况之下，以行政边界的确定为基础，政府组织结构与财政预算流动等城乡之间的政治联系与政治依赖顺理成章地成为解决问题的主要手段。由于决策者迫切希望资源要素能够从乡村“自上而下”流向城市，以实现区域经济总量快速增长形成集聚效应，故城市偏向下的城市主导阶段对于城乡政治联系的强调最为明显。

（2）城乡经济联系。主要涵盖资源要素流动、商品流通与消费、产业间与产业内关联、信息与服务往来等内容。劳动力人口在工作日内为实现职住切换[①]而出现的跨域通勤行为，是打造各项城乡经济联系的基石。在城乡互动的关系格局下，与城市主导阶段的一个关键性区别是，城乡实际地理边界超越行政边界划分，在城市与乡村之间的接合地带形成城乡边缘区，并基于这种空间性与功能性突破，形成劳动力人口在城乡之间的双向自由流动机制，由此进一步引发产业间与产业内关联、商品流通与消费以及信息与服务往来等一系列更为广泛、更为复杂的城乡经济联系。

（3）城乡社会联系。主要涵盖就业住房、职住通勤、教育培训、医疗健康与社会保障等内容。实际上，伴随经济联系各维度的持续广化与深化而来的，是对城乡社会联系的强烈需求，正如劳动力职住通勤成为经济联系的核心环节。为有效扭转城市偏向政策“自上而下”的资源要素流动及其经济联系方式，城乡互动阶段需要进一步关注与流动人口就业住房、人力资源培训积累、失业伤病保险保障措施等相关的城乡社会联系。

（4）城乡文化联系。侧重于人文生活方式领域，主要涵盖思想观念、文化习俗、群体仪式与价值理念等内容。现有城乡联系理论对这一层次

---

① 指的是就职地点与住所之间的位置切换。

的关注相对不足，在近年来实践探索较多的城乡互动发展中也鲜有体现。实际上，文化联系是对经济与社会联系的发展与升华，其体现的是由城乡之间客观存在的物质交换与实体流动方面转向一种基于价值与观念层面的精神共识。比如，对城乡之间相对穷富的传统认识，能够从观念上实现根本转变。在城乡融合阶段之下，开始逐步意识到这种观念共识或者说共情氛围的重要性，有助于形成城乡居民普遍认可的协同共生发展理念，对于打造区域网络化、组团式城乡发展格局大有裨益。

（5）城乡环境联系。侧重于人类生存生活状态与生态环境领域，主要涵盖食品安全、绿色走廊、生态协同、环境效用与休闲观光等内容。在政治、经济、社会、文化等多维度城乡联系的持续推进与深化背景下，城市与乡村及其腹地与边缘区的环境联系日趋紧密。与城乡互动阶段尚未就这一层次付诸实践形成鲜明对比的是，城乡融合阶段基于价值认可与发展理念上的共识，能够诱使区域网络以及位于各组团发展区位的城乡居民自发关注生态协同与环境效用，反过来进一步优化这种区域共生发展模式。相对于其他形式的城乡关系演进阶段，在五个逻辑维度的城乡联系之下，城乡融合阶段是最为接近实现城乡一体化终态目标的。

二、二类驱动：多维度城乡相互作用

本书认为，“城乡相互作用”与城镇化的多种表述形式相对应，强调的是城市与乡村的“双主角”交互性，故与“城乡交互”可视作同义表达。实际上，城镇化这一概念是以城市为主观视角，利益立足点始于城市、终于城市，突出城市在城乡关系中的“单主角”特质。尽管在新型城镇化、包容城镇化等提法出现以后，社会各界开始在理论与实践两个维度逐步对人口城镇化、景观城镇化、空间城镇化与生活方式城镇化等方面进行探讨与尝试，但归根结底仍未能脱离“以城为本”的思维模式。比如，要素与产业联系、空间联系与文化联系往往只是以城镇标准来衡量或限定乡村的演进脉络，以促成乡村在人口与经济景观层面、空间形态方面、生活方式方面向城镇格局靠拢；另外，在环境、人口与制度等更倾向于以乡村为主观视角的方面却长期未能得到体现。

从“单主角”独奏到“双主角”交互，城乡相互作用作为本书对现有城乡联系理论动态改进的重要环节，其四个基本维度的加入将从纵向驱动型交互视角为横向延展的城乡联系五个逻辑层次提供一种理论解读。与此同时，上一小节分析了城乡联系具体内涵对不同城乡关系演进阶段的各种影响。那么，如图 3-7 所示，结合二者可以看出，这种逻辑阐释最大的创新之处与价值所在是，能够将城乡相互作用视作城乡关系阶段演进的重要驱动机制，从广泛发生在城市与乡村之间的空间、功能、技术与制度四个维度的交互行为入手，进一步挖掘促成不同城乡关系格局形成的主要驱动力指标，为分析城乡关系演进内在机理提供直接的理论依据。

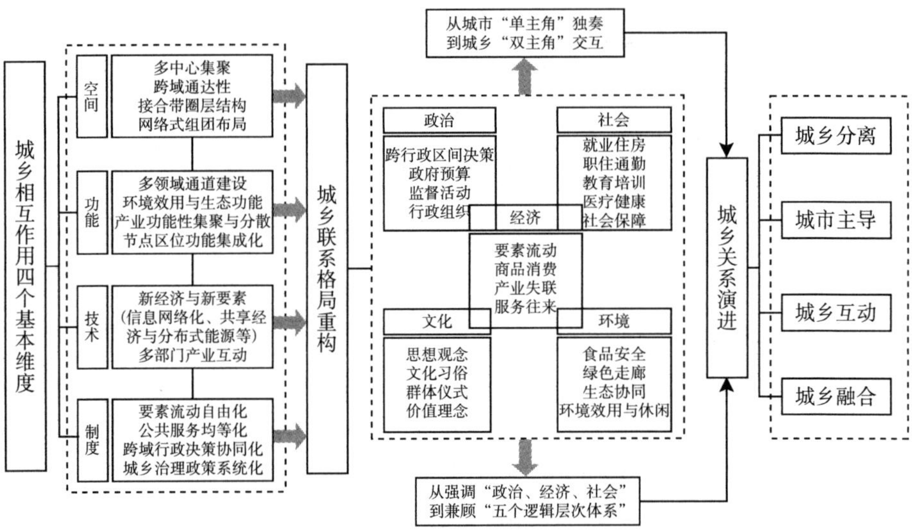

图 3-7 纳入城乡相互作用驱动机制的城乡关系演进逻辑框架

（1）城乡空间相互作用。主要表现在跨域通达性、接合带圈层结构、多中心集聚、网络式组团布局等空间区位方面的“双主角”城乡交互行为。对于世界上绝大多数国家或地区而言，无论在占地面积、结构复杂度还是区域差异方面，乡村都远远超过城市。其中，尤以中国这样的发展中大国为甚，其空间特征与区位条件的复杂性和多样性将对乡村发展施加更为显著的影响。自然地，在这种情况下，空间相互作用就成为考察“双主角”城乡交互行为的首要关注点。具体来看，接合带圈层结构、多中心集聚与网络式组团布局分别对单个城乡内部、多个城乡内部与多个城乡之间组成的区域结构从空间演进视角做出逐一阐释，而跨域通达性则衡量经济要素在城乡不同区位之间实现空间位置转换过程中所体现的效率与价值，是其他各种城乡空间交互行为的基础。可以看出，跨域通达性是促成不同城乡关系格局形成的驱动力指标之一。

（2）城乡功能相互作用。主要表现在多领域通道建设、环境效用与生态功能、产业功能性集聚与分散、节点区位功能集成化等方面的“双主角”城乡交互行为。顺着上面的思路，空间区位重要性的另一个外在表现是，城市与乡村之间在功能实现上的相互作用，往往需要建立在一定的空间布局基础上。最为典型的是产业功能性集聚与分散以及节点区位功能集成化，这两种功能交互行为分别与多中心集聚、网络式组团布局相呼应。举例来看，现代服务业与高端制造业集聚区一般多向大都市靠拢，次中心城市或核心城市次中心易于形成大学城、培训基地等主体功能区，而传统制造业与休闲旅游产业则趋于向城乡边缘区或周边小城镇集聚。需要指出的是，尽管环境效用与生态功能、多领域通道建设不与空间区位直接相关，但前者在基础设施、破除壁垒等通道建设上为城乡相互作用铺平道路，后者将乡村占据主导地位的环境效用引入功能交互，都是能够影响到城乡关系演进的驱动力指标。

（3）城乡技术相互作用。主要表现在新经济与新要素（信息网络化、共享经济与分布式能源等）、多部门产业互动等方面的“双主角”城乡交互行为。习近平同志于 2017 年 11 月 10 日出席亚太经合组织工商领导人峰会时提到，在新一轮科技和产业革命带动下，网络经济与共享经济蓬勃兴起，新业态与新经济在模式上与形式上高潮迭起，为增长注入新的活力。近年来，以电子信息、计算机科学以及移动互联网为主要标志的新一轮科技和产业革命，不仅加速重构囊括经济、政治、社会、文化与环境五个层次的城乡联系，而且在空间与功能上为城乡交互带来更多可能。其中最具代表性的是，以信息网络化、共享经济与分布式能源为主要特征的新经济与新要素，打破了原有的城乡产业结构及其空间布局与功能的固有格局，通过相关技术在理论层面与应用层面的演化以及时滞效应的可调性与可控性，进一步在城乡之间形成多部门产业互动格局，成为影响城乡关系演进的又一驱动力指标。

（4）城乡制度相互作用。可能涉及行政、治理、城乡政策等领域，主要表现在要素流动自由化、基本公共服务均等化、跨域行政决策协同化、城乡治理政策系统化等方面的“双主角”城乡交互行为。相对于其他区域而言，中心城市通常具有较高的行政级别，而次级城市、小城镇、乡村的行政职能与治理能力则呈现逐级递减态势，如果能够在某种程度上推动跨域行政决策协同化与城乡治理政策系统化，则有助于强化不同层次的城乡联系。值得注意的是，除此之外，一些城乡制度交互行为在化解城乡联系中某些限制性或阻碍性因素方面能够起到重要作用。其中，尤数要素流动自由化、基本公共服务均等化等城乡政策更为突出，它们分别决定着城乡经济联系与社会联系的密切程度与质量水平，因而也是促成不同城乡关系格局形成的驱动力指标。

第三节　城乡关系演进的内在机理

根据前文分析，我们一方面通过引入城乡联系作为城乡关系演进的一类驱动机制，从经济、政治、社会、文化与环境五个逻辑层次做出理论重构；另一方面再从城市与乡村之间包括空间、功能、技术与制度四个维度的相互作用行为入手，将城乡相互作用视作城乡关系演进的二类驱动机制。不难看出，这一理论分析模式将城乡联系不同层次与城乡相互作用各个维度贯穿于城乡关系演进脉络，并在此过程中挖掘出促成不同城乡关系格局形成的几项驱动力指标。接下来，本书将基于这几项核心驱动力指标对城乡关系演进的内在机理做出探索（见图 3-8）。

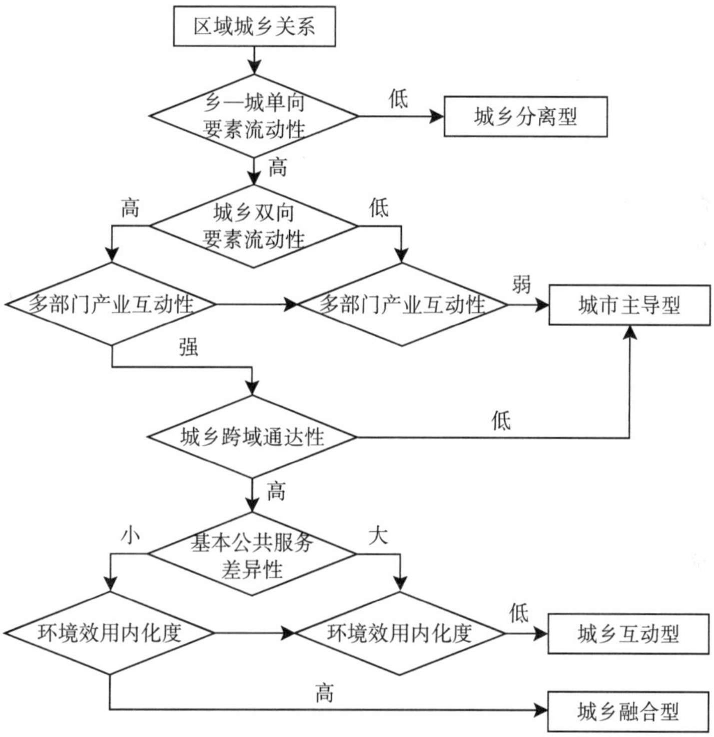

图 3-8 城乡关系演进内在机理分析

一、城乡关系演进中的驱动力指标

在城乡交互与城乡发展进程中，乡—城单向要素流动性、城乡双向要素流动性、多部门产业互动性、城乡跨域通达性、基本公共服务差异性、环境效用内化度六项变量，对城乡联系的作用最强、影响最大，构成城乡关系演进中的主要驱动力指标。如表 3-1 所示，它们不仅体现着不同的城乡联系，分属于不同的城乡交互类别，而且对城乡关系演进过程显示出相应的内在驱动力特征。其中，乡—城单向要素流动性表现为城市向心下的集聚力；城乡双向要素流动性、多部门产业互动性、城乡跨域通达性在持续强化过程中，先显示出以城市为中心的集聚力，再不断向周边乡村区域扩散；基本公共服务差异性、环境效用内化度则主要表现为分散力。

表 3-1 六项驱动力指标对城乡关系演进的影响

城乡关系演进中的六项驱动力指标	所体现的城乡联系	所属城乡交互类别	内在驱动力特征
乡—城单向要素流动性	城乡经济联系	城乡空间相互作用	集聚力
城乡双向要素流动性	城乡经济联系	城乡制度相互作用 城乡技术相互作用	集聚力—分散力
多部门产业互动性	城乡经济联系	城乡技术相互作用	集聚力—分散力
城乡跨域通达性	城乡经济联系 城乡政治联系	城乡空间相互作用 城乡技术相互作用	集聚力—分散力
基本公共服务差异性	城乡社会联系 城乡文化联系	城乡制度相互作用 城乡功能相互作用	分散力
环境效用内化度	城乡环境联系	城乡功能相互作用	分散力

具体来看，乡—城单向要素流动性、城乡双向要素流动性衡量的是劳动力、资源、资金与信息等要素在城乡之间转移与交换的难易程度，前者强调由乡村流向城市的单方向行为，后者则反映双向自由流动的交互行为；多部门产业互动性是衡量城乡不同产业部门之间实现空间转移、改造升级等互动能力强弱的指标，在城乡技术相互作用基础上，新经济与新要素在城乡之间孕育新兴产业部门，改造传统产业部门，形成多部门产业互动的格局；城乡跨域通达性衡量经济要素在城乡不同区位之间实现空间位置转换的效率高低，可以通过运输费用、通勤费用、租金成本等予以反映；基本公共服务差异性体现政府在城乡基本公共服务领域

施以差别化对待的程度高低，主要涵盖就业住房、职住通勤、教育培训、医疗健康与社会保障等内容，与城乡社会联系直接相关；环境效用内化度则融合了人们追求生活质量的绿色观念以及乡村优美自然环境的功能属性，衡量的是城乡居民能否将生态环境视作自身消费者效用集合的组成子集之一，能够同时体现城乡环境联系与城乡功能相互作用。

二、城乡关系演进的阶段判定

区域城乡关系中，要素流动性作为所有城乡联系与城乡相互作用的基础，是首要的阶段判定指标。如果要素流动性很差，城乡之间基本不存在劳动力流动或商品市场交易等自发性、逐利性行为，在这种情况下，城乡各个维度的联系与相互作用无从建立，因而属于城乡分离阶段（见表 3–2）。

表 3–2　城乡关系不同演进阶段及其对应驱动力指标判定

城乡关系演进中的六项驱动力指标	城乡关系主要演进阶段			
	城乡分离阶段	城市主导阶段	城乡互动阶段	城乡融合阶段
乡—城单向要素流动性	低	高	高	高
城乡双向要素流动性	低	低	高	高
多部门产业互动性	弱	弱	强	强
城乡跨域通达性	低	低	高	高
基本公共服务差异性	大	大	大	小
环境效用内化度	低	低	低	高

要素流动具有方向性与交互性。如果仅仅表现为要素由乡村单方向流向城市，即较高的乡—城单向要素流动性，而无法由城市向乡村实现资源要素回流，双向自由流动性较低，同时由于缺乏技术交互导致多部门互动性较弱，这种情况下区域经济将显示出较强的集聚性特征与极化效应，城乡之间经济联系与空间交互的不足又进一步诱发较低的跨域通达性，反过来驱使城乡联系的重心持续朝着城市区域发生偏向，乡村区

域处于停滞发展状态与边缘化地位，属于城市主导阶段。

一旦要素的单向流动格局被打破，城市与乡村之间实现较强的资源要素双向自由流动，将对不同层次的城乡联系及其相互作用产生基础性影响。这种影响得以发挥更广泛的作用，还取决于另外两个指标，即多部门产业互动性与城乡跨域通达性。如果多部门产业互动性较强，意味着对城乡双向要素流动性需求的内生动力充足，但与此同时，必须辅以较高的城乡跨域通达性，保证城乡联系及其相互作用的持续性，属于城乡互动阶段。

在城乡互动阶段中尚未关注到的是，自由来往于城市与乡村两地不同部门的劳动力不仅仅满足于便利的通勤与职住条件，还对教育培训、健康医疗、社会保障等内容充满渴望。此外，资金、信息等多种要素在城乡之间的双向无障碍流动同时也需要均等化服务与良好环境进行相互匹配，这就需要通过较小的基本公共服务差异性与较高的环境效用内化度予以体现，属于城乡融合阶段。实际上，这两个指标反映的主要是城乡社会文化联系与环境联系，基于价值认可与发展理念上的共识，有助于形成城乡居民普遍认可的协同共生发展理念，引导区域网络以及位于各组团发展区位的城乡居民自发关注生态协同与环境效用，反过来进一步优化这种城乡融合的区域共生发展模式。

三、城乡关系演进的阶段特征及内在逻辑

在做出城乡关系内在机理分析后不难发现，城乡关系演进过程中，其主要宏观影响因素沿着以历史、政治、经济、技术、社会、文化与环境为轴线的路径进行变迁。其中，每个阶段节点上都具有不同政策导向与逻辑特征，同时在空间形态上表现为集聚、扩散或从集聚到扩散，抑或再到集聚的动态过程。自然地，在实现城乡融合之前，每一种城乡关系都会由于某种因素或条件缺失，从而诱发一些城乡问题（见表 3-3）。顺着这一思路，基于影响城乡关系演进的六项驱动力指标，本小节将充

分结合各层次的城乡联系与各维度的城乡交互，对城乡分离、城市主导、城乡互动与城乡融合四种城乡关系的阶段特征及内在逻辑做出分类演绎。

表 3–3　城乡关系演进的阶段特征及内在逻辑

演进阶段	主要宏观影响因素	政策导向	主要微观作用机制	空间形态	主要城乡问题	经典案例
城乡分离阶段	历史时序性因素	—	禀赋主导与流动受限	向乡村聚拢而整体散布	增长极缺失与城乡均贫	非洲模式
城市主导阶段	政治经济类因素	城市偏向	规模效应与报酬递增	向城市集聚而城乡格局分明	城乡差距扩大、过度城镇化与乡村撂荒、都市贫民窟	拉美模式 印度模式
城乡互动阶段	技术变革类因素	城乡统筹	产业互动、新经济兴起、消费升级与通道建设	向乡村扩散并打造城乡边缘区次中心	景观城镇化、社会机会结构失衡与阶层固化	东南亚模式 美国模式
城乡融合阶段	社会、文化与环境类因素	城乡协调	服务均等、环境效用、网络共生与溢出效应	广域扩散而局域集聚	—	欧洲模式

1. 城乡分离阶段

城乡分离阶段的核心特征及内在逻辑演进如图 3–9 所示。人类社会由农耕文明向民间手工业与原始工商业的过渡经历了缓慢而悠长的历史时期，城乡分离阶段的主要宏观影响因素可以归结为历史时序性因素。在这一漫长历史进程中，社会分工不足与生产力低下造成区域间市场交易匮乏，逐步累积衍生出禀赋主导与流动受限的微观作用机制，使得自给自足的小农经济长期占据主导地位，而原始的粗放工业生产又高度依赖资源与土地。城市和乡村在生产生活方式与社会文化组成形式等多个领域愈发两极化，空间形态表现为向乡村聚拢而整体散布的城乡分离格局。这种杂乱、无重心的发展模式，极易诱发一系列城乡问题，如增长极缺失与城乡均贫等，形成典型的非洲城乡发展模式。在非洲许多国家和地区，生产力发展水平至今仍然较为落后，城镇大量失业人口反而涌向乡村区域并同当地居民争夺有限的生活资源（Potter 等，2004）。上述非洲模式中，尽管看似存在城乡流动，但两者间这种“负反馈式”交流实质上进一步造成城乡分离，并导致城乡差距逐步扩大。

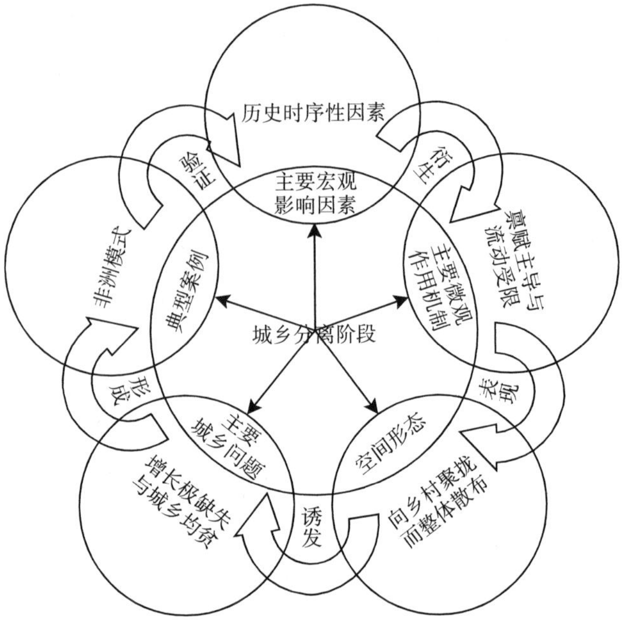

图 3-9　城乡分离阶段的核心特征分析及其内在逻辑关联

2. 城市主导阶段

城市主导阶段的核心特征及内在逻辑演进如图 3-10 所示。面对城乡分离长久以来的增长乏力困境，受制于生产力水平低下的传统农耕生产方式，人们渴求从经济上获得解放，政府也试图从制度上进行干预。在这一背景下，经济政治类因素成为主要宏观影响因素，社会化分工兴起、人口持续增长带来的工业化生产方式与城市集聚经济让人们看到了前所未有的增长动能，与之同步的是城市化浪潮席卷全球主要发达国家。众多发展中国家在效仿榜样与赶超压力的双重心理因素之下，纷纷上升到政治偏好层面，进而催生出城市偏向政策。自然地，这种政策导向深化了城市主导阶段的主要微观作用机制，要素由乡村单方向流向城市，而无法由城市向乡村实现资源要素回流，双向自由流动性较低，多部门互动性较弱，使城市工业在极化过程中具有更强的规模效应与报酬递增潜力，空间形态进一步表现为向城市集聚，但同时城乡格局依旧分明。这种非均衡发展模式诱发了诸多严重的城乡问题，典型的有城乡差距扩大、过度城镇化与乡村撂荒、都市贫民窟等，广泛存在于拉丁美洲与印度等国家与地区。有趣的是，这两个区域恰好对经济增长最为渴望，同时受城市偏向的政策强化机制影响最深，反过来验证了政治经济因素对于城市主导阶段的宏观驱动作用。

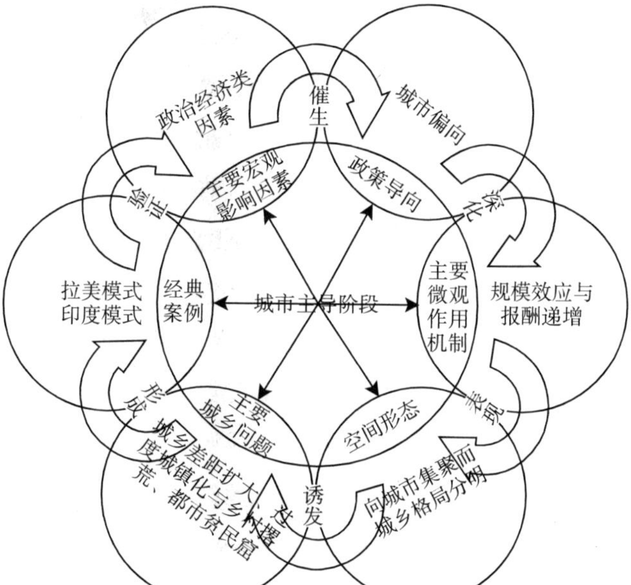

图 3-10　城市主导阶段的核心特征分析及其内在逻辑关联

3. 城乡互动阶段

城乡互动阶段的核心特征及内在逻辑演进如图 3-11 所示。考虑到城乡分离与城市主导两个城乡关系演进阶段弊端重重，人们发现无论是割裂的城乡关系还是偏向一侧的发展理念，都存在对城市与乡村之间多层次联系的忽视。以信息互联网、分布式能源、共享与零工经济为代表的技术创新浪潮作为宏观影响因素，集聚与效率之间的“固有”搭配被逐步打破，加强城市与乡村之间的联系与相互作用开始具备客观经济基础，并且在决策者主观政治意愿下催生出城乡统筹的政策导向。基于这种深化动能，城乡互动阶段通过产业互动、新经济兴起、消费升级与通道建设等主要微观作用机制，显著影响并趋于重构区域之间生产模式、交易结构乃至生活方式。一方面，包括企业准入成本、要素流动成本、信息搜寻成本等在内的社会成本体系呈现整体下降态势；另一方面，城乡之间交通、交流、交易的便捷性通过轨道交通、通信网络、移动支付等技术手段得以体现。两者合力形成较高的城乡跨域通达性，推动城乡双向要素流动性与多部门产业互动性提升，在空间形态上表现为由城市逐步向乡村扩散，并围绕城乡边缘区形成次中心。在这一新生的特殊区位内部，城乡联系及其相互作用显示出前所未见的活跃度与持续性。但是，伴随着剧烈的技术交互与空间交互，一个最为直接的弊端是诱使乡村景观环境向城市趋同，即陷入景观城镇化的片面化发展理念中；另一类主

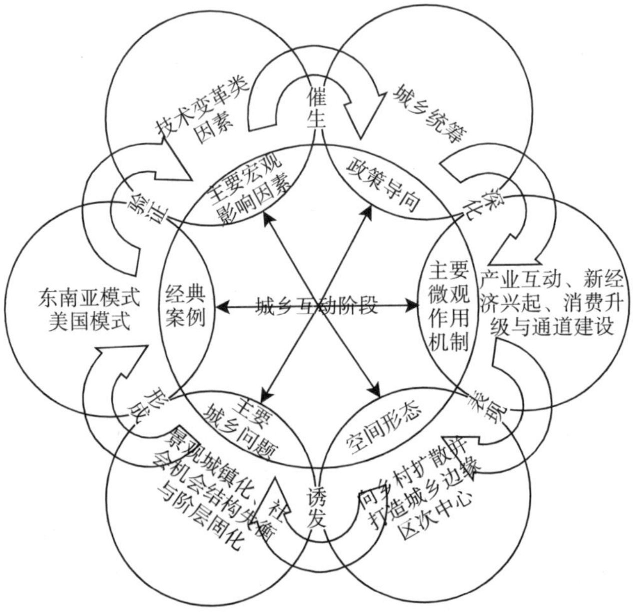

图 3-11　城乡互动阶段的核心特征分析及其内在逻辑关联

要城乡问题，则是技术交互过程中形成的沉淀与锁定机制，容易导致社会机会结构失衡与城乡阶层固化。前者在东南亚这种城乡空间交互显著的区域更为突出，而后者比较典型的案例是具备技术先发性的美国模式。

4. 城乡融合阶段

城乡融合阶段的核心特征及内在逻辑演进如图 3-12 所示。进入 21 世纪以来，尤其是最近的十多年内，城乡关联发展无论在理论拓展还是政策实践方面，都得到进一步深化。尽管城乡互动阶段已经在很大程度上体现出城乡关联发展的基本内涵，但正是发生在城乡边缘区这一“前沿阵地”的多层次、高强度相互作用，使得该区域面对诸多生产与效率之外的结构性难题，尤其表现在社会价值矛盾、文化观念冲突、生态环境困扰等方面。基于这一现实考虑，社会、文化与环境类因素成为城乡关系演进的主要宏观影响因素，推动单纯注重城乡关联升格为城乡融合阶段所奉行的网络共生发展路径，同时催生与之匹配的城乡协调作为政策导向。在较高的城乡跨域通达性与多部门产业互动性基础上，面对更为复杂的城乡互动关系，城乡融合在动态反馈过程中强调从政策指引上协调多方利益，通过深化以服务均等、环境效用、网络共生与溢出效应为主要内容的微观作用机制，引导人口、资金、信息等多种要素在城乡之间进一步克服社会价值、文化观念与生态环境方面的流动与匹配障碍，形成责任共担、共生发展的良性模式。在这种较小的基本公共服务差异性与较高的环境效用内化度两者合力驱动之下，城乡空间形态表现为广域扩散而局域集聚，即网络化与组团式并存的发展格局，一个以互利共生为基础的生态系统至此得以成型。从城乡互动到城乡融合，最为关键的变化在于空间区位向多点多极演化，并在多个节点之间的互动格局下形成动态反馈机制。城乡融合导向下的网络共生关系，就好比要形成一个以互利共生为基础的生态系统，重在强调城市与乡村之间具有正向溢出效应并形成动态反馈机制。这种融合与共生关系的背后，实质上是网络化与组团式发展格局，较为典型的比如以城市—区域、城镇网络构型为代表的欧洲模式，中心城市与乡村腹地以及城乡边缘区在复杂的交互行为中不断衍生出次级都市、卫星城市、小城镇、乡镇等，这种多点多极的空间区位之间具有正向溢出效应并形成动态反馈机制，同时实现广域网络化扩散与局域组团式集聚，能够有效规避景观城镇化、社会机会结构失衡与阶层固化等城乡发展困境。

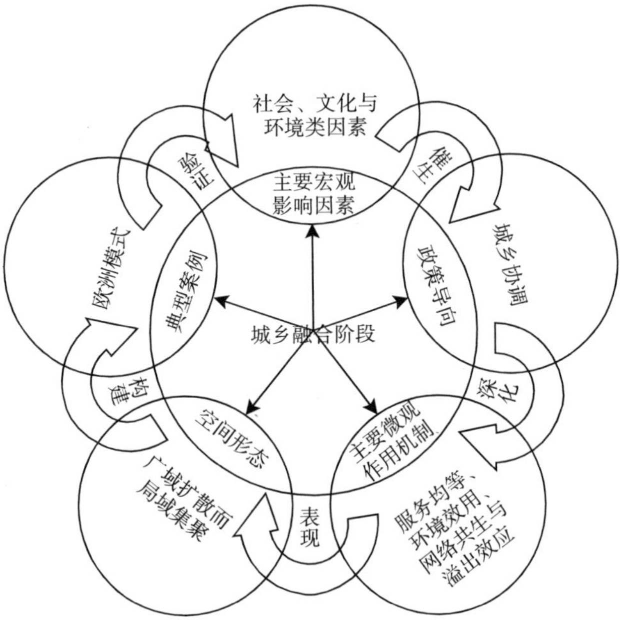

图 3-12　城乡融合阶段的核心特征分析及其内在逻辑关联

第四节　城乡关联—共生发展分析框架

从前文城乡关系演进的内在机理分析来看，城乡互动与城乡融合两个发展阶段涵盖了更为全面的城乡联系与更为复杂的城乡相互作用，在不同程度上积累了更多积极因素，体现了更为健康可持续的城乡关系状态。基于以上考虑，自本节开始，研究重点将集中在城乡互动与城乡融合两个演进阶段导向下的城乡关联—共生发展分析框架上。如图 3-13 所示，要素流动与城乡联系作为关联—共生发展假设前提，在整个框架中的地位如同中枢神经；报酬递增与产业互动能够直接反映城乡联系及其相互作用，是关联—共生发展作用机制；消费升级、通道建设与新经济兴起以及服务均等、环境效用与网络共生，从微观机制上对城乡关系阶段演进起到不同程度的正向驱动作用，分别作为关联—共生发展的先期跃升条件与后期跃升条件；城乡差距缩窄、城乡融合与城乡一体化则对终态目标做出动态描述，是关联—共生发展结果。

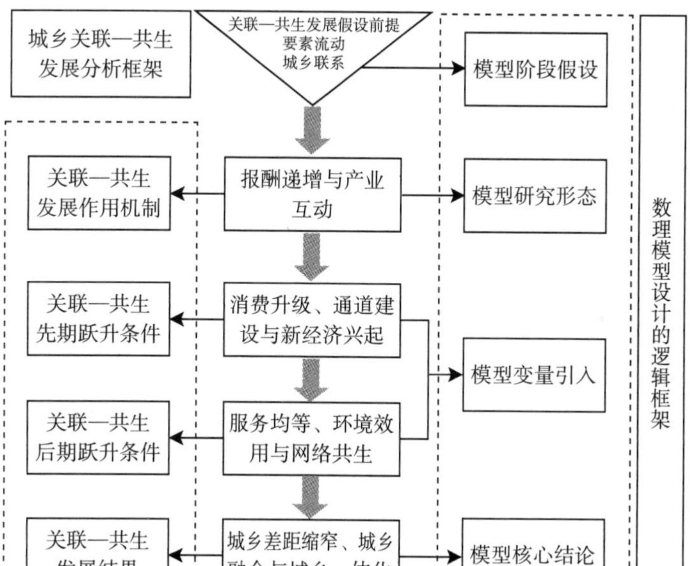

图 3-13　城乡关联—共生发展分析框架及其模型化之间的映射关系

本节的另一个任务是，给出城乡关联—共生发展分析框架及其模型化步骤之间的映射关系，并试图为下一步数理模型设计做出逻辑铺垫（见图 3-13）。其一，要素流动与城乡联系作为关联—共生发展的假设前提，直接作用于模型化过程的假设环节；其二，报酬递增与产业互动作为关联—共生发展的作用机制，主要体现在模型化过程的研究形态上；其三，消费升级、通道建设与新经济兴起以及服务均等、环境效用与网络共生，分别作为关联—共生发展的先期跃升条件与关联—共生发展的后期跃升条件，直接作用于模型化过程的变量引入环节；其四，城乡差距缩窄、城乡融合与城乡一体化则对终态目标做出动态描述，是关联—共生发展结果，主要体现在模型的核心结论上。

一、假设前提：要素流动与城乡联系

实际上，这里的要素流动在完整意义上指的是资源与环境、劳动力人口、资金、信息与技术等城乡要素以及产品与服务的流动，既是各种城乡联系的直接载体，又是城乡关联—共生发展假设前提，直接作用于模型化过程的假设环节。在图 3-14 中，重点突出了生产要素及产品流动的五方面主要内容，并试图体现出四组城乡关联—共生（先期、后期）

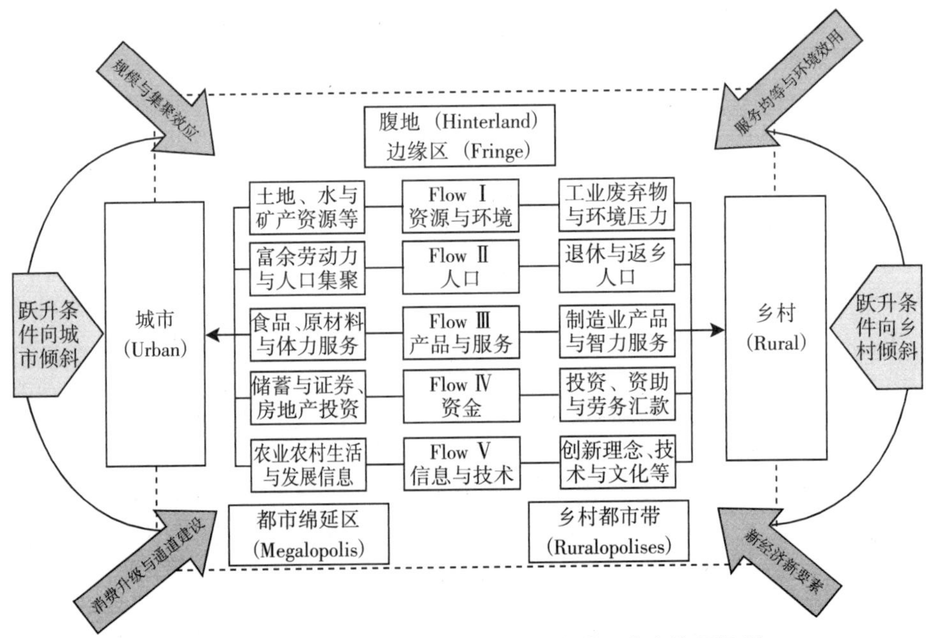

图 3-14　生产要素及产品流动与城乡关联—共生作用机制

跃升条件是如何在城乡要素匹配过程中发挥作用的。需要指出的是，现有城乡理论习惯于强调城市层级（Urban Hierarchy），而本书需要从区域演化进程出发，考虑将城市与乡村之间的“过渡态”——城乡腹地与边缘区作为研究实体，试图破除对城市层级的相对单一化描述。

要素流动与城乡联系作为关联—共生发展假设前提，其核心之处在于通过资源与环境、劳动力人口、资金、信息与技术等城乡要素以及产品与服务的流动，能够有效规避城市与乡村自身现有资源要素分布失衡的难题，从而完成城乡之间共有要素的重新组合与配置。不难看出，上述整个过程即经由要素流动与城乡联系实现城乡要素匹配，在空间区位上尤其以城乡腹地与边缘区（Hinterland and Fringe）为主。

在城乡要素非自由流动情况下，一个重要特征表现在对应于城乡边缘区（空间中间态）的非正规部门就业（流动中间态）。非正式部门（Informal Sector）主要涵盖摊贩、家庭作坊、微型制造企业、小规模服务组织等以自我雇用、临时雇用、无雇用合同等非正式雇佣关系与组织。这种流动的就业中间状态体现了城乡要素自由流动受限格局下，对区域要素实现重新组合与有效匹配的一种反抗或者说折中，乡镇企业就业就是一个典型代表。尽管本书侧重于探讨城乡互动与城乡融合阶段，但将非正规部门就业视为对应于城乡边缘区的流动中间态，能够为考察城乡要素非自由流动程度提供一种思路。

在城乡要素自由流动情况下，规模与集聚效应、消费升级与通道建设两组跃升条件强化了城市与乡村的经济联系与政治联系，同时主要受到空间与制度两个方面的城乡相互作用，有助于城乡要素匹配向中心城市倾斜，腹地与边缘区趋于向都市绵延区（Megalopolis）形态发生转变；新经济新要素、服务均等与环境效用两组跃升条件则加强了城市与乡村的社会联系、文化联系与环境联系，主要体现了技术与功能两个方面相互作用的影响，更有利于城乡要素匹配向乡村区域倾斜，腹地与边缘区在此基础上形成乡村都市带（Ruralopolises）。

二、作用机制：规模报酬递增与产业互动

基于城乡产品与服务报酬递增的产业互动与产业关联，能够直接反映城乡联系及其相互作用，是关联—共生发展作用机制，主要体现在模型化过程中的研究形态上。其中，不仅包括城市传统工业部门、乡村传统工业部门、城市现代工业部门、知识创新部门在内的产业部门具有报酬递增性质，并且它们能够带动乡村农业部门通过农业现代化、乡村旅游、田园综合体等实现报酬递增（见图 3-15）。基于这种考虑，数理模型中的生产函数会随着城市与乡村之间产业部门的变迁与演化进程予以修正，这也正是区别于现有城乡数理模型的外在表现形式。

不难看出，本书在进行模型化时遵循的一个主要原则是，紧紧围绕要素流动与城乡联系的演进过程，将劳动力流动与产业互动作为动态分析与模型构建的两大基石，同时体现城乡关联—共生发展的假设前提与作用机制。图 3-15 展示了一种可能演进过程：城市主导阶段下，城乡格局基本形成，传统工业蓬勃发展，乡村剩余劳动力以巨大的城乡工资差异为基本动力，不断以非熟练劳动力的形式向城市迁移，劳动力流动表现为由乡村农业部门单方面流向城市工业部门；在城乡互动阶段中，城市偏向政策被逐步扭转，乡村农业部门继续以非熟练劳动力形式向城市传统工业部门流动，同时传统工业由于进入“阈值区间”[①] 而发生衰落与转移，部分难以通过知识技能培训获得提升的剩余非熟练劳动力发生回流，表现为乡村劳动力在城乡之间双向自由流动；在城乡互动融合的过渡发展阶段下，乡村传统工业部门经由城市传统工业部门迁移不断发展壮大，包括一些原本就生存在城市的非熟练劳动力同样无法通过知识技能培训获得提升，他们一同随着城市传统工业部门迁移到乡村，因而表现为乡村劳动力自由流动与城市劳动力单向流动；在城乡融合阶段下，

① 对于“传统工业发展阈值”这一概念将在第五章数理模型扩展中做出探讨。

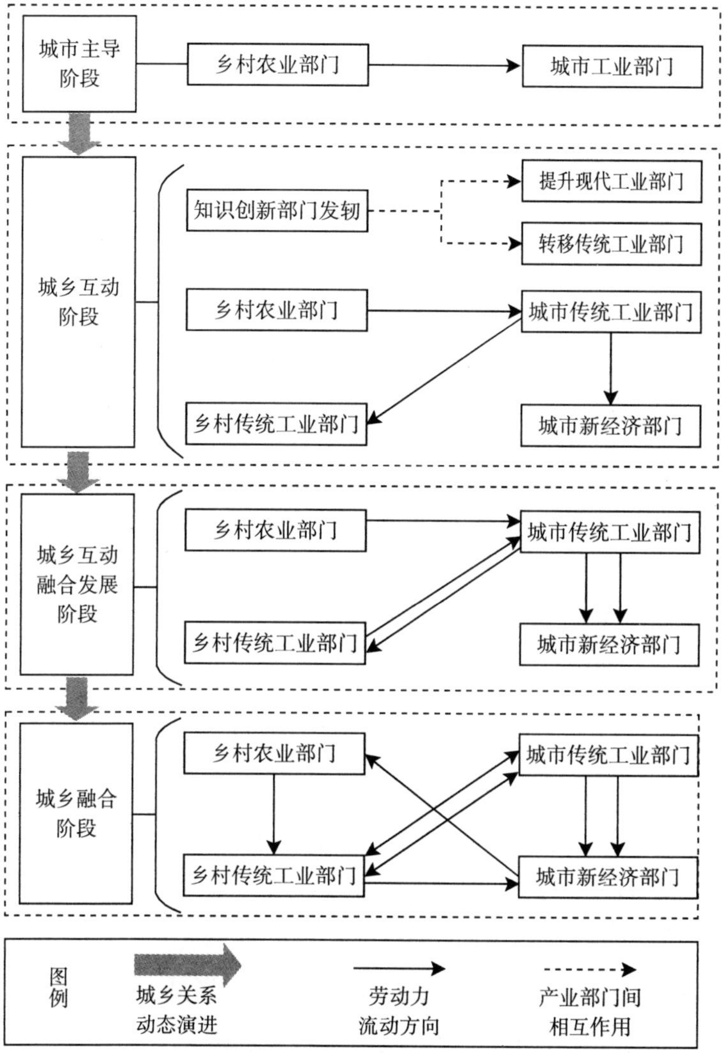

图 3-15　报酬递增与产业互动下的城乡关系动态演进机理

乡村与城市的传统工业部门两者生产率水平已趋于相近，农业部门非熟练劳动力转移基本发生在乡村内部，现代工业部门与新经济部门先后在城市与乡村蓬勃兴起，表现为乡村与城市劳动力双向自由流动，城乡之间良性的关联—共生发展格局成型。

三、先期跃升条件：消费、通道与新经济

消费升级、通道建设与新经济兴起作为关联—共生发展的先期跃升条件，有助于形成要素双向自由流动下的城乡互动发展格局，直接作用于模型化过程的变量引入环节。其中，消费升级分为城市与乡村两步，可以体现在消费者多样化偏好提升方面；而通道建设则涉及户籍、土地流转等制度改进方面，以及轨道交通（高铁、城铁、地铁）、通信网络（4G/5G 信号更优、漫游全免等）、移动支付、廉租房建设、棚户区改造等基础设施建设方面，可以体现在流动成本与通勤费用方面，与劳动力流动成本因子以及以区位距离为量度的拥挤成本有关。消费升级与通道建设两个跃升条件，分别将相关变量引入消费者效用函数与消费者预算约束方程，实现城乡关系演进过程中的模型化扩展与改造。

新经济兴起在城乡关系先期跃升条件中占据主导地位。实际上，对于"新经济"这一概念的提法，最早可以追溯到 20 世纪末期的美国。当时美国制造业雇员数量增速逐步放缓，而生产者服务（Producer Service，PS）从业人员却获得较为明显的增加。对于这一变化，Goe（1994）提出了"后工业生产者服务模式"（Post Industrial Model of PS），并在此基础上给出了"新经济"视角（New Economy Perspective）加以阐释。伴随着知识经济导向下的技术进步，传统工业发展逐步走向产业瓶颈期，取而代之的将是以 PS 为载体与前哨的新经济行业充当下一轮经济引擎。实际上，Bell 早在 1973 年就首次提出，知识创新会取代商品生产作为未来经济新的主导模式（Dominant Organizing）（Bell，1973）。现代经济价值创新的首要源泉，已非实现由原材料向商品的转化，而是获取信息并进一步加工的能力，最终实现传统工业信息化升级以及新兴产业部门的雏形孕育。根据 Besser（2002）的观点，PS 在区域经济中取得先机（Privilege），有助于城乡体系打造便利的交通系统、发达的通信网络、优质的基础设施、亲和的文化介质（Cultural Amenities）以及适中的人口密度。可以看

出，新经济兴起不仅本身就是推动城乡联系及其相互作用的重要因素，并且反过来对消费升级与通道建设也具有积极的正向促进效应。

那么，新经济兴起究竟在哪些具体发展领域或方向上对城乡关系演进的影响最为强烈？针对这一发问，结合上述观点与当前科技背景，本书提炼出包括网络信息化、分布式能源与共享经济在内的三大新经济领域。以网络信息化为例，如图 3-16 所示，这里基于数据要素化视角，给出了网络信息时代变迁进程对城乡关系阶段演进的作用机理，并做出一定展望。信息连接形式在从有线网络到无线宽带再到广域物联网的进化过程中，对应所需的典型硬件设备经历了从固定终端到移动（掌上）终端再到传感终端的变迁路径，而数据则以最终产品到中间产品再到投入要素的形式，分别结合相关算法形成了搜索引擎（平台直接输出）到 App 应用（用户应用内搜索）再到人工智能（需提供数据喂养）的软件层结构，进一步通过从平台集聚到内容扩散再到跨域互通的内在驱动机制，实现城乡关系由中心都市化（城市主导）到周边市镇化（城乡互动）再到网络共生化（城乡融合）的演变进程。

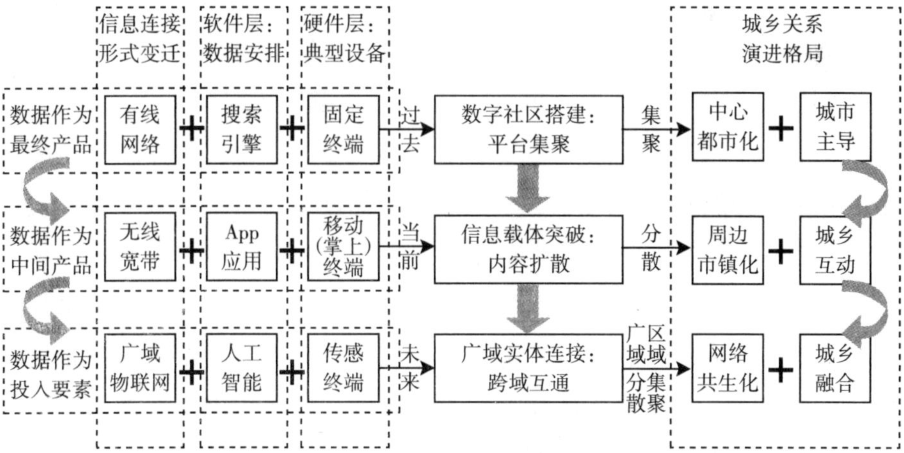

图 3-16 数据要素化视角下网络信息时代变迁对城乡关系演进的作用机制

四、后期跃升条件：服务、环境与网络共生

服务均等、环境效用与网络共生作为关联—共生发展的后期跃升条件，有助于实现更为注重社会、文化与环境联系及其相互作用的城乡融合发展，同样直接作用于模型化过程的变量引入环节。其中，服务均等主要涵盖就业住房、职住通勤、教育培训、医疗健康与社会保障等城乡社会联系方面。在较高的城乡跨域通达性与多部门产业互动性基础上，面对更为复杂的城乡互动关系，服务均等能够体现城乡之间由客观存在的物质交换与实体流动转向一种基于价值与观念层面的精神共识，有助于促进劳动力、资金、信息等多种要素在城乡之间的双向无障碍流动并实现相互匹配，形成城乡居民普遍认可的协同共生发展理念。在模型化过程中，服务均等作为后期跃升条件之一，通过引入社会福利变量与环境效用因子进一步改造城乡居民收入方程及其预算约束方程。

环境效用实质上强调的是城乡居民将食品安全、绿色走廊、生态休闲等环境因素视作商品一般具有效用水平，相应地，环境效用内化度即衡量“消费者”在何种程度上将环境因素内化为自身效用。McGranahan等（2001）指出，在城市实现增长过程中，环境问题与生态压力呈现一种发散态势，尤其是特大城市对周边区域环境所造成的影响。一方面，环境效用重点体现的是城乡环境联系；另一方面，这一条件跃升还能够反映出城乡功能相互作用对于环境效用内化过程的影响。实际上，乡村在区域定位上日趋弱化的生产功能以及不断强化的医养结合、生态休闲等环境功能，是满足环境效用跃升条件的前提，而这一点正在全世界范围内获得越来越广泛的认可，尤其是在城乡社会文化联系更为紧密的欧美等发达国家。在模型化过程中，通过实现环境效用内生化进一步改造消费者效用函数。

第五节 小结

从上一章概念界定内容中就可以发现，城市与乡村以及伴随其间的城乡关系具有较为复杂的演进过程，学界至今尚未对这一学术难题达成有效共识。基于此，本章首先在第一节对现有城乡理论的发展脉络及其启示与延伸方向展开分析，同时结合城乡联系的未来演进趋势，进行相关理论延伸。在此过程中得到启发，应当将城乡联系与城乡相互作用视为作用于城乡关系演进的两类驱动机制；第二节则从经济、政治、社会、文化与环境等城乡联系的五个层次切入，以城乡相互分离状态为逻辑起点，加入城乡空间相互作用、城乡功能相互作用、城乡技术相互作用与城乡制度相互作用四个维度的纵向交互因素，分别探讨了作用于城乡关系演进的两类驱动机制，即多层次城乡联系与多维度城乡相互作用；在此基础上，第三节尝试探索城乡关系演进的内在机理，从乡—城单向要素流动性、城乡双向要素流动性、多部门产业互动性、城乡跨域通达性、城乡基本公共服务差异性、城乡环境效用内化度等影响城乡关系演进的几类驱动力指标入手，使城乡联系及其相互作用贯穿于整个城乡关系演进脉络，进而对城乡关系阶段特征展开分类演绎；第四节则重点考察了互动视角下的城乡关联—共生发展分析框架，它们涵盖了更为全面的城乡联系与更为复杂的城乡相互作用。其中，要素流动与城乡联系是关联—共生发展假设前提，报酬递增与产业互动是关联—共生发展作用机制，消费升级、通道建设与新经济兴起以及服务均等、环境效用与网络共生，分别作为关联—共生发展的先期跃升条件与后期跃升条件，城乡差距缩窄、城乡融合与城乡一体化是关联—共生发展结果。

第四章

城乡关联—共生发展下的欧美模式及其演化分析

根据上一章对于城乡驱动机制及其理论分析框架所探讨的主要内容，基于城乡关联—共生发展分析框架下的城乡互动与城乡融合阶段，两者涵盖了更为全面的城乡联系与更为复杂的城乡相互作用，体现出更为健康可持续的城乡关系状态。那么，既然城乡互动与城乡融合两个演进阶段代表着更多积极因素的积累，在国际范围内是否存在某些国家或地区，其现有城乡发展实践能够在某种程度上为我们呈现这些积极因素？同时，在区域实际发展背景与相关政策制度下，城乡互动与城乡融合发展格局又分别具有哪些突出特征？对于理论分析框架中驱动城乡关系阶段演进的几项驱动力指标，究竟能否在这些国际案例的真实演化环境与发展格局中得到验证？上述问题的答案，需要在本章中通过对城乡关联—共生发展分析框架下的城乡发展模式及其演化分析来得出。其中，分别选定美国与欧洲作为互动融合两种城乡发展模式的典型代表，前者为技术驱动下的自由延展式城乡互动模式，后者为网络共生构型下的组团式城乡融合模式。本章关于美国与欧洲两类国际模式的案例研究，将为第七章试图提炼的中国城乡互动融合发展相关政策建议提供经验启示。

第一节　美国模式：技术驱动下的自由延展式城乡互动

美国早在20世纪60年代就实现了高度城镇化，城镇化率超过85%。数量庞大的不同规模城市中，中小城镇占据绝对比例优势。美国辖内3403个郡县共涵盖35153个市、镇、村，其中人口在3万以下的小城镇达34000多个①。从城乡整体格局来看，依托城市延展与农村城镇化发展路径，美国大量小城镇围绕中心城市错落布局，形成既相互独立又功能互补的城镇体系。美国城乡发展模式的主要驱动因素可以分为两点：其一是得益于城市与乡村区域之间的生产要素自由流动，能够有效促进城乡人口在空间上实现均衡配比；其二是以新经济为主要特征的技术驱动作用，使得乡村在城乡相互作用过程中拥有更多机会。两者归结起来，即技术驱动下的自由延展式（Free Extension）城乡互动模式，可以视为美国城乡关系演进的基本特征。

一、要素自由流动与城乡边缘区

2000年，美国人口调查局（US Census Bureau，2011）给出的乡村人口占比为21%，比1990年下降了1个百分点，而到了2010年，这一数据继续减少到17%~18%，为人口普查有史以来最低水平②。从绝对数值上来看，美国城市人口于1920年就已经首度超过乡村人口，但是该国2000年农业人口（5910万人）仍略微超过1940年（5720万人）水平。

① 源自美国人口调查局（United States Census Bureau）2010年数据。
② 此处几项数据来源于美国人口调查局2011年对于全国历史数据的汇总资料。

不难看出，这一相对稳定的农业人口规模暗含着美国城乡近几十年来的社会经济变迁进程。尽管乡村总人口维持在一个相对稳定的水平，但许多快速增长的非城市区域（Nonurban Area）正在不断转型成为都市区，或者说被逐步纳入城市板块（Isserman，2001）。

实际上，在20世纪50年代之前，美国各界一直倾向于人为地将乡村设定在城市的对立面，但是城市化这种渗透性极强的巨大驱动力，推动了大规模的乡村与城市经济重构（Economic Restructuring）与空间重列（Geographic Realignment），进而形成了城乡边缘区（Rural-urban Fringe，RUF）。在这一背景下，"农村"（Rural）与"农场（农业）"（Farm）不再意味着能够互相指代。在21世纪初，美国乡村研究中心（Center for the Study of Rural America）发起的新农村政策会议上，相关机构与研究人员以"超越农业"（Beyond Agriculture）为议题，得出"农村政策"不再仅仅局限于"农场（农业）政策"（Farm Policy）的结论。与这一迹象相对应的是，1940年美国一半以上的乡村人口以农场为主要居所，而2010年以来这一比重直线下降到2%左右，如果考虑的是农场从业者，那么这一数值将进一步降低（Irwin等，2010）。这一方面表明，城乡劳动力人口流动、城乡边缘区空间形态、乡村内部产业结构等城乡特征发生重大改观；另一方面则表明，农场农业规模化、机械化水平非常高，农业生产效率大幅攀升（Schaeffer等，2013）。RUF区域往往既享有最高的社会价值，同时又承载最大的社会压力（Scott等，2013）。至此，美国城乡社会经济结构开始逐步显示出区域相似性（Regional Similarity）。

要素自由流动成为美国城乡互动模式的主要驱动因素之一。近年来，便利度（Amenities）较高的乡村区域往往能够通过吸引城市人口流入而获得较快增长，同时大量国外移民也将居美目的地由大城市转向了非都会区域（Nonmetro Area）。如此一来，城市迁入人口与国外移民在很大程度上协同推进了城乡连接带（Rural-urban Continuum，RUC）的集聚性与紧凑性。此外，美国乡村区域所受到的邻接性效应（Effects of Proximity）与周边城市中心的规模大小密切相关。Partridege（2010）通过比较4组人口规模不同的统计学都市区域（Metro Statistical Areas，MSA）增长情况之后发现，与大型都市区相比，小型城镇与中型城市在就业与人口增长率方面表现更为突出。值得注意的是，其中3组中型MSA都发生了向周边更小城市与非城县的人口流动（数量约为50万），而最大的都市区域由于距离乡村区域较远，并没有观察到人口正向流出的迹象。Dijkstra等（2015）进一步指出，美国中小规模城市已经在工作机会与人口增长方面超越大型城市（Largest Cities）。对此，Tsvetkova等（2017）在考察了美国RUC区域企业家利润与雇员收入后发现，伴随着农业与采掘业等传统乡村产业的报酬率持续降低，城市导向的生活方式与产业结构逐步向周边蔓延开来。得益于此，小型城镇与中型城市在这种城乡边界模糊化背景下，显示出更强的劳动人口吸附能力。

二、技术与服务催生新经济部门

20世纪末，生产者服务（Producer Services，PS）成为美国所有经济部门中增长最快的行业领域，主要用于为“新经济”（New Economy）提供初始资源与材料（Primary Raw Materials），具体涉及信息与问题解决（Problem Solving）等（Kanter，1995）。PS也可以理解为，能够对产品与服务生产过程提供类似于要素投入的中间功能（Intermediate Functions that Serve as Inputs），最为常见的行业包括通信、交通、研究、金融等公共服务领域（Hansen，1994）。可以看出，以PS为雏形的技术与服务不断演化出各类新经济部门，推动了美国城乡自由延展。

PS对美国城乡社区（Rural-urban Communities）经济活力（Economic Vitality）的影响作用越来越显著（Menchen和Singelmann，1998），这一点主要通过提高社会经济整体运营效率与产业链附加值来实现。对美国而言，制造业并非PS的主要服务对象，政府机构、个人教育与医疗部门以及其他下游PS行业才是首要获益群体，因而无论对于城市还是乡村，PS

的蓬勃发展都能够带来相同的增长机会。需要指出的是，技术水平与生活环境是影响 PS 作为经济动力的两个最为重要的因素。美国许多乡村社区基于良好的技术设施（Technical Infrastructure）与小城镇的便利环境（Amenities），从而能够对以 PS 为载体的新经济行业产生强大的孕育空间与从业人员吸引力（Besser，2003）。此外，Besser（2002）提到，相对于中心城市与大都市区域，美国乡村社区绝大多数从业人员都从属于农业、制造业等“旧经济”部门（Old Economy），这种商业环境的弱势以及 PS 对其他产业的带动性，使得当地民众对新经济领域格外重视与支持，因而 PS 在乡村区域具有更好的生长氛围。

网络信息技术对于新经济部门具有先导性与接入性作用，这一点集中体现在美国城乡自由延展模式中。Low 和 Isserman（2015）认为信息技术与网络覆盖对于美国乡村区域收入增长具有正向刺激，并能够有效降低失业率，大大强化了人口在城乡之间通过变更空间区位寻求工作的潜在可能性。Whitacre 等（2014）长期跟踪美国乡村宽带（Broadband）普及情况及其对城乡发展的影响，除了南部佐治亚州（Georgia）、密西西比州（Mississippi）以及路易斯安那州（Louisiana）与得克萨斯州（Texas）部分区域外，美国县域基本实现了 40%以上的家庭宽带接入率。其中，宽带接入率低于 20%区域的平均家庭收入为 34500 美元，低于非都会县（Non-metro Counties）平均水平（39500 美元）。因此，美国很多州县都充分意识到信息技术与网络覆盖对于乡村发展的重要性。Conley 和 Whitacre（2016）拿明尼苏达州举例，该州乡村区域通过改善宽带基础设施来摆脱人才外流困境，并吸引创新阶层流入。

三、新兴业态主导下的城乡互动

在全世界享有盛名的“硅谷”（Silicon Valley）实际上本不是一个固有的地名，其原名应当是圣塔克拉拉谷（Santa Clara Valley）。该地得以点“硅”成金的背后，是由于 20 世纪 50 年代全球芯片研发大潮发轫于圣塔克拉拉市（Santa Clara City），而硅片又是集成电路（芯片）的直接载体，“硅谷”一名便由此得来。值得注意的是，Santa Clara City 位于旧金山湾区（San Francisco Bay Area）的南湾（South Bay）地带，由众多小城镇集聚而成，其规模在整个湾区仅排第九位。那么究竟是何种城乡发展路径造就了硅谷模式呢？实际上，不只是硅谷自身，同时也连带大部分湾区一起，形成的是一种新兴业态主导下的城乡产业多部门互动与自由延展模式。

起初发源于小城镇 Santa Clara City 的硅谷，只是依托于圣塔克拉拉县（Santa Clara County）[①]首府圣何塞（San Jose），后来逐步向北湾（North Bay）两个核心城市旧金山（San Francisco）与奥克兰（Oakland）进行延展。围绕 San Jose 深黑色区域的面积最大，以中小城镇为特征的空间形态不断向北部延展。对于这种影响，Storper（2013）甚至直言，受压于声名远扬的近邻硅谷，大旧金山地带（Greater San Francisco）已经“沦为”依附于对方的“符号式”（Iconic）区域。这一趋势向着包括马林（Marin）、康特拉科斯塔（Contra Costa）、索拉诺（Solano）等在内的传统“湾区九县”范围进行扩展。近年来，东湾（East Bay）以及九县南北两侧纵深地带也受到硅谷科技与知识主导下城乡互动模式的辐射带动作用，分别构成湾区的主要与次级延展区域。

这种从硅谷到整个旧金山湾区的空间延展，其背后反映的实质是知识与科技导向下的城乡多部门产业互动以及小城镇梯级延伸。硅谷主要依托于包括斯坦福大学和加州大学伯克利分校在内的全球顶级院校[②]，并借助半导体芯片行业在 Santa Clara County 小城帕罗奥多（Palo Alto）的集聚，从而得以于 20 世纪 60 年代开启知识与科技兴盛之路。要知道，在此之前，这一地带尚且属于农田密布的典型乡村区域。其中，惠普（HP）

① 在美国，“县”（County）是大于“市（镇）”（City）的。

② 除此之外，还包括加州大学其他几个校区以及圣塔克拉拉大学等。

在当时迅速崛起，推动其总部所在地 Palo Alto 成为创业高地，并引领大量以高新技术与新兴产业为特征的中小企业扎堆落地。在此基础上，借助同样处于 Palo Alto 的斯坦福大学，其名列全球首位的计算机科学专业孕育着大量信息技术领域的顶尖人才，使得硅谷在 20 世纪末完成由芯片行业向计算机与互联网产业的完美转换。如表 4-1 所示，以小城 Palo Alto 为中心，在多部门产业互动基础之下，逐步在 Santa Clara County 其他小城镇乃至周边南湾县市集聚起苹果（Apple）、谷歌（Google）、脸书（Facebook）、英特尔（Intel）等一批全球科技领军型企业；同时，很多在 Palo Alto 成长起来的小型创业公司也会搬至周边小城镇，除 Santa Clara County 以外，如今硅谷核心区域甚至可以覆盖到北部圣马特奥县（San Mateo County）的主要市镇。按照 Walker 和 Schafran（2015）的观点，硅谷已经成为电子、信息以及生物技术相关产业的“世界心脏”（Global Heart）。

表 4-1　硅谷核心区域著名企业总部分布情况

硅谷核心县域	主要市镇	总部落地企业
圣塔克拉拉县 Santa Clara	圣塔克拉拉市 Santa Clara	圣塔克拉拉大学、英特尔（Intel）、英伟达（Nvidia）总部
	帕罗奥多市 Palo Alto	斯坦福大学、惠普（HP）总部、特斯拉（Tesla）总部
	山景城 Mountain View	谷歌（Google）总部、Mozilla 基金、领英（LinkedIn）总部、微软（Microsoft）MSN/Hotmail/Xbox/MSNTV 部门
	门洛帕克镇 Menlo Park	脸书（Facebook）总部
	圣何塞市 San Jose	思科（Cisco）总部、eBay 总部、Adobe 总部
	森尼维尔市 Sunnyvale	AMD 总部、雅虎（Yahoo）总部
	库比蒂诺镇 Cupertino	苹果（Apple）总部、赛门铁克（Symantec）总部
	洛斯盖多斯镇 Los Gatos	奈飞（Netflix）总部

续表

硅谷核心县域	主要市镇	总部落地企业
圣马特奥县 San Mateo	红木城 Redwood City	甲骨文（Oracle）总部、 艺电（Eletronic Arts，EA）总部
	圣布鲁诺市 San Bruno	YouTube 总部
	福斯特城 Foster City	维萨（Visa）总部、SolarCity 总部
	南圣弗朗西斯科市 South San Francisco	基因泰克（Genentech）总部

资料来源：Fung，K. C.，Aminian，N.，Tung，C. Y. Some Characteristics of Innovation Activities: Silicon Valley，California，China［J］. Econ Change Restruct，2016（49）：221-240. 作者结合该文内容并查阅相关企业公开信息得到。

硅谷城乡互动在整个旧金山湾区的自由延展模式，可以通过湾区九县工作日通勤的流动方向与数量水平予以体现。如图 4-1 所示，代表硅谷核心区域的 Santa Clara 与 San Mateo 两县的通勤密度最高，并且从流动方向上来看，整体呈现出流入多于流出态势。同时值得注意的是，在 20 世纪中后期之前的大部分时期，整个旧金山湾区的劳动力流动，都是以东湾地带与南湾地带流向区域核心城市 San Francisco 与 Oakland 为主要特征的。只是在硅谷兴起之后，才发生了如图 4-1 中这种“逆向”流动趋势。对此，Dai 和 Weinzimmer（2014）指出，最具代表性的场景是，在每个工作日的清晨，Google 与 Facebook 两家互联网公司使用通勤班车（Shuttles）将员工由位于 San Francisco 的居住地送往位于 Santa Clara 的工作地。实际上，这种改变得益于新兴产业在硅谷各个小城镇的集聚效应以及不同产业部门互动过程中的溢出效应。在这一过程中，Marin、Contra Costa、Solano 等北湾各县也逐步参与到硅谷乃至整个湾区的通勤流动行为中来，大大增强了各县中小城镇、乡村区域与湾区中心城市的互动与联系，构成一种新兴产业主导下的城乡自由延展模式。

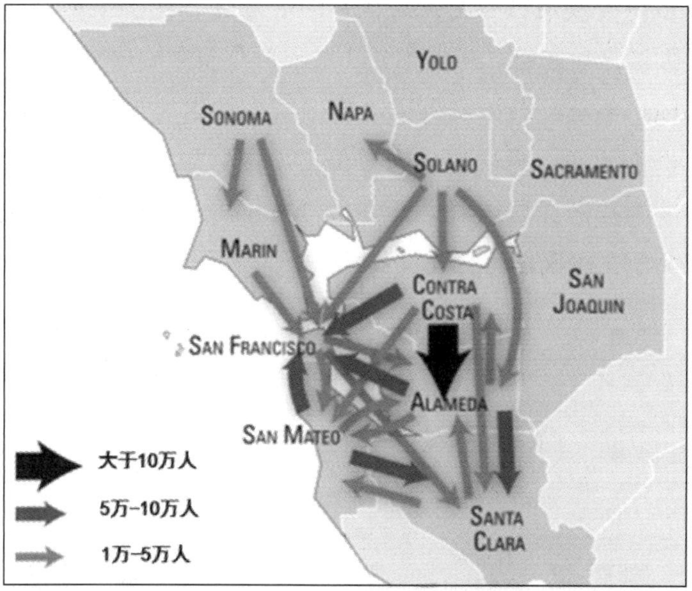

图 4–1　湾区九县工作日通勤的流动方向与数量水平（2010 年）

资料来源：Walker，A.，Lodha，S. K. The Atlas of California [M]. Oakland，CA：University of California Press，2013.

第二节　欧洲模式：网络共生构型下的组团式城乡融合

与美国自由延展式城乡互动发展格局不同，欧洲属于网络共生构型下的组团式城乡融合模式。这与欧洲独有的背景条件密切相关，即各国土地面积与人口规模有限，但同时经济发达程度与区域通达性都处于较高水平。从世界范围来看，欧洲仅有伦敦与巴黎能够列为全球性特大城市（见表 4–2），多数城市都处于中等规模（Medium–Sized），这里容纳了欧洲大部分聚居人口，由此形成了长期稳定的高密度网络化（Dense Mesh）城市中心（Camagni 等，2015）。越来越多的人口通过就业或定居形式，逐步向大城市以外的次级区域中心迁移，使得中小城镇之间的联系与相互作用日益密切。正因如此，城市群与多中心城市区域（City-Region 或 Urban-Area）趋势成为驱动欧洲城乡共生发展的重要特征，以要素流动、产业关联、通道建设为主要衡量指标的城乡互动程度已达到较高水平，进一步形成城镇网络（Urban Network）构型下的城乡融合模式，通过组团共生实现区域可持续发展。

表 4-2 不同研究机构发布的全球城市榜单相关细节情况

研究范围及其命名	研究机构	发布年份	城市数量	指标数量	排名前五位城市
全球城市指数与新兴城市展望 Global Cities Index and Emerging Cities Outlook	美国科尔尼管理咨询公司 A.T. Kearney	2008 2010 2012	66	24	纽约，伦敦，巴黎，东京，香港
全球城市实力指数 Global Power City Index	日本森纪念财团 MMF	2008~2013	40	70	伦敦，纽约，巴黎，东京，新加坡
全球城市指数 Global Cities Index	英国莱坊国际 Knight Frank	2008~2013	40	约 25	纽约，伦敦，巴黎，东京，布鲁塞尔
全球城市竞争力指数 Global City Competitiveness Index	英国经济学人智库 EIU	2012	120	31	纽约，伦敦，新加坡，香港，巴黎
机遇之城 Cities of Opportunities	英国普华永道 PwC	2011 2012	27	60	纽约，伦敦，多伦多，巴黎，斯德哥尔摩

数据来源：来自 A.T. Kearny，The Mori Memorial Foundation，Knight Frank，The Economist Intelligent Unit，and Price Waterhouse 历年官方数据。

一、全球格局下欧洲城镇网络基本形态

表 4-2 另一个重要作用是，这些由美国、日本、英国等国际顶尖智库给出的全球城市分析（Global City Analysis，GCA），其考察项目基本都集中于人口、经济、文化与环境等城市发展领域，最终得到的全球城市排名也具有趋同走势。基于此，Chubarov（2015）结合表 4-2 中各项 GCA 测算结果，将全球 56 个主要城市按照 0~100 的分数排名由上至下划分为

五类，并据此形成全球城市网络及其三个区域子网（Subnetwork）分布格局。

不难看出，欧洲城市网络在全球三大子网中呈现出最为密集的空间布局，无论是五类城市占有总数（19：14：13）[①] 或其分数加总（1016.8：701.4：667.8），还是所占份额的加权平均值（1.94%：1.82%：1.87%），都居于三大子网首位。值得注意的一点是，欧洲城市网络的五类城市层级构成（Hierarchical Formula）为 1—1—3—11—3，与北美（1—0—4—3—5）、亚太（0—3—3—3—4）两个区域相比，代表特大城市与大城市的前三个层级数量不具备明显差异，甚至略逊于亚太区域城市网络。这表明，后两个较低层级的中小城市构成的多中心城市区域（Poly Centric Urban Area），才是欧洲城市网络的核心特征与主导优势所在。对此，Glaeser 等（2016）综合考察了全球城市网络（Global Urban Networks）后得出结论，在城市网络体系建设方面，欧洲成为迄今为止最具代表性的区域。

从区域内部格局来看，欧洲多中心城市区域共同构成其城镇网络基本形态。具体来看，按照 POLYNET 项目[②] 的划定，欧洲八大“多中心巨型城市区域”包括英格兰东南部地区（Southeast England）、荷兰兰斯塔德地区（the Ranstard）、比利时中部地区（Central Belgium）、莱茵—鲁尔地区（the Rhine-Ruhr）、莱茵—美因地区（Rhine-Main Regions）、瑞士北部（Northern Switzerland）、大巴黎地区（Greater Paris），以及大都柏林地区（Greater Dublin）。此外，还有涵盖图灵（Turin）、威尼斯（Venice）与博洛尼亚（Bologna）等城市的意大利北部地区（Northern Italy），与上述八大城市区域相比，其规模等级略低（Cardoso 和 Meijers，2016）。其中，主要城市区域构成了位于西北欧的“五边形”地区（Pentagon Europolis），

① 此处按照“欧洲子网：北美子网：亚太子网”的形式进行数据比较，下同。

② 其全称是“Sustainable Management of European Polycentric Mega-City Regions” Project，即“欧洲多中心巨型城市区域可持续发展管理”项目，由欧盟区域发展基金 FEDER 于 2006~2008 年之间开展。

分别以伦敦、巴黎、米兰（Milan）、慕尼黑（Munich）与汉堡（Hamburg）作为五个顶点，周边其他城市区域紧密围绕“五边形”地区，形成以中小城镇为主、多中心关联—共生的欧洲城镇网络。

二、组团式融合发展：从城市区域到网络化空间构型

从城乡区域类型（Regional Typology）划分来看，OECD 基于区域人口份额（Share of Regional Population）在城市与乡村的分布差异情况，首先提出了 PU-IN-PR 分类框架，即“城市主导区”（Predominantly Urban，PU）、“居间区域”（Intermediate，IN）与“乡村主导区”（Predominantly Rural，PR）[①]。尽管这种划分标准兼具识别性与操作性，但判定依据显得过于笼统，并且无法在城乡研究中体现邻近中心城市的辐射影响作用。针对这一问题，Dijkstra 和 Ruiz（2010）在 PU-IN-PR 分类框架基础上，将目标区域到附近中心区域（5 万以上居住人口）的最短通勤时间引入城乡区域划分体系，并按照地区差异及其对应标准的判定结果[②]，将 IN 与 PR 区域进一步拓展为 IN 区域（邻接城市）、IN 区域（远离城市）、PR 区域（邻接城市）与 PR 区域（远离城市）四类。这样，加上 PU 区域，此时城乡区域类型则被划分为五类，清晰地显示了拓展分类标准下的欧洲城乡区域分布格局。

可以看出，欧洲大部分区域，尤其是西北欧主要地区，其基本为 PU 以及邻接城市的 IN 与 PR 区域类型所覆盖，显示出极强的多中心城市区域与网络通达性特征。从国家层面来看，如图 4-2 所示，只有 14%的欧洲人口处于远离城市的 PR 区域。美国、加拿大与墨西哥等美洲经合组织

① 划分标准来源：OECD，Organisation for Economic Co-operation and Development. Regional Typology：Updated Statistics，2009，www.oecd.org/gov/regional/statisticsindicators.

② 如果最短通勤时间在某个范围内，即判定该区域为“邻接城市”型；反之，则为“远离城市”型。这个最短通勤时间也称作“门槛时间”（Threshold Time），其判定标准是具有地区差异的。比如，北美地区设定为 60 分钟，而欧洲地区则设定为 45 分钟。

（OECD）国家邻接城市的区域面积比例与整个欧洲相比，处于中下水平。其中，绝大多数西北欧国家邻接城市的区域面积占比都达到 85%以上。那么，这种典型的网络化空间构型是如何形成的呢？

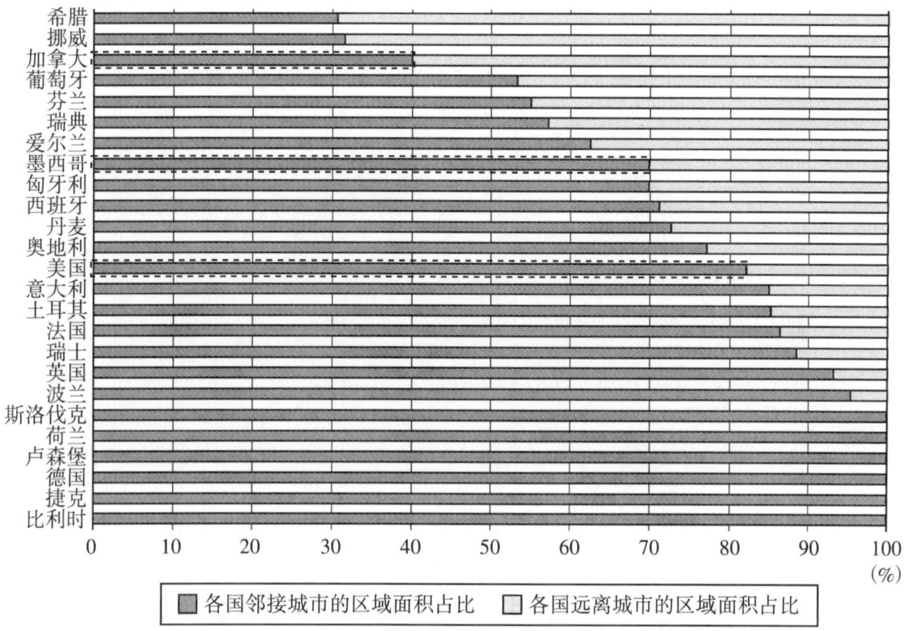

图 4-2　各 OECD 国家在“城市邻接性”标准下的不同区域面积占比情况

资料来源：Dijkstra，L.，Ruiz，V. Refinement of the OECD Regional Typology：Economic Performance of Remote Rural Regions [J]. Ersa Conference Papers，2010，10（3）：221-231.

Meijers 等学者（2016）认为，“借用规模”（Borrowed Size）是西欧城市网络体系（Urban Network System）得以成型的重要动力。这里所谓借用规模，起初实质上是以城乡互动过程中所体现的区际邻接性（Proximity）与跨域通达性（Accessibility）为基础，通过共享周边较大城镇的规模优势与辐射效应，从而实现区域增长重心向小城镇与乡村腹地的不断转移，并最终形成一种城镇网络化协同发展格局。而近年来，由于城乡功能相互作用在借用规模思想中得到最大程度体现，甚至衍生出逐步摆脱大城市邻接性依赖的飞地空间（Enclave Spaces）模式，卢森堡市（Ville

De Luxembourg）是最具代表性的例证之一（Hesse，2016）。图 4-3 则清晰显示了这一趋势，除了传统理论中基于区际邻接性的绩效因素外，借用规模学说重点强调了城乡功能相互作用在城市区域与城镇网络体系构建过程中的影响。

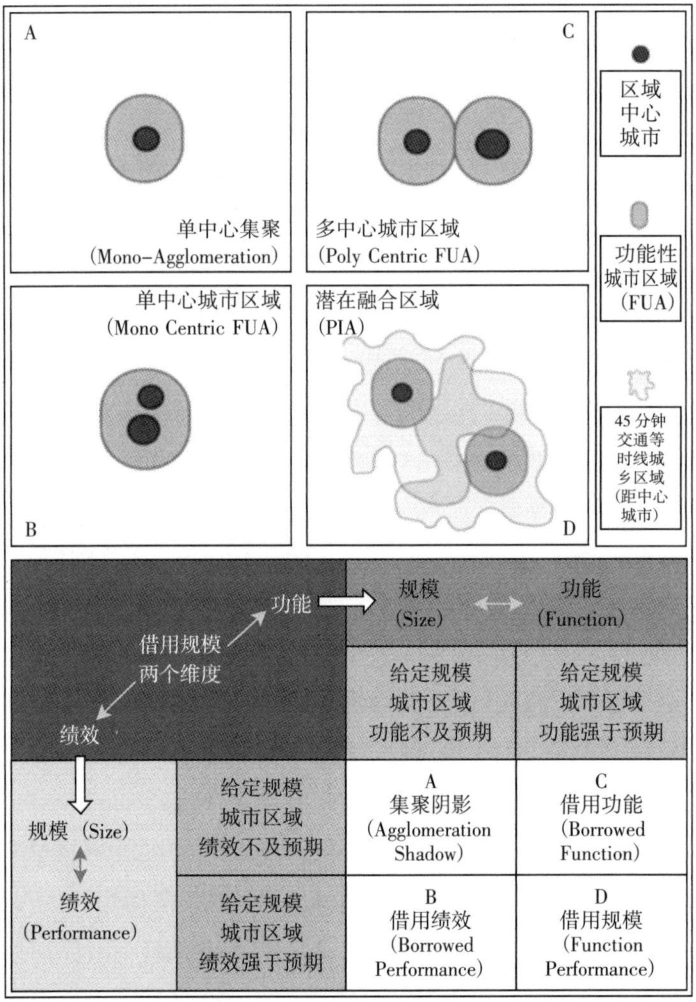

图 4-3　借用规模两个维度及其对城市区域空间构型的影响

资料来源：Meijers，E. J.，Burger，M. J. Stretching the Concept of "Borrowed Size" [J]. Urban Studies，2017，54（1）：269-291.

实际上，绩效（Performance）与功能（Function）是借用规模的两个考察维度，对于两者的不同侧重能够演化出多种与之匹配的区域空间构型（Meijers 和 Burger，2017）。其中，A 为单中心集聚（Mono-Agglomeration）结构，在竞争效应主导下的集聚阴影（Agglomeration Shadow）机制作用下，中小城镇受制于相邻唯一的特大城市，在区域绩效与功能交互两个方面均处于劣势；B 为单中心城市区域（Mono Centric FUA[①]）结构，尽管出现了多个中心城市，并且初步形成了“借用绩效”（Borrowed Performance）的城市区域构架，但次级城市尚未摆脱特大城市的束缚，难以对其周边中小城镇与乡村腹地发挥功能性影响，因而从城市区域层面来看仍然属于单中心结构；C 为多中心城市区域（Poly Centric FUA）结构，该结构的一个首要特征是，区域特大城市首位度大大降低，城市区域的多中心化使得中小城镇群实现借用规模、相互抱团发展。尽管极化效应与集聚效应的弱化造成借用绩效在既有规模条件下不及预期，但这种分散化、多中心构型易于克服单纯地理邻接性带来的功能性缺失难题，尤其对于小城镇与乡村腹地，允许“借用功能”（Borrowed Function）在最大程度上发挥作用；D 为潜在融合区域（Potential Integrated Area，PIA）结构，其核心特征是各城市区域之间的 45 分钟交通等时线相互交叠，是实现多中心城市区域向网络化空间构型发生转变的过渡形态。PIA 结构重点强调城乡功能协调融合，而非各城市区域一味扩大规模，不仅能够通过充分挖掘并带动小城镇与乡村腹地增长，并且可以实现功能互补、设施共享，真正从绩效与功能两个维度体现借用规模对城乡融合与协调共生发展的重要影响。

① 此处以及下文的 FUA 是指功能性城市区域（Functional Urban Area），重点将功能交互引入城市区域空间构型，从这里也可以看出对于借用规模功能维度的强调。

三、城乡共生网络：从经济联系到社会文化与环境联系

除组团式城镇网络的空间布局之外，基于共生关系的欧洲城乡融合发展特征还表现在社会与环境方面。实际上，网络空间构型与城乡社会、环境联系是密切相关的。Marsal-Llacuna（2016）指出，区域网络化空间构型的核心要义是追求精明增长（Smart Growth），在体系内部实现经济、社会与环境三方面的可持续发展。实际上，多数针对城乡领域的研究都集中于经济层面，而在城乡社会与环境联系及其相互作用方面，常常容易为研究人员所忽视。结合经合组织（OECD，2012）与英国经济学人智库（EIU，2105）先后提出的“幸福生活指数”（Better Life Index）[①] 与“全球宜居指数”（Global Liveability Index）[②]，Lagas 等（2015）重点针对城乡社会、文化与环境等领域，进一步发展出“区域生活质量指数”（Regional Quality of Living，RQL）。如图 4-4 所示，RQL 共涵盖 9 个一级指标与 25 个二级指标。其中，经济类一级指标仅设定为购买力与就业一项，图中以棕色标出；社会文化类一级指标包括公共服务、医疗卫生、教育培训与文娱服务四项，图中以红色标出；环境类一级指标包括自然环境、社会环境、居住条件与城乡治理四项，图中以绿色标出。这种指标权重配比设置，显然有助于弱化经济因素而突出社会、文化与环境等非经济因素。

RQL 指标测算体系下的欧洲区域生活质量由欧洲东部向西部、南部向北部呈现出十分明显的梯级变化趋势，即区域生活质量趋于提升。西北欧享有较高的 RQL 水平。此外，从国家内部生活质量指数偏离程度来看，欧洲南部与东部地区表现出较高的方差属性（Large Variation），如意大利、比利时与西班牙等国家；相比之下，西北欧整体则呈现出更为均

① “幸福生活指数”来源：OECD，2012. Better Life Index. http：//www.oecdbetterlifeindex.org/.

② “全球宜居指数”来源：EIU，The Economist Intelligence Unit，Global Liveability Index Ranking，2015，http：//www.eiu.com/public/topical_report.aspx?campaignid=Liveability2015.

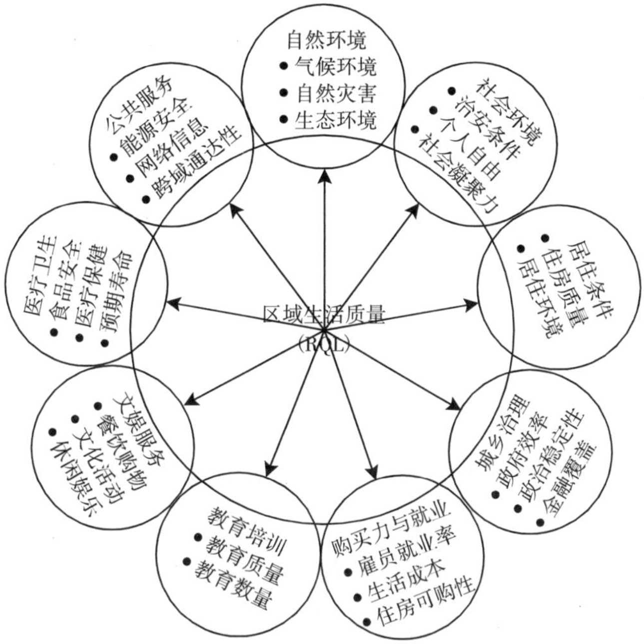

图 4-4　区域生活质量（RQL）指数的具体度量指标（一级+二级：9+25）

匀的分布态势。根据上一小节的相关结论，西北欧基本为 PU 以及邻接城市的 IN 与 PR 区域类型所覆盖，显示出极强的多中心城市区域与网络通达性特征。两者综合起来可以看出，城乡共生网络构型的形成，不仅在空间形态上追求多中心组团式格局，还需要依赖于城乡社会、文化乃至环境联系的强化与提升。

从另一个角度来看，由经济联系转向社会文化与环境联系的演化路径，也体现出欧洲城乡网络共生发展模式的多方成效。2017 年以来，欧洲城市区域建设议程（City Region Building Agenda）将关注重心集中于城乡就业与健康卫生领域，并设立“社区与社会企业志愿服务”部门（Voluntary，Community and Social Enterprise，VCSE），专门为身陷健康或残障困境的人们解决就业问题（Beel 等，2017）。在城乡生活满意度（Life Satisfaction）方面，欧洲生活质量调查报告（European Quality of Life Survey）针对社会安全与稳定程度、居民生活忧虑与不安水平以及社会阶层流动与互动性等方面的城乡差异做出考察（Sørensen，2014）。其结果显示，在西北欧大部分国家或地区的城市与乡村不存在较为明显的统计性差别，很多乡村居民生活满意度甚至高出城市居民一定水平。

第三节　小结

本章重点基于城乡驱动机制核心指标及其城乡关联—共生发展分析框架，将美国模式与欧洲模式的主要特征分别归类为技术驱动下的自由延展式城乡互动与网络共生构型下的组团式城乡融合。

美国模式以要素自由流动为基础，多种生产要素以及商品服务在市场利益与效用偏好驱动下逐步由中心城区向外围城郊扩散，"郊区化"与城乡边缘区兴起等区域空间重构由此展开，其结果是郊区和乡村居民收入已与城市居民所差无几，甚至在更为发达的东北部与西海岸地区超越了城市居民。在此过程中，技术与服务催生的新经济部门通过影响美国城乡社区经济活力对城乡自由延展路径起到正向推动作用。许多乡村社区基于良好的技术设施与小城镇便利环境，对新经济行业产生强大的孕育空间与从业人员吸引力。从硅谷小镇到整个旧金山湾区的演化发展路径是新兴业态主导下自由延展式城乡互动的一个典型实例，其反映的实质是知识与科技导向下的城乡多部门产业互动以及小城镇梯级延伸。

与美国的自由延展模式相对应，欧洲城市区域弱化了延展进程中的梯度性，更为侧重多中心城市区域空间构型下的城乡协调发展，从而进一步构成次级节点均衡共生的区域网络生态。

欧洲模式以较高的经济发达程度与区域通达性，但却有限的土地面积与人口规模为背景特征，众多中小城镇之间的联系与城乡相互作用日益密切，由城市群向多中心城市区域过渡的趋势十分明显，进一步形成了全球规模最大、关联最强的城镇网络体系。欧洲在这种基本形态之下，以要素流动、产业关联以及通道建设为主要衡量指标的城乡互动程度已达到较高水平，取而代之的是通过组团共生下的城乡融合模式实现区域可持续发展。这一方面需要在空间上推行 PIA（潜在融合区域）结构，实现多中心城市区域向网络化空间构型发生转变的过渡形态，从绩效与功能两个维度体现借用规模对城乡融合与协调共生发展的重要影响；另一方面还需要从城乡经济联系进一步关注到社会、文化以及环境方面的城乡联系。

第五章
关联—共生发展分析框架下的城乡关系阶段演进模型

从国外城乡关系相关文献中发现，尽管新经济地理学在空间维度方面日益表现出强大的生命力与解释力，但在数理建模过程中仍然存在一定的局限性或者说不足之处，尤其是在城乡关系及其阶段演进研究领域。农业部门劳动力的不可流动性与劳动力跨部门流动的不可实现性，是其基础模型的两大先设条件。在解释工业部门的空间集聚这一问题上，经济主体的区位选择所遵循的核心原则是，通过降低运输费用与靠近消费市场两大途径来获得规模报酬递增效应。正如上一章中所述，倘若考察对象为欧美等发达国家，可能这种基本假设是具有现实意义的，因为其各生产部门之间的劳动力迁移行为一般不受约束，并且劳动力流动多以工业部门内部为主（朱希伟，2004）。而将研究对象换作发展中国家，尤其是对于存在多方面因素影响下的劳动力流动障碍，并且拥有大量农业剩余劳动力的中国，经典的新经济地理模型其解释力可能就会大打折扣。正是考虑到上述客观局限性，本章将试图根据第三章城乡关联—共生发展分析框架的核心内容，以典型城市—乡村结构下城乡分离的基础模型为起点，进一步给出模型细化与拓展，用以反映推动不同城乡关系阶段演进的主要驱动特征。

第一节 城乡关系基础模型

这里试图给出的一个基本模型是，通过新经济地理学的核心—边缘理论形成典型的城市—乡村结构。该结构以城乡分离状态为研究初态，比较具有代表性的案例是非洲模式。如前文所述，经典的城市—乡村结构得以成型，是集聚力对分散力完全制衡的直接结果，Krugman 在 D-S 框架下给出的核心—边缘模型能够对此做出合理阐释。本节重点将试图借助该模型相关结论，引出下文核心假设及其讨论范畴。

假定存在初始状态完全对称的两个区域 X 和 Y，其对称性主要表现在禀赋条件、生产技术以及消费偏好等方面，两个区域同时存在农业部门 A 与工业部门 M。其中，A 部门只生产同质产品，符合完全竞争下的瓦尔拉斯均衡，表现为规模收益不变，该部门劳动力为非流动要素；M部门每个单个企业只生产一种产品且满足垄断竞争下的 D-S 均衡，表现为规模收益递增，该部门劳动力为可流动要素。A 部门与 M 部门的生产函数仅考虑以劳动力作为生产要素，其表达式分别为 $L_A=\alpha_A X_A$，$L_M=\alpha_M X_M+\beta$。

其中，L_A 和 L_M 分别是 A 部门与 M 部门生产过程中所用劳动力数量，X_A 与 X_M 分别是 A 部门与 M 部门产品产出量，α_A 与 α_M 分别是 A 部门与 M 部门以劳动力数量为度量单位的边际（可变）生产成本，β 是以 M 部门劳动力数量为度量单位的固定生产成本。这种形式的生产函数，使 A 部门为规模收益不变、M 部门为规模收益递增这一假设条件得以满足。

两部门的各类产品在区域间可以实现交易。其中，假定农产品在区域间或者各类工业品在本地内部的消费行为无交易成本，而工业品在区域间则存在交易成本，且其符合 Samuelson 所给出的经典冰山交易成本[①]，即产品存在运输过程中的耗损。其度量方法是，若想保证到货 1 单位产品，须发货 τ（$\tau \geqslant 1$）单位产品。考虑到这一点，为了弥补运输过程中的经济损失，企业会在到货区域以 τ 倍价格出售那 1 单位产品。

在产品消费与效用确定方面，假定每个区域所有消费者共享一套偏好模式，每个消费者不但能够在农产品与工业品之间根据不同比例进行取舍，并且可以通过差异化消费工业品组合实现多样化偏好。因此，可以通过符合不变替代弹性（CES）的 C-D 效用函数来表达：

$$U = C_M^{\mu} C_A^{1-\mu},\ C_M = \left[\int_{i=0}^{n} c_i^{(\sigma-1)/\sigma} di \right]^{\sigma/(\sigma-1)},\ 0<\mu<1,\ \sigma>1 \tag{5.1}$$

其中，C_A 与 C_M 分别表示对农产品与工业品篮子的消费组合，μ 用于表征消费者在两部门间的支出份额，n 是差异化工业品种类数量，c_i 是消费者对第 i 种差异化工业品的购买量，σ 反映消费者在不同商品间实现多样化偏好的替代弹性。

此外，还需假定所有消费者都不存在储蓄行为，即全部收入都用于产品消费。这样，可以给出效用函数的预算约束方程：

$$P_M C_M + p_A C_A = Y,\ \int_{i=0}^{n} p_i c_i di + p_A C_A = Y \tag{5.2}$$

式（5.2）为式（5.1）中 C_M 的代入展开式。其中，P_M 与 p_A 分别表示工业品（组合）价格（指数）与农业品价格（往往标准化为 1，即 $p_A=1$），Y 为收入（支出）水平，展开式中的 p_i 为第 i 种差异化工业品的价格。

基于这些假设，在对这个由两区域两部门构成的经济系统给出一定的随机冲击或刺激之后，如 Y 区域工业劳动力工资得到政策性提升、通过修路工程使得 Y 区域运输费用大幅下降、Y 区域由于历史地理文化因素获得工业品份额提升等，在这种情况下，原有的区域平衡初始状态会

---

① 这一概念的文献来源：Samuelson，P. A. The Transfers Problem and Transport Costs，Ⅱ：Analysis of Effects of Trade Impediments [J]. Economic Journal，1954（64）：264-289.

被打破。在城乡分离格局下，本地市场效应与生活成本效应两大集聚力远远强于市场拥挤效应这一分散力，两区域逐步形成核心—边缘结构，工业部门劳动力通过流动形式全部迁移到同一区域，而另一区域则不存在工业部门，此时两部门（两区域）工资水平分别为[①]：

$$\omega_A = 1，\ \omega_M = \left[\frac{(1+\mu)\phi}{2} + \frac{(1-\mu)}{2\phi}\right]^{-1/\sigma} \tag{5.3}$$

其中，ω_A 为边缘区（农业部门）劳动力经标准化后的工资水平，ω_M 为核心区（工业部门）劳动力工资水平。需要特别指出的一点是，ϕ 反映的是贸易自由度，定义为 $\phi=\tau^{1-\sigma}$，由于 $\tau \geq 1$ 且 $\sigma>1$，则 ϕ 的取值范围为［0，1］。在式（5.3）中，$0<\mu<1$，$\sigma>1$，$0\leq\phi\leq1$。不难得出，在多数情况下，存在 $\omega_M \geq 1=\omega_A$[②]，即核心区（工业部门）劳动力工资水平大于边缘区（农业部门），典型的城市—乡村结构通过核心—边缘模式正式成型。

第二节　假设修正与分类推演

实际上，现有新经济地理学理论在城乡关系演进的相关研究方面表现出来的局限性，由城乡分离状态下的基本模型推导过程就可以看出，需要做出相应的假设修正与分类推演。具体而言，一方面，模型假设应当更加贴合研究对象的背景条件与实际情况。国内学者在应用新经济地

① 这一结论主要参考了以下文献的推导过程：（1）Dixit，A. K.，Stiglitz，J. E. Monopolistic Competition and Optimum Product Diversity［J］. American Economic Review，1977，67（3）：297-308.（2）Krugman，P. Increasing Returns and Economic Geography［J］. Journal of Political Economy，1991，(99)：483-499.（3）Fujita，M.，Krugman，P.，Venables，A. J. The Spatial Economy：Cities，Regions，and International Trade［M］. Cambridge，MA：MIT Press，1999.

② 相关证明过程将在后面小节的模型拓展中结合城乡要素流动过程进行详细探讨。

理学对城乡关系或城乡发展问题进行阐释时，往往在模型假设环节存在一个共同的纰漏或是疏忽，即把城市与乡村直接套用在 Krugman 核心—边缘模型（C-P 模型）的两个地区中，其他相关假设一并沿用。而对于经典新经济地理学基础模型而言，其核心着眼点在于解决两个初始状态完全相同的区域，即探讨如何经历外部冲击或内部变化逐步经由集聚或分散最终形成核心与边缘结构。如果类比到城乡问题上面，该模型显然对于“城市与乡村是如何在最初发展状态相仿的两个区域得以分别成型的”这一问题更具备解释力。从现实出发，城市与乡村无论怎样给出定义，两者从一开始就是非对称结构，而非 C-P 模型初始假设中“完全对称的两个地区”。

另一方面，模型构建应当针对不同国家或地区所表现出来的各类城乡发展阶段及其演化与变迁过程进行分类推演。对应于不同城乡关系发展阶段下产业、技术、环境等多种城乡联系及其相互作用的演化进程，城乡之间劳动力要素会出现不同的流动特征，而非传统 C-P 模型所认为的一成不变。很多学者在研究过程中，根据经典理论及其变体形式选择性构建二部门或三部门模型（加入知识部门，强调知识溢出）。实际上，应当结合“技术进步（知识溢出）导向下的传统工业阈值触发”这一事件展开分类推演，当且仅当知识溢出与技术进步对经济运行造成显著影响时再将其纳入模型中。基于上述思考，从本节开始将试图对新经济地理学 C-P 模型进行假设修正与分类推演，使其真正融入到城乡关系演进问题研究中。

综上所述，新经济地理核心—边缘基础模型的设计初衷，是为探讨始发状态相同的两个区域如何一步一步演化成为核心—边缘（即城市、乡村）结构的，其农业劳动力无法流动、工业劳动力可自由流动的基本假定，主要出于对产业特性以及能力束缚的考虑。但是，如果考虑城乡之间的劳动力流动，则必须将注意力放在农业部门与工业部门之间的流动上。当城市与乡村格局基本形成后，进一步研究城乡关系阶段演进问题。在城市偏向政策放开、城市工业部门不断扩散、知识浪潮背景下新经济兴起、农村消费潜力释放、城乡居民环境效用不断内化等因素作用下，可能出现具有不同特征的城乡发展阶段。

第三节　乡村劳动力单向流动下的城市主导模型

接下来，首先考察城市主导模型，其主要背景与基本假设是传统工业蓬勃发展、集聚效应与规模报酬趋向峰值，核心特征是乡村劳动力单向流动且城市劳动力不发生流动。

一、乡村劳动力单向流动的形成机制

核心—边缘结构形成之初，城市与乡村二者的概念范畴符合最典型最原始的界定。即工业部门全部集聚在城市区域，而农业部门只存在于乡村区域，并且拥有大量剩余劳动力，两部门之间存在一个初态工资差异：

$$\omega_M - \omega_A = \left[\frac{(1+\mu)\phi}{2} + \frac{(1-\mu)}{2\phi}\right]^{-1/\sigma} - 1 \tag{5.4}$$

这表明，一方面，可以在模型中建立农业劳动力无限供给且不存在失业的假定；另一方面，其与农业劳动力工资水平 $\omega_A = 1$ 的标准化设定更为契合。需要特别指出的是，在核心—边缘这种初始研究状态下，当放开对农业劳动力向工业部门流动的条件后，工业品与农产品运往另一区域都应存在运输成本，这里做一个简化处理，使两者运输成本拥有同样的赋值，因而两区域存在相同的价格指数水平。下面对两部门工资差异 $\omega_M - \omega_A$ 进行讨论：

对式（5.4）右侧括号中表达式进行一个初步的化简可以得到：

$$\frac{(1+\mu)\phi}{2} + \frac{(1-\mu)}{2\phi} = \frac{(1+\phi^2)+\mu(\phi^2-1)}{2\phi} \tag{5.5}$$

再将式（5.5）中的分子与分母作差，有：

$$(1+\phi^2)+\mu(\phi^2-1)-2\phi=(\phi-1)^2+\mu(\phi^2-1) \tag{5.6}$$

其中，式（5.6）中的 $(\phi-1)^2\geqslant0$，且由于 $0\leqslant\phi\leqslant1$，则后一项中的 $(\phi^2-1)\leqslant0$，此时必须考虑 $0<\mu<1$ 的取值以确定整个表达式的符号。实际上，城乡分离阶段下表现为典型的城市—乡村结构，工业部门全部集中于城市区域，因而作为城市工业部门工资水平 ω_M 中的市场份额，μ 拥有一个较高取值，极限情况下趋近于1；此外，贸易自由度 ϕ 在核心—边缘结构中处于较低水平，一般为小于0.2的正值。故通过 $\frac{(1+\mu)\phi}{2}+\frac{(1-\mu)}{2\phi}$ 中分子与分母之差小于0可以得到 $\frac{(1+\mu)\phi}{2}+\frac{(1-\mu)}{2\phi}<1$，那么在 $\sigma>1$ 条件下，有：

$$\omega_M-\omega_A=\left[\frac{(1+\mu)\phi}{2}+\frac{(1-\mu)}{2\phi}\right]^{-1/\sigma}-1>0 \tag{5.7}$$

不等式（5.7）表明，存在一个显著的工资差异，驱使劳动力能够在两部门（城乡分离阶段下即城乡两区域）之间发生流动。其最为重要的两个特征是，政策逐步放开、传统工业蓬勃发展。其中，前者是指限制农业劳动力向城市区域流动的相关政策，如户籍、暂住证、务工许可证、城乡汇款途径等制度与便捷度等条件放开与改善，下文将选用（劳动力）流动成本作为测度指标；后者传统工业部门与现代工业部门相对应，主要涵盖基建业、采掘业与低技术制造业等对非熟练劳动力吸纳能力较强的部门。基于上述阶段特征，以乡村农业部门与城市传统工业部门之间的巨大（预期）工资差异作为驱动力，非熟练劳动力发生跨区域部门间流动，直到这一差异趋向弥合。

二、消费者行为分析

不妨假设经济系统由典型的乡村X与城市Y构成，区域内人口记为N，单位劳动力具有同质性。其中，城市传统工业劳动力占总人口比重为

δ，城市传统工业部门存在失业，失业率记作 u，乡村农业劳动力发生剩余且不存在失业①。城市传统工业劳动力与乡村农业劳动力工资分别记作 W_M 与 W_A。由于假定不存在储蓄行为，则工资、收入、支出三者相等。所以城市传统工业劳动力数量为 $L_M=(1-u)\delta N$，则其用失业率度量的期望收入（支出）为 $Y_M=(1-u)W_M$；乡村农业劳动力不存在失业，故其数量为 $L_A=(1-\delta)N$，农民收入（支出）为 $Y_A=W_M$。分别考察城市（下标为 U）与乡村（下标为 R）的消费者行为，则两区域效用最大化方程联立如下：

$$\begin{cases}\max\ U_U=C_{UM}^{\mu}C_{UA}^{1-\mu}\\ \text{s.t. } P_M C_{UM}+p_A C_{UA}=(1-u)W_M\end{cases};\quad \begin{cases}\max\ U_R=C_{RM}^{\mu}C_{RA}^{1-\mu}\\ \text{s.t. } P_M C_{RM}+p_A C_{RA}=W_A\end{cases} \tag{5.8}$$

对式（5.8）两区域效用最大化方程依次构造拉格朗日函数 $L(C_M, C_A, \lambda)$，并分别对其一阶偏导 $\partial L/\partial C_M$ 与 $\partial L/\partial C_A$ 令作 0 值后消掉拉格朗日乘数 λ，可以得到效用最大化求解下的两区域农产品与工业品组合需求函数：

$$\begin{cases}U_{UM}=\mu(1-u)W_M/P_M\\ C_{UA}=(1-\mu)(1-u)W_M/p_A\end{cases};\quad \begin{cases}C_{RM}=\mu W_A/P_M\\ C_{RA}=(1-\mu)W_A/p_A\end{cases} \tag{5.9}$$

其中，可将农产品价格指数 p_A 标准化为 1。下面，再通过典型消费者对工业品组合进行消费时的支出最小化过程得到任意单个工业品的需求函数表达式以及两区域工业品价格指数 P_M：

$$\begin{cases}\min\ Y=\int_{i=0}^{n}p_i c_i\,di\\ \text{s.t. } C_M=\left[\int_{i=0}^{n}c_i^{(\sigma-1)/\sigma}di\right]^{\sigma/(\sigma-1)}\end{cases} \tag{5.10}$$

对式（5.10）构造拉格朗日函数 $L(c_i, c_j, \lambda)$，并分别对其一阶偏导 $\partial L/\partial c_i$ 与 $\partial L/\partial c_j$ 令作 0 值消掉拉格朗日乘数 λ 后，可以得到典型消费者对

① 在核心—边缘结构形成之初的这一阶段，由于城乡工农两部门之间稳定而巨大的工资差异，且工业部门尚停留在传统部门的初始集聚状态，非熟练劳动力与农业劳动力处于同质化阶段，农业劳动生产率会伴随（向工业部门的）劳动力转移而获得提升，从而出现农业剩余劳动力，因此农业劳动力可视作无限供给且无显性失业。

任意两种差异化工业品之间消费数量与价格的关系式：

$p_i/p_j=c_i^{-1/\sigma}/c_j^{-1/\sigma}$ （5.11）

做简单变形可得：

$c_i=c_j[p_i/p_j]^{1/\sigma}$（5.12）

再将式（5.12）代入式（5.10）支出最小化表达的约束式中，有：

$$c_i=\frac{p_i^{-\sigma}}{\left[\int_{i=0}^{n}p_j^{1-\sigma}dj\right]^{\sigma/(\sigma-1)}}C_M \quad (5.13)$$

由于式（5.13）中分母（下标都为 j）与工业品需求篮子 C_M 都为与任意工业品 i 无关的常数，故该式即消费者对任意工业品 i 的需求函数，此时只需两边同时进行积分就能得到两区域工业品价格指数 P_M：

$$\int_{i=0}^{n}p_i c_i di=P_M C_M=\int_{i=0}^{n}\frac{p_i^{-\sigma}}{\left[\int_{i=0}^{n}p_j^{1-\sigma}dj\right]^{\sigma/(\sigma-1)}}C_M di\Rightarrow P_M=\left[\int_{i=0}^{n}p_i^{1-\sigma}di\right]^{1/(1-\sigma)}$$

（5.14）

将式（5.14）做简单变形后代入上述消费者对任意工业品 i 的需求函数式（5.11）中，即可得：

$$c_i=\left(\frac{p_i}{P_M}\right)^{-\sigma}C_M \quad (5.15)$$

再分别用两区域工业品组合需求函数 $C_{UM}=\mu(1-u)W_M/P_M$ 与 $C_{RM}=\mu W_A/P_M$ 来替换式（5.15）中的 C_M 可得：

$$\begin{cases}c_{Ui}=(p_i/P_M)^{-\sigma}\mu(1-\mu)W_M/P_M\\ c_{Ri}=(p_i/P_M)^{-\sigma}\mu W_A/P_M\end{cases}\quad (5.16)$$

三、生产者行为分析

接下来考虑两区域的生产者行为。实际上，典型消费者在消费差异化工业品时享有的多样化偏好，正是生产厂商规模收益递增的缘由所在。这表明，生产每一种差异化产品的所有企业都在各自领域具有一定垄断性，但他们同时面临许多潜在进入企业，一旦仍有利润空间，这些潜在进入企业就有能力获得全部市场。因此，城市传统工业属于具备规模收益递增性质的垄断竞争行业，均衡时实现零利润水平。此时，典型厂商面对的都是具有给定弹性（记为 σ，$\sigma>1$）的需求曲线，结合前述生产函数，可以给出该企业利润函数：

$$\pi_i = P_i X_i - W_i(\alpha_M X_i + \beta) \tag{5.17}$$

对于任意差异化工业品 i，企业面对的市场需求总量 X_i 可以通过式（5.16）中两式相加求得：

$$c_{Ui} + c_{Ri} = \mu(p_i / P_M)^{-\sigma}[(1-u)W_M/P_M + W_A/P_M] \tag{5.18}$$

这样可以给出企业生产的利润最大化路径表达式：

$$\begin{cases} \max \pi_i = P_i X_i - W_i(\alpha_M X_i + \beta) \\ s.t. X_i = \mu(p_i / P_M)^{-\sigma}[(1-u)W_M/P_M + W_A/P_M] \end{cases} \tag{5.19}$$

对式（5.19）构造拉格朗日函数 $L(p_i, X_i, \lambda)$，并分别对其一阶偏导 $\partial L / \partial p_i$ 与 $\partial L / \partial X_i$ 令作 0 值，消掉拉格朗日乘数 λ 则有：

$$p_i = \sigma W_i \alpha_M / (\sigma - 1) \tag{5.20}$$

再将式（5.20）代入利润函数的初始表达式（5.17）中，可以得到简化后的单个工业企业产出量（即生产规模）：

$$X_i = (\sigma - 1)\beta/\alpha_M \tag{5.21}$$

由式（5.21）与生产函数合并后能够给出该工业企业劳动力投入数量 $L_{Mi} = \sigma\beta$，则劳动力投入量的产出弹性为：

$$(\partial X / X_i)/(\partial L_{Mi} / L_{Mi}) = \sigma / (\sigma - 1) \tag{5.22}$$

由于 σ 的取值范围是 $\sigma>1$，所以该式为大于 1 的正值。而对于乡村农业部门，在剩余劳动力大量存在的情况下，其产量是外生于劳动投入数量的，根据农业劳动力占总人口的表达式 $L_A = (1-\delta)N$ 以及农业部门生产函数 $L_A = \alpha_A X_A$，可以得到典型农业劳动力工资水平：

$$W_A = \alpha_A X_A / (1-\delta)N \tag{5.23}$$

四、市场均衡分析

这样就可以考察该阶段下的市场均衡情况。对于传统工业部门，全部工业品产于城市，并有部分产品销往乡村区域；而全部农产品都产于乡村，并有部分销往城市区域，则典型工业品 i 的市场均衡条件以及典型农产品的劳动力均衡条件分别为：

$$\begin{cases}\delta X_{Ui}+(1-\delta)X_{Ri}=(\delta-1)\beta/\alpha_M \\ W_M L_M(1-\mu)+W_A L_A(1-\mu)=W_A L_A\end{cases} \tag{5.24}$$

由于 $L_M=(1-\mu)\delta N$，联立方程后可以得到城市传统工业部门期望工资的表达式：

$$W_M(1-u)=W_A[\mu/(1-\mu)]/[\delta/(1-\delta)] \tag{5.25}$$

前文提到，式（5.25）中的 δ 为城市传统工业部门劳动力占总人口比重，在核心—边缘结构形成初期，乡村区域存在大量劳动力，故式中分母极小，城乡工资差距巨大，乡村劳动力具有很大的迁移驱动力。但是，乡村劳动力发生迁移是具有成本的。假设乡村劳动力流动成本因子记作 $\varepsilon(\varepsilon>1)$，表明由于户籍制度、务工许可、自身素质等限制因素，每 ε 个有意愿前往城市务工的农业人口仅有 1 人可以获得成功。这样，农业部门劳动力向城市传统工业部门流动的期望工资则变为 $(W_A/\varepsilon)[\mu/(1-\mu)]/[\delta/(1-\delta)]$。如果 $\varepsilon>[\mu/(1-\mu)]/[\delta/(1-\delta)]$，劳动力不会发生流动；当且仅当 $\varepsilon<[\mu/(1-\mu)]/[\delta/(1-\delta)]$时，农业部门劳动力才会向城市传统工业部门流动。乡村（劳动力）流动成本 ε 的不断降低，通过提高 δ 值（工业部门劳动力占全部人口比重）而显著拉低城乡之间工资差距，直至 $[\mu/(1-\mu)]/[\delta/(1-\delta)]=\varepsilon$ 时，农业劳动力才会停止向城市传统工业部门迁移。在此之前，城乡关系仍将表现为城市主导格局，其要素流动的核心特征即乡村劳动力单向流动且城市劳动力不发生流动。

第四节　乡村劳动力自由流动下的城乡互动模型

在对应于关联—共生先期跃升条件的城乡互动模型中，由于乡村传统工业部门与城市新经济部门的引入，城乡空间形态由集聚趋于扩散。其主要背景与基本假设是触发传统工业发展的“阈值下限”，进入传统工业发展的“阈值区间”，核心特征是乡村劳动力自由流动且城市劳动力不发生流动。

一、传统工业发展“阈值区间”假设

首先需要对三部门产业互动的背景特征做出分析，即政策持续放开、走向传统工业发展“阈值下限”。随着乡村大量剩余劳动力向城市工业部门的转移，区域经济受益于传统工业蓬勃发展，决策者有动力将阻碍劳动力流动的各项政策持续放开，这一点是容易解释的。而对于传统工业发展“阈值”这一概念，有必要进行进一步探讨。

在涉及类似城乡区域间产业演进等多因素、动态化问题时，很多文献述及的单一临界点方法实际上难以全面描绘其过程演进特征。这里，本书试图提出传统工业发展的“阈值区间”，可用区间范围对其做出表达。即经济社会首先存在一个“阈值下限”，一经触发，城市传统工业增速开始回落，同时知识创新部门发轫兴起，其主要经济特征表现为传统工业由城市向乡村大量转移，属于激发事件的必要条件；而后劳动力流动与产业互动进程继续推演，会进一步触发“阈值上限”。以知识创新部门为代表的新经济部门[①]，其在区域经济增加值中所占比重超过传统工业

① 模型中为便于讨论，在做劳动力流动分析时，将知识创新部门与现代工业部门统称为新经济部门。

部门，前者成为事实上的主导部门，因而可以视为传统工业部门衰落的充分条件。如图 5-1 所示，纵坐标 Y%代表各产业部门占区域总产出的产值份额，横坐标用 t 描述发展演化的时序阶段。两条曲线中，Y_M%是城市传统工业部门产值份额，Y_K%是城市知识创新部门（新经济部门）产值份额。在 t_1 时触发阈值下限，城市传统工业部门经历了乡村劳动力大量流入的蓬勃发展期，实现了产值份额峰值 Y_1%（如点 A 所示）并开始发生衰落，同时新经济部门发轫兴起；在 t_2 时触发阈值上限，城市传统工业部门产值份额不断下降，而新经济部门产值份额逐步上升，两者于 B 点相交，达到相同的份额 Y_2%，此后新经济部门进入蓬勃发展期。

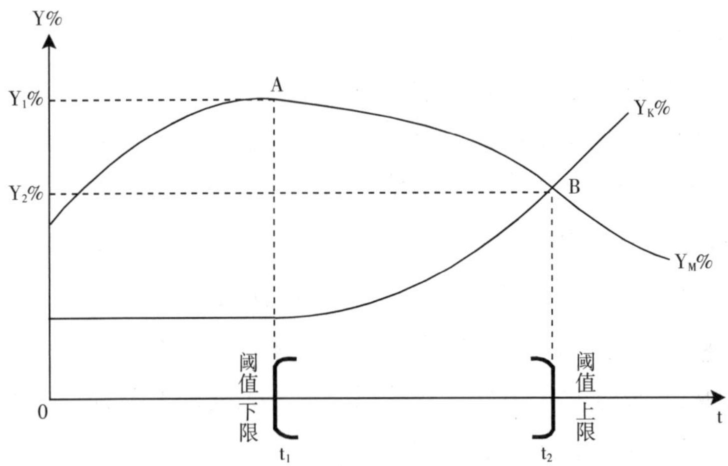

图 5-1　传统工业发展“阈值区间”Y%–t 演化路径

传统工业发展“阈值下限”的触发需要以乡村剩余劳动力更为便捷、低阻力地向传统工业部门流动为前提，这一点直接体现在乡村劳动力流动成本因子的不断降低上。其中，政策约束、技能培训、设施保障，是影响乡村劳动力流动成本因子的主要变量，且三者重要性依次递减[①]。这

① 尽管以城市租金为坐标的价格体系也是影响因素之一，但考虑到传统工业增速刚刚发生回落这一背景因素，尚未出现以非熟练劳动力流出为标志的城市“拥挤成本”，所以这里暂不考虑城市租金的影响，后文会予以讨论。

样，可以建立起上述三因素作用下流动成本因子与传统工业“阈值下限”之间的关联，同时能够确定乡村劳动力与城市非熟练劳动力之间的工资均衡点。而对于传统工业发展“阈值上限”，可以通过城市扩张效率（城市租金、通勤成本）、新经济部门兴起等方面予以展开讨论，其背后的核心逻辑在于知识创新部门与传统工业部门工资水平之间的巨大差异①。

在城乡关联—共生发展先期跃升条件下，发轫兴起的知识创新部门有助于突破传统工业增长放缓窘境。核心—边缘结构形成之初，传统工业部门将乡村转移而来的大量剩余劳动力与实物资本相结合，通过空间集聚与规模化生产逃离“人口贫穷陷阱”；而触发传统工业“阈值下限”之后，知识创新部门以技术革新与知识迭代为核心动力，能够引领区域经济发展摆脱“中等收入陷阱”（中国经济增长前沿课题组，2015）。通过人力资本积累，知识创新部门经由初步发轫，进而逐步崛起。如图 5-2 所示，一方面，知识生产与迭代过程伴随着显著的溢出效应，能够改善行业通用技术实力，推动城市传统工业部门向现代工业部门转变，至此新经济行业雏形显现；另一方面，科技创新与技术进步将对区域经济施加一种层级效应，换言之，即能够在空间上提供推动产业结构优化升级的驱动力，城市传统工业部门将逐步沿着城郊、小城镇、乡村工业区这一路径进行梯度迁移。因此，在关联—共生先期跃升条件下，城市出现新经济部门，乡村出现传统工业部门。

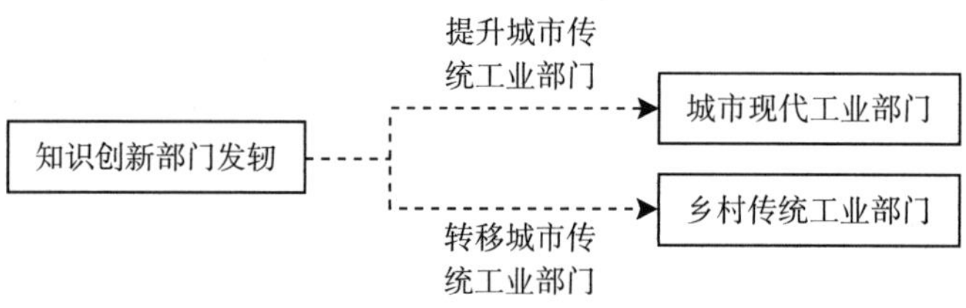

图 5-2　知识创新部门发轫对城市传统工业部门的双重作用

① “阈值上限”作为城乡融合模型（对应于城乡关联—共生发展后期跃升条件）的重要影响因素，将在下一小节予以讨论。

二、消费者行为分析

传统工业由城市向城郊、小城镇、乡村工业区等乡镇地带的迁移过程，具有梯度化、极差性等特征，可以结合城市传统工业部门生产函数 $L_{UM}=\alpha_M X_{UM}+\beta$ 以及参数 γ 来描述，生产函数表达形式上的一致性有助于将乡村工业部门同样纳入新经济地理分析框架中。一方面，设定参数 $\gamma \geqslant 1$，表明乡村与城市传统工业部门在技术水平上存在差距；另一方面，它能够保证乡村工业部门也具有一定的规模报酬递增性，同时允许城市知识创新部门能对乡村传统工业部门技术水平施以动态提升。因此，乡村传统工业部门具有如下生产函数形式：

$$L_{A-M}=\gamma(\alpha_M X_{A-M}+\beta),\ \gamma \geqslant 1 \tag{5.26}$$

对于乡村劳动力流动成本因子 $\varepsilon(\varepsilon>1)$ 的分解，在城乡关联—共生发展先期跃升条件下也是必要的。前文述及，政策约束（Policy，记作 P）、技能培训（Training，记作 T）、设施保障（Facility[①]，记作 F），是影响乡村劳动力流动成本因子的主要变量，且三者重要性依次递减。这样，可以假定 $\varepsilon=PT^{1/2+\varphi}F^{1/2-\varphi}$，P、T、F≥1。其基本含义是，P 外生于经济系统，为降低流动成本、触发劳动力流动的初始驱动力，可对 ε 做出 50%解释；剩余部分则由 T 与 F 共同决定，$\varphi(0<\varphi<1/2)$ 表示 T−F 解释份额参数。对 ε 的这种分解形式，最大好处是能够通过引入最少变量对三类影响因素的重要性给出直观判断。这样，由于传统工业发展“阈值下限”的触发需要体现在 ε 的不断降低上，因此可以建立起上述三因素作用下 ε 与传统工业“阈值下限”之间的关联，进而能够结合乡村传统工业部门生

---

① 对于主要表征非熟练劳动力转移的乡村劳动力流动成本因子，此处的“设施保障”变量采用英文“Facility”，侧重于能够往返于乡村与城市之间的交通工具、汇款途径、劳工宿舍等基本性、保障性通道建设，其关键特征在于价格低、可通达、易操作。而后文所述的“基础设施”采用英文“Infrastructure”，侧重于改善城乡内部与城乡之间要素流动的效率性、便捷性通道建设。不难看出，两者具有显著区别。

产函数来确定乡村劳动力与城市非熟练劳动力之间的工资均衡点。

首先，分别考察城市与乡村消费者行为。城乡关联—共生发展先期跃升条件下的城乡互动模型，其背景特征为走向传统工业“阈值下限”，传统工业由城市向乡村大量迁移是其主要激发事件，因此应将重点放在乡村传统工业部门的引入效应上，而暂不考虑新经济部门的影响。基于此，可以假设每个典型的乡村消费者，其预算约束由期望收入给出，即 $sW_A+(1-s)(1-u)W_{A-M}$。其中，s 代表乡村农业劳动力占比乡村劳动力人口份额，(1-s) 则代表乡村传统工业部门劳动力份额，W_{A-M}①是乡村传统工业部门劳动力工资水平。那么，两区域效用最大化方程联立如下：

$$\begin{cases}\max\ U_U=C_{UM}^{\mu}C_{UA}^{1-\mu}\\ s.t.\ P_MC_{UM}+p_AC_{UA}=(1-u)W_M;\end{cases}\tag{5.27}$$

$$\begin{cases}\max\ U_R=C_{RM}^{\mu}C_{RA}^{1-\mu}\\ s.t.\ P_MC_{RM}+p_AC_{RA}=sW_A+(1-s)(1-u)W_{A-M}\end{cases}\tag{5.28}$$

根据式（5.27）与式（5.28）构造拉格朗日函数 $L(C_M,\ C_A,\ \lambda)$，并分别对其一阶偏导 $\partial L/\partial C_M$ 与 $\partial L/\partial C_A$ 令作 0 值，通过消掉拉格朗日乘数 λ，可以得到效用最大化求解下的两区域农产品与工业品组合需求函数：

$$\begin{cases}C_{UM}=\mu(1-u)W_M/P_M\\ C_{UA}=(1-\mu)(1-u)W_M/P_A\end{cases};\begin{cases}C_{RM}=\mu[sW_A+(1-s)(1-u)W_{A-M}]/P_M\\ C_{RA}=(1-\mu)\ [sW_A+(1-s)(1-u)W_{A-M}]/P_A\end{cases}\tag{5.29}$$

由于工业品价格指数是通过单个典型消费者对工业品组合进行消费时的支出最小化过程得到的，其最小值函数与约束方程可以分别表示为 $\min Y=\int_{i=0}^{n}p_ic_i\,di$ 和 $s.t.C_M=\left[\int_{i=0}^{n}c_i^{(\sigma-1)/\sigma}di\right]^{\sigma/(\sigma-1)}$，与各部门工资水平是无关

① 此处使用 A—M 作为乡村传统工业部门劳动力工资水平这一变量的下标，主要为了与 C_{RM} 中代表乡村消费者对工业品效用的 RM 下标做出含义上的区分。

的。因此，两区域工业品价格指数 P_M 与式（5.14）相同，即 $P_M = \left[\int_{i=0}^{n} p_i^{1-\sigma} di\right]^{1/(1-\sigma)}$，将其做简单变形代入上述消费者对任意工业品 i 的需求函数中即可得 $c_i = \left(\frac{p_i}{P_M}\right)^{-\sigma} C_M$，再分别用式（5.29）中的两区域工业品组合需求函数来替换 C_M 可得：

$$\begin{cases} c_{Ui} = (p_i/P_M)^{-\sigma}\,\mu(1-u)W_M/P_M \\ c_{Ri} = (p_i/P_M)^{-\sigma}\,\mu\,[sW_A + (1-s)(1-u)W_{A-M}]/P_M \end{cases} \tag{5.30}$$

三、生产者行为分析

再来考虑两区域的生产者行为。由式（5.26）给出的乡村传统工业部门生产函数，可以得到该部门典型企业的利润函数：

$$\pi_i = P_i X_i - W_i \gamma(\alpha_M X_i + \beta) \tag{5.31}$$

$\gamma \geqslant 1$ 的存在，表明乡村与城市传统工业部门在技术水平上存在差距，乡村传统工业企业很难获得城市居民消费份额，因而对任意差异化工业品 i，这些企业面对的潜在市场需求约束 X_i 即为 $c_{Ri} = (p_i/P_M)^{-\sigma}\mu[sW_A + (1-s)(1-u)W_{A-M}]/P_M$（约束条件），这样可以给出企业生产的利润最大化路径表达式：

$$\begin{cases} \max\ \pi_i = P_i X_i - W_i \gamma(\alpha_M X_i + \beta) \\ \text{s.t. } X_i = \mu(p_i/P_M)^{-\sigma}[sW_A + (1-s)(1-u)W_{A-M}]/P_M \end{cases} \tag{5.32}$$

根据式（5.32）构造拉格朗日函数 $L(p_i, X_i, \lambda)$，并分别对其一阶偏导 $\partial L/\partial p_i$ 与 $\partial L/\partial X_i$ 令作 0 值，消掉拉格朗日乘数 λ 之后，则有 $p_i = \gamma\sigma W_i \alpha_M/(\sigma-1)$，再将 p_i 代入式（5.31）利润函数的初始表达式，可以得到简化后的单个乡村传统工业企业产出量（即生产规模，此时企业利润为 0）为 $X_i = (\sigma-1)\beta/\alpha_M$，与生产函数合并后能够给出该工业企业劳动力投入数量 $L_{(A-M)i} = \gamma\sigma\beta$。而对于乡村农业部门，引入总人口的表达式后有 $L_A = (1-\delta)sN$ 以及农业部门生产函数 $L_A = \alpha_A X_A$，可以得到典型农业劳动力工资水平 $W_A = \alpha_A X_A/(1-\delta)sN$。

四、市场均衡分析

这样就可以考察该阶段下的市场均衡情况。从上述推导过程不难看出，乡村传统工业企业有着与城市传统工业企业相同的最优生产规模；而全部农产品都产于乡村，并有部分销往城市区域，则典型工业品 i 的市场均衡条件以及典型农产品的劳动力均衡条件分别为：

$$\begin{cases}\delta X_{Ui}+(1-\delta)X_{Ri}=(\delta-1)\beta/\alpha_M \\ W_M L_M(1-\mu)+W_{A-M}L_{A-M}(1-\mu)+W_A L_A(1-\mu)=W_A L_A\end{cases} \tag{5.33}$$

由于 $L_M=(1-u)\delta N$，$L_{A-M}=\delta(1-s)(1-u)N$，$L_A=(1-\delta)sN$，联立方程后，经过几步化简能够得到该阶段城市传统工业部门期望工资的表达式：

$$(1-u)W_M=\frac{s}{1+(1-s)/\gamma}\cdot\frac{\mu/(1-\mu)}{\delta/(1-\delta)}\cdot W_A \tag{5.34}$$

至此，能够结合乡村传统工业部门生产函数来确定乡村劳动力与城市非熟练劳动力之间的工资均衡点。不难看出，式（5.34）可以分为两项。$\frac{\mu/(1-\mu)}{\delta/(1-\delta)}\cdot W_A$ 即为式（5.25）中城乡主导阶段下的城市传统工业部门期望工资，其中，$\frac{\mu/(1-\mu)}{\delta/(1-\delta)}$ 表示消费者偏好构成对劳动力结构的偏离度，在劳动力由乡村流向城市过程中趋于减小；$\frac{s}{1+(1-s)/\gamma}$ 表示引入乡村传统工业部门后对城乡工资的影响系数，其中，乡村农业劳动力占比乡村劳动力人口份额 $s\leqslant 1$，乡村与城市传统工业部门技术水平相对差异指标 $\gamma\geqslant 1$，故有 $\frac{s}{1+(1-s)/\gamma}\leqslant 1$，表明乡村传统工业部门的引入，降低了城市传统工业部门的期望工资。实际上，城乡传统工业部门技术差异 γ 的存在，使得城市传统工业部门中部分工人以非熟练劳动力形式向乡村传统工业部门发生回流，而 $\frac{s}{1+(1-s)/\gamma}$ 正是弥合两者之间工资差异的系数指标，也可以称之为非熟练劳动力工资系数。

不难看出，该模型以政策持续放开、走向传统工业“阈值下限”为背景特征，乡村农业部门继续以非熟练劳动力形式向城市传统工业部门流动，同时由于城市传统工业部门发生衰落并发生向乡村地区的转移趋势，部分难以通过知识技能培训获得提升的剩余非熟练劳动力发生回流，最终表现为乡村劳动力在城乡之间双向自由流动。城市传统工业部门中有些劳动力获得提升进而成为熟练技工，进入现代工业部门，因而表现为城市劳动力不发生跨区域流动。

为进一步探讨乡村传统工业部门引入后，其对农业劳动力与城市非熟练劳动力之间工资均衡点的影响，这里考虑再将乡村劳动力流动成本因子 $\varepsilon(\varepsilon>1)$ 纳入模型。即按照式（5.34）中所示，农业部门劳动力向城市传统工业部门流动的期望工资为 $\frac{s}{1+(1-s)/\gamma}\cdot\frac{\mu/(1-\mu)}{\delta/(1-\delta)}\cdot\frac{W_A}{\varepsilon}$，当且仅当 $\varepsilon=\frac{s}{1+(1-s)/\gamma}\cdot\frac{\mu/(1-\mu)}{\delta/(1-\delta)}$ 时，流动后的期望工资与城市传统工业部门相等，此时不存在流动意愿。通过分析可以得出，当 γ 取值减小时，ε 会随着上式第一项中分母 $1+(1-s)/\gamma$ 的增大而降低，表明乡村传统工业部门生产技术向城市传统工业部门的不断趋近过程，即两者技术差异趋于收敛的过程，会降低乡村劳动力流动成本。

对于 ε 与 s 之间的关系，需要结合传统工业“阈值下限”与 ε 的因素分解表达式来分析。在达到传统工业“阈值下限”时，由于城市传统工业增速开始回落，且以非熟练劳动力形式向乡村传统工业部门大量转移，该阶段下乡村传统工业部门劳动力占比乡村劳动力人口份额 $(1-s)\in\left[0,\ \frac{1}{2}\right]$，具体取值受到技能培训 T 与设施保障 F 的影响[①]。对于乡村劳动力流动成本因子的表达式 $\varepsilon=PT^{1/2+\varphi}F^{1/2-\varphi}$，P、T、$F\geqslant1$，不妨令 $\varphi=1-s$，则有 $\varepsilon=PT^{3/2-s}F^{s-1/2}$，该式两端分别取对数，并令 $\ln\varepsilon-\ln P=k$（常数 $k\geqslant0$），

① 前文提到，政策约束 T 为外生变量。

则有 $\ln\varepsilon=\ln P+(3/2-s)\ln T+(s-1/2)\ln F$，经过几个化简步骤之后，可以探讨 T 与 F 对 s 的作用：

$$s=\frac{k}{\ln F-\ln T}+\frac{1}{2}\left(1-\frac{2\ln T}{\ln F-\ln T}\right) \tag{5.35}$$

对式（5.35）各部分取值进行讨论，可以得到乡村传统工业部门劳动力占比乡村劳动力人口份额（1－s）与 T、F 之间存在如表 5-1 所示关系。

表 5-1　T 与 F 变动对表达式各部分及（1-s）的影响

变量名称	$\frac{k}{\ln F-\ln T}$	$\frac{1}{2}\left(1-\frac{2\ln T}{\ln F-\ln T}\right)$	s	1-s
T+	+	+	−	+
F+	+	−	待定	待定

注：表中，用“+”代表参数或式子取值增加；用“−”代表参数或式子取值减小；“待定”代表参数或式子的取值增减性需要进一步确定。

显而易见，技能培训 T 对乡村传统工业部门劳动力人口份额（1－s）始终存在正向作用，而设施保障 F 需要比较前项与后项取值的绝对值，只有当政策约束 P 提高到使 $\left|\frac{k}{\ln F-\ln T}\right|>\left|\frac{1}{2}\left(1-\frac{2\ln T}{\ln F-\ln T}\right)\right|$ 时，F 才会对（1－s）施加正向影响。这可能是由于，在政策约束 P 尚存在较大限制时，设施保障 F 提升倾向于让更多农业人口留在乡村，而非流向城市传统工业部门；只有在 P 不断放开、取值较大的情况下，F 才会对乡村传统工业部门劳动力人口份额施加正向作用，因而在乡村劳动力流动成本因子 $\varepsilon(\varepsilon>1)$ 三个主要变量中处于影响相对较弱的位置。

第五节　区域劳动力自由流动下的城乡融合模型

同样对应于城乡关联—共生发展的后期跃升条件，由于环境效用、新经济部门兴起与跨域通达性等因素的引入，城乡空间形态进一步趋于扩散，可以得到城乡融合模型①。其中，环境效用实质上强调的是城乡居民将食品安全、绿色走廊、生态休闲等环境因素视作如同商品一般具有效用水平，相应地，环境效用内化度即衡量“消费者”在何种程度上将环境因素内化为自身效用，这里使用环境因子 v 予以表征；新经济部门包括网络信息化、分布式能源、共享经济等，通过要素迭代机制与人力资本因子 h 具有相关性；跨域通达性则考虑使用拥挤成本予以反映。该阶段的主要背景与基本假设是触发传统工业发展的“阈值上限”，以知识创新部门为代表的新经济部门在区域经济增加值中所占比重超过传统工业部门，其核心特征是乡村劳动力与城市劳动力都能够发生自由流动。

一、主要假设变更与模型改进方向

区域经济突破传统工业发展“阈值下限”后，以知识创新部门与现代工业部门为主要表现形式的新经济持续强劲发展、不断壮大，逐步代替城市传统工业部门而成为区域经济的中流砥柱，抑或说支柱部门。与此同时，城市传统工业部门将沿着城郊、小城镇、乡村工业区这一路径加速迁移，而且城市新经济部门开始显示出对乡村农业部门的现代化提质改造特征（但尚未出现与之伴随的劳动力流动情况）。在这一阶段下，城乡劳动力流动方式将以突破传统工业发展“阈值区间”为标志，即传统工业部门经济效率被新经济部门超越。

前文述及，传统工业发展“阈值上限”作为该阶段下的核心背景事件，新经济部门逐步随着传统工业的衰落而不断提升份额，将趋向于走出“阈值区间”并实现新经济部门占据主导。可以通过城市扩张效率（城市租金、通勤成本）、新经济部门兴起、环境效用内化与改造三个方

① 实际上，正如前文所述，这里还应该考虑城乡基本公共服务均等化因素。由于存在新经济地理模型基础框架以及基本公共服务的多维度、复杂性特征等方面的限制，故本书暂时不考虑这一假设变更条件。

面内容予以展开讨论。如表 5-2 所示，这些因素也正是城乡融合发展阶段有别于前述不同城乡关系演进阶段的主要背景特征，就此可以对应给出假设变更项目与模型改造方向。

表 5-2 城乡融合阶段主要假设变更项目与模型改造方向

主要假设变更项目	是否作为传统工业发展"阈值上限"的主要背景特征	与经济含义相关的变更逻辑	对模型的主要改造成分
城市拥挤成本（城市租金、通勤成本）	是	空间区位因素随着城市规模扩张，将会对收入体系施加反向作用	消费者预算约束方程
新经济部门兴起	是	人力资本广化与深化通过新要素迭代分别由知识创新与通用技术提升两个层面获得体现	新经济部门生产函数
环境效用引入	是	衡量城乡居民能够在何种程度上将环境因素内化为自身效用	消费者效用函数

首先需要纳入模型假设的，是对消费者收入体系施加影响的城市拥挤成本。与城市主导阶段相对应，考虑到传统工业增速刚刚发生回落这一背景，乡村劳动力流动成本因子只考虑了政策约束、技能培训、设施保障三个方面。但是，以城市租金与通勤成本为指标的收入体系也是乡村劳动力流动成本的影响因素之一，在完全进入传统工业"阈值区间"之后，出现了以非熟练劳动力流出为标志的城市"拥挤成本"，所以这里需要在模型中加入这一假设。具体而言，如图 5-3 所示，不妨从空间上假设城市 U 与乡村 R 的结构是"一组同心圆"，它们之间的圆弧区域是前文提到的腹地—边缘区 H-F①，r_1 与 r_2 分别为小圆与中圆的半径（由图中虚线部分给出）。城市与乡村传统工业劳动力分别居住于 U 与 H-F 区域

① 正如第三章图 3-14 中描述的，H-F 区域可以是都市绵延区 Megalopolis，也可以是乡村都市带 Ruralopolises，这是由其空间相对位置与产业互动格局动态决定的。

内，即其居住区域以城市为中心向四周辐射拓展。若每名工人居住需要消费 1 单位土地，那么城市工人总数 δN 为 U 圆面积，乡村传统工业劳动力数量 $(1-\delta)(1-s)N$ 为 H-F 圆弧面积。这样，可以得出城市 U 的空间边界 $r_1=\frac{\sqrt{\delta N}}{\pi}$，以及 H-F 区域到城市 U 的空间边界 $r_2-r_1=\frac{\sqrt{(1-\delta)(1-s)N}}{\pi}$。假设工人在城市 U 与 H-F 区域内部单位行程的通勤成本分别为 λ_U 与 λ_{H-F}，且有 $\lambda_U>\lambda_{H-F}>0$。若城市工人住所距离 U 圆心为 i，则其一方面需要支付租金成本 r（i），为距离 i 的减函数；另一方面还需支付通勤成本 $\lambda_U i$，为距离 i 的增函数。因此，在 U 内距离城市中心为 i 的工业劳动力，其城市拥挤成本为 $CC_U(i)=r(i)+\lambda_U i$。若假设在城市 U 之外，则不存在租金成本，即边界 r_1 处有 $r(r_1)=0$。那么在城市 U 土地市场出清时，全部工业劳动力的城市拥挤成本相等，则根据均衡时 $CC_U(i)=CC_U(r_1)$，可以得到 U 内距离城市中心为 i 的工业劳动力城市拥挤成本为 $CC_U(i)=\lambda_U\frac{\sqrt{\delta N}}{\pi}$。同理，H-F 区域内距离城市 U 边界 r_1 处为 i 的工业劳

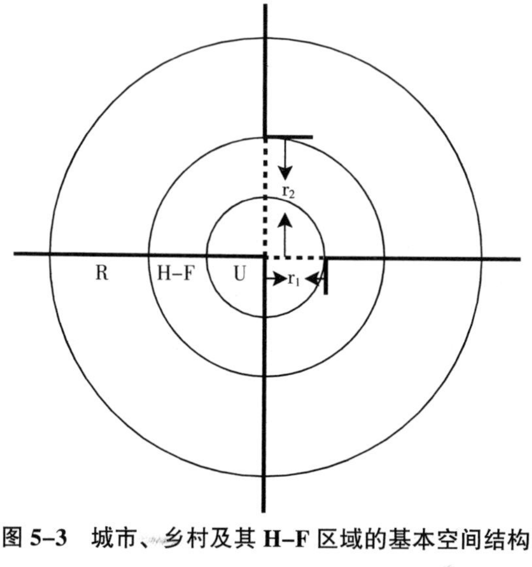

图 5-3 城市、乡村及其 H-F 区域的基本空间结构

动力城市拥挤成本为 $CC_{H-F}(i)=\lambda_{H-F}\frac{\sqrt{(1-\delta)(1-s)N}}{\pi}$。

再将新经济部门与新要素迭代相关的重要指标纳入模型假设框架中。以知识创新部门及其所带动的现代工业部门为主要构成，新经济部门生产函数需要与之对应地同时考虑这两方面因素，即从通用技术层面体现对工业部门的改造提升，以及从人力资本层面体现知识创新的动力与源泉。这样，可以给出新经济部门生产函数：$hL_K=\alpha_K X_K+\beta/h$，$h>1$，其中，下标 K 代表新经济部门，h 与 L_K 分别代表新经济部门的人均人力资本与劳动力数量，两者乘积 hL_K 即新经济部门人力资本水平，该式从人力资本层面体现知识创新的动力与源泉；而对于 β/h 一项，其直观经济含义是更低的固定成本水平（与传统工业部门相比），则从通用技术层面体现对工业部门的改造提升。

乡村在区域定位上日趋弱化的生产功能以及不断强化的医疗养生、生态休闲等环境功能，是满足环境效用跃升条件的前提，而这一点正在全世界范围内获得越来越广泛的认可，尤其是在城乡社会文化联系更为紧密的欧美等发达国家。这里引入一个环境因子 $v(0<v\leqslant 1)$，其含义是城乡居民的主观效用将会受到环境因素的影响。在模型化过程中，通过实现环境效用内生化，进一步改造消费者效用函数，v 越大，代表城乡环境因素越为优良，则城乡居民在消费过程中获得的效用越大，但一般不会超过原始效用水平，即有 $v<1$。与之相对应的模型化方法是，对消费者预算约束进行修正。考虑到环境因素归根结底应当置于主观视角之下，因此这里选择对消费者效用函数进行改造。综上，即有 $C_M=\left[\int_{i=0}^{n} vc_i^{(\sigma-1)/\sigma}di\right]^{\sigma/(\sigma-1)}$，其基本经济含义是，环境效用内生化通过改造消费者效用函数影响城乡生产结构与城乡交互行为。

二、消费者行为分析

按照前述阶段中所体现的分析思路，先来考察城市与乡村消费者行为。在城乡互动融合发展格局下，新经济部门逐步随着传统工业的衰落而获得持续的份额提升，区域经济趋向于走出“阈值区间”并实现新经济部门占据主导的发展格局，因而城市传统工业部门向新经济部门发生劳动力迁移，成为该阶段下的主要激发事件。同时，在城市租金与通勤成本等分散力效应之下，城市与乡村传统工业部门相对收入水平趋近，两部门间发生劳动力双向自由流动。基于此，假设每个典型的城市消费者，其预算约束由期望收入给出，即 $W_U=(1-s_K)(1-u)W_M+s_K W_K$①。其中，$s_K$ 代表新经济部门熟练劳动力占比城市劳动力人口份额，$(1-s_K)$ 则代表城市传统工业部门劳动力所占份额，W_K 是新经济部门劳动力工资水平。此外，由于城市拥挤成本的存在，消费者预算约束表达式中还应在城市 U 与边缘区 H-F 区域范围内分别加入 $CC_U(i)$ 与 $CC_{H-F}(i)$，即有：

$$Y=P_M C_M+p_A C_A+CC(i) \tag{5.36}$$

其中，乡村传统工业劳动力占比乡村劳动力人口份额为 $(1-s)$，只有这一部分人口需要支付拥挤成本 $CC_{H-F}(i)$。故两区域典型消费者效用最大化方程联立如下：

$$\begin{cases}\max\ U_U=C_{UM}^{\mu}C_{UA}^{1-\mu}\\ \text{s.t. } P_M C_{UM}+p_A C_{UA}+CC_U(i)=(1-s_K)(1-u)W_M+s_K W_K\end{cases} \tag{5.37}$$

$$\begin{cases}\max\ U_R=C_{RM}^{\mu}C_{RA}^{1-\mu}\\ \text{s.t. } P_M C_{RM}+p_A C_{RA}+(1-s)CC_{H-F}(i)=sW_A+(1-s)(1-u)W_{A-M}\end{cases} \tag{5.38}$$

由于增加了拥挤成本一项，这里对两区域农产品与工业品组合需求函数做出推导。对式（5.37）与式（5.38）分别构造拉格朗日函数 $L(C_M, C_A, \lambda)$，对其一阶偏导 $\partial L/\partial C_M$ 与 $\partial L/\partial C_A$ 令作 0 值，消掉拉格朗日乘数 λ 后，可以得到（这里以 C_{UM} 为例，对于 C_{UA}、C_{RM}、C_{RA} 等变量同理视之）：

① 新经济部门是不需要加入失业变量的。其原因在于，新经济部门熟练劳动力经由非熟练劳动力的人力资本 h 广化与深化而得到，这一过程在当前阶段背景下因具有不可逆特征而获得经济租金属性。如果新经济部门某一企业意图解雇一个熟练劳动力，为追求经济租金进而获得经济利润，该部门总会存在另一潜在企业有足够动力对该劳动力继续雇用。

$$C_{UM}=\mu[Y_U-CC_U(i)]/P_M \tag{5.39}$$

然后再将 $Y_U=(1-s_K)(1-u)W_M+s_KW_K$ 代入，则有：

$$\begin{cases}C_{UM}=\mu\ [(1-s_K)(1-u)W_M+s_KW_K-CC_U(i)]/P_M\\ C_{UA}=(1-\mu)\ [(1-s_K)(1-u)W_M+s_KW_K-CC_U(i)]/p_A\end{cases} \tag{5.40}$$

$$\begin{cases}C_{RM}=\mu\ [sW_A+(1-s)(1-u)W_{A-M}-(1-s)CC_{H\text{-}F}(i)]/P_M\\ C_{RA}=(1-\mu)\ [sW_A+(1-s)(1-u)W_{A-M}-(1-s)CC_{H\text{-}F}(i)]/p_A\end{cases} \tag{5.41}$$

再通过典型消费者对工业品组合进行消费时的支出最小化过程，从而得到任意单个工业品的需求函数表达式以及两区域工业品价格指数 P_M。与前述阶段不同的是，约束方程由于引入环境效用因子而发生变动：

$$\begin{cases}\min\ Y=\int_{i=0}^{n}p_i c_i\,di\\ \text{s.t. } C_M=\left[\int_{i=0}^{n}vc_i^{(\sigma-1)/\sigma}di\right]^{\sigma/(\sigma-1)}\end{cases} \tag{5.42}$$

根据式（5.42）构造拉格朗日函数 L（c_i，c_j，λ），并分别对其一阶偏导 $\partial L/\partial c_i$ 与 $\partial L/\partial c_j$ 令作 0 值，消掉拉格朗日乘数 λ，可以得到典型消费者对任意两种差异化工业品之间消费数量与价格的关系式，再代入预算约束式并两边同时进行积分即获得两区域工业品价格指数 $P_M^*=\left[\int_{i=0}^{n}vp_i^{1-\sigma}di\right]^{1/(1-\sigma)}=vP_M$。不难看出，环境效用因子 v 的引入，使得消费者更为关注环境因素，因而导致当前两区域工业品价格指数 P_M^* 相对于初始价格 P_M 而言，处于一个较低的水平。将其做简单变形代入上述消费者对任意工业品 i 的需求函数中，即可得 $c_i=\left[\frac{p_i}{vP_M}\right]^{-\sigma}C_M$，再分别用式（5.40）中的城市居民工业品需求函数与式（5.41）中的乡村居民工业品需求函数来替换 C_M 可得：

$$\begin{cases}c_{Ui}=(p_i/vP_M)^{-\sigma}\mu\ [(1-s_K)(1-u)W_M+s_KW_K-CC_U(i)]/P_M\\ c_{Ri}=(p_i/vP_M)^{-\sigma}\mu\ [sW_A+(1-s)(1-u)W_{A-M}-(1-s)CC_{H\text{-}F}(i)]/P_M\end{cases} \tag{5.43}$$

三、生产者行为分析

下面再来考虑两区域之间的生产者行为。由城市新经济部门生产函数 $hL_K=\alpha_K X_K+\beta/h$，$h>1$，可以给出该部门典型企业的利润函数：

$$\pi_i=P_i X_i-W_i\left(\frac{\alpha_k}{h}X_i+\beta\right),\ h>1 \tag{5.44}$$

其中，$h>1$ 的存在表明新经济部门从人力资本层面体现知识创新的动力与源泉，在企业利润函数中显示为相对更低的固定成本水平。这里可以看出城乡融合阶段下的一个潜在假定，即城市工业品全部由新经济部门供应。现在，可以进一步求得企业生产利润最大化路径表达式：

$$\begin{cases}\max \pi_i=P_i X_i-W_i\left(\dfrac{\alpha_k}{h}X_i+\beta\right)\\ \text{s.t. } X_i=(p_i/vP_M)^{-\sigma}\mu\ \ [(1-s_K)(1-u)W_M+s_K W_K-CC_U(i)]/P_M\end{cases} \tag{5.45}$$

对式（5.45）做出最大化问题求解，得到城市新经济工业企业在零利润环境下的最优生产规模 $X_i=(\sigma-1)\beta CC_U(i)/v\alpha_k$，则结合生产函数能够给出劳动力投入数量 $L_K=[CC_U(i)+v]/hv$ 且 $CC_U(i)=\lambda_U\frac{\sqrt{\delta N}}{\pi}$，可以得到 $L_K=\left[\lambda_U\frac{\sqrt{\delta N}}{\pi}+v\right]/hv$。而对于乡村农业部门，引入农业劳动力占总人口的表达式后有 $L_A=(1-\delta)sN$ 以及农业部门生产函数 $L_A=\alpha_A X_A$，可得典型农业劳动力工资水平 $W_A=\alpha_A X_A/(1-\delta)sN$。

四、市场均衡分析

下面考察市场均衡情况。从上述推导过程不难看出，在城乡融合格局下，城市工业品全部由新经济部门供应；而全部农产品都产于乡村，并有部分销往城市区域，则典型工业品 i 的市场均衡条件以及典型农产品的劳动力均衡条件分别为：

$$\begin{cases}\delta X_{Ui} = (\sigma - 1)\beta CC_U(i)/v\alpha_K \\ W_K L_K(1-\mu) + W_M L_M(1-\mu) + W_{A-M} L_{A-M}(1-\mu) + W_A L_A(1-\mu) = W_A L_A\end{cases} \tag{5.46}$$

其中，$L_K = \left[\lambda_U \frac{\sqrt{\delta N}}{\pi} + v\right] / hv$，$L_{A-M} = \delta(1-s)(1-u)N$，$L_A = (1-\delta)sN$。联立方程后可以得到：

$$(1-\mu)W_M = \frac{sv}{\lambda_U + (1-s)h/\gamma} \cdot \frac{\mu/(1-\mu)}{\delta/(1-\delta)} \cdot W_A \tag{5.47}$$

不难看出，与城乡互动模型相似，在城乡融合格局下，城市传统工业部门与乡村农业部门（期望）工资之间的关系式同样可以分为两项。在式（5.47）中，$\frac{\mu/(1-\mu)}{\delta/(1-\delta)} \cdot W_A$ 即为城市主导模型中城市传统工业部门期望工资，其中，$\frac{\mu/(1-\mu)}{\delta/(1-\delta)}$表示消费者偏好构成对劳动力结构的偏离度，在劳动力由乡村流向城市过程中趋于减小；$\frac{sv}{\lambda_U + (1-s)h/\gamma}$表示在乡村传统工业部门基础上进一步引入城市新经济部门对城乡工资的影响系数，其中，环境效用因子存在 $0 < v \leqslant 1$，人力资本因子存在 $h > 1$，单位通勤成本存在 $\lambda_U > 0$，故有：

$$\frac{sv}{\lambda_U + (1-s)h/\gamma} < \frac{s}{1 + (1-s)/\gamma} \leqslant 1 \tag{5.48}$$

式（5.48）表明城市新经济部门的引入，以及城乡环境效用与拥挤效应等因素的考虑，进一步降低了城市传统工业部门期望工资。

通过上述分析可以得知，在城乡融合阶段之初，乡村农业部门继续以非熟练劳动力形式向城市传统工业部门流动，同时由于乡村传统工业部门经由城市传统工业部门迁移不断发展壮大，无法通过知识技能培训进阶为熟练技工的不仅包括由乡村转移而来的非熟练劳动力，也包括一些原本就生存在城市的非熟练劳动力，他们一同随着城市传统工业部门迁移到乡村。传统工业部门中有些劳动力获得提升成为熟练技工，继续进入现代工业部门（乃至进一步实现本人或后代进入知识创新部门）；而后，乡村与城市的传统工业部门的生产率水平逐步趋于相近，同时伴随着基础设施与基本公共服务在城乡之间的日趋平衡，农业部门非熟练劳动力转移基本发生在乡村内部，同时城市传统工业部门中的城市与乡村非熟练劳动力继续经由知识技能培训进入城市新经济部门。由于城市新经济部门对农业部门的影响与改造力度大幅提升，进一步出现城市新经济部门向乡村农业部门的劳动力流动情况。至此，随着城乡之间劳动力呈现出多部门自由流动态势，突破传统工业发展"阈值上限"背景下，城市拥挤成本、新经济部门兴起以及环境效用内化度提升三方面因素对城乡工资差异造成进一步耗散，使得城乡差距持续缩窄，城市与乡村进入融合发展格局。

第六节　小结

顺着第三章提出的城乡关系演进内在机理与城乡关联—共生发展分析框架，本章通过假设修正与分类推演，进一步针对城乡分离、城市主导、城乡互动与城乡融合等不同城乡关系演进阶段展开模型细化与拓展。在模型构建过程中，要素流动与城乡联系是城乡关系得以逐步实现演进的主要驱动因素，其最终可以体现在城乡之间工业部门与农业部门的工资差异以及达到要素迁移均衡状态时所发生的工资差异耗散上面。具体而言，在城市主导模型下，传统工业蓬勃发展、集聚效应与规模报酬趋向峰值，乡村劳动力流动成本因子的存在，使得非熟练劳动力发生跨区域部门间流动，其要素迁移表现为乡村劳动力单向流动且城市劳动力不发生流动；在城乡互动模型下，由于乡村传统工业部门与城市新经济部门的引入，城乡空间形态由集聚趋于扩散，其主要背景与基本假设是触发传统工业发展的“阈值下限”，进入传统工业发展的“阈值区间”，要素迁移核心特征是乡村劳动力自由流动且城市劳动力不发生流动；在城乡融合模型中，由于环境效用、新经济部门兴起与跨域通达性等因素的引入，城乡空间形态进一步趋于扩散，其主要背景与基本假设是触发传统工业发展的“阈值上限”，以知识创新部门为代表的新经济部门在区域经济增加值中所占比重超过传统工业部门，可以通过城市拥挤成本、人力资本因子与环境效用因子予以反映，要素迁移核心特征是乡村劳动力与城市劳动力都能够发生自由流动。上述模型结论提示我们，应当结合城乡发展不同阶段的演化特征与背景因素，斟酌选用与核心变量相匹配的政策措施。

第六章
中国城乡关联—共生发展水平综合评价

在本书前面章节内容中，以城乡关系演进为切入点，重点基于城乡关联—共生发展分析框架，对城乡互动与城乡融合阶段进行了理论阐释与模型推导，并在第四章集中围绕美国与欧洲城乡发展实践，将其主要模式特征分别归类为技术驱动下的自由蔓延式城乡互动与网络共生构型下的组团式城乡融合，在某种程度上相当于从发达经济体视角对互动融合导向下的城乡关系演进这一核心观点进行了初步检验。既然如此，是不是能够以中国作为切入点，就第三章中城乡关系演进下的城乡关联—共生发展分析框架做出实证研究？考虑到区域异质性的长期存在，又能否对全国不同区域当前所处的城乡关系演进阶段做出判定？对于这些已经验证的城乡关系发展阶段，如何设计出一套兼具合理性与操作性的指标体系进行综合评价？本章将重点解决上述一系列问题。一方面，通过模型设计并运用各省市面板数据，对中国城乡互动与城乡融合发展阶段的影响因素做出分析，验证是否与城乡关联—共生发展分析框架中要素双向流动性、产业互动性、跨域通达性、基本公共服务差异性、环境效用内化度等影响城乡关系演进的驱动力指标相吻合；另一方面，围绕城乡关联—共生发展分析框架的五个理论层级，即假设前提、作用机制、先期跃升条件、后期跃升条件与发展结果，构建城乡关联—共生发展综合评价指标体系，以期能够对城乡关系的互动融合演进发展程度给出合理估计。

第一节 中国城乡关系演进阶段及特征

在对当前中国城乡关系演进发展水平做出实证分析之前，有必要对新中国成立以来的城乡关系演进脉络及其阶段特征进行一个简要梳理。实际上，与世界上多数国家一样，中国城乡关系阶段演进也同样经历了以要素流动与城乡联系及其相互作用为主要特征的复杂过程，而这一演进脉络可能会对现今中国城乡关系发展格局产生一定的影响。总体来看，大致可以将新中国成立以来的城乡关系分为如下四个演进阶段，即 1949~1952 年国民经济恢复期的城乡协调发展阶段、1953~1978 年重工业优先发展战略下的城乡分离阶段、1979~2002 年城镇化快速推进下的城市主导阶段以及 2003 年至今的统筹战略引导下的城乡互动阶段。

一、国民经济恢复期的城乡协调发展阶段

新中国成立初期，国内无论从经济方面还是政治方面来看，都承受着极大的外界压力与挑战。相较于抗日战争爆发之前，中国各类产业都遭遇了不同程度的打击，其中，1949 年农业与重工业产值分别较 1936 年下降三成与七成（胡必亮和马昂主，1993）。面对这种严峻形势，中国以重新打造城乡经济联系、实现国民经济恢复为主线，重点从两个方面入手进行突破。一方面，在经济总量短时间无法提升的情况下，借助各种手段疏通城市与乡村之间的经济往来活动，通过提高城乡经济联系在最大程度上挖掘现有工农产业活力。具体做法包括，从制度设计上打造国营、合作社以及私营等多渠道商业模式，并允许采用预购、代购等不同形式的集中购买方式，同时实现“农产品进城 + 工业品下乡”。在农业部门与工业部门双方受益基础上，国家还可以通过这种城乡经济联系获取

税收与各项费用收入。另一方面，整个国家的战略重心由政治层面逐步转向经济领域，工业部门逐步取代农业部门的支柱地位，而其在地理空间上的集中表现则是从战时的乡村区域过渡到新中国成立后的城市地带，反映出政府计划调节及其行政干预手段成为当时城乡联系的内在驱动力。而在乡村内部，国家为了调动农民生产积极性、提高农业生产组织能力，大力推进互助合作化组织形式，从产业组织模式上进一步确立了新中国成立后城乡联系与城乡关系基本格局，其实质上是一种从乡育城市理念逐步转到具有协调发展属性的演化路径，表明在国民经济恢复时期，全国城乡发展格局处于城乡协调发展阶段。

二、重工业优先发展战略下的城乡分离阶段

在经历了经济恢复时期的城乡协调发展阶段之后，伴随着经济政治重心向城市的迁移进程，工业部门逐步取代农业部门的支柱地位，尤其是 1953 年重工业优先发展战略的确立，标志着全国城乡发展格局逐步走向城乡分离阶段。实际上，新中国成立后“一穷二白”的经济基础与“美苏争斗”的国际关系，决定了中国若想短时间内构建起基于重工业的国防体系，唯一可行的途径就是通过农业剩余为工业发展提供建设资金。在这种局面下，从 1953 年开始，中国开始针对粮食作物、棉麻油料等农产品施行计划内的统购统销策略，其目的是确保农业部门对重工业部门在资金与劳动力两方面的充分转移。在乡村内部，国家大力推进基于农业生产合作社的互助合作化组织形式，截至 1957 年，全国参与农业生产合作社中的农户数量共计超过总户数的 97%（费孝通，1993）。

郭书田、刘纯彬（1990）指出，尽管中国在 20 世纪 50 年代中后期已经显示出较强的城乡非均衡发展特征，但首次以政府制度安排形式确立下来是在 1958 年左右，形成了具有中国特色的“二元社会”形态。而正

是这一时期颁布施行的户籍制度①，通过限制乡村人口自由流向城市，使中国城乡非均衡发展态势进一步强化与巩固。实际上，这一户籍制度的功能不仅表现在传统意义上的户口管理方面，更是城市与乡村人口政治经济地位的物化载体，直接驱使城乡区域在空间上逐步趋于相互分离状态，城乡关系在事实上向着城乡分离阶段演进。需要指出的一点是，正如本书第二章所述，城乡分离阶段并非表明城市与乡村的绝对割裂，在多数情况下往往代表着一种非公平性导向下的城乡关系，因为城市在这一时期能够通过政策途径或制度安排从乡村农业部门获取生活物资与生产原料。这表明，“二元结构”理论只能体现城乡分离，而无法从根源上阐明这种城乡割裂的非公平性城乡关系，需要结合当时中国经济社会背景予以探讨。

这一时期的一个突出特征是，一方面，整风运动与“大跃进”催生下的农村人民公社等生产组织形式的影响，使农业部门生产效率维持在一个较低水平；另一方面，城市中的工商业部门开始出现国有垄断性经营势头，对应到城乡联系上即表现出农民逐步失去农产品的自主经营权，进一步加剧了农业生产与农民生活的困难程度。面对种种窘境，户籍制度的束缚又使农村劳动力无法通过向城市迁移来改变现状。与此形成鲜明对比的是，农业部门各类生产价值却对城市保持净输出态势，成为实现重工业积累的重要资金来源。比如，全国于1960~1978年依靠统购统销手段从农业部门获取的工业积累约为2000亿元（崔晓黎，1988）。可以看出，重工业优先发展战略下的城乡分离关系不仅加剧了城乡分化，对农村经济社会各方面发展产生负面影响，同时也阻隔了城乡之间的联系，使城市地区处于一种封闭式发展格局之下，成为长时期市场机制缺位的重要诱因。

---

①《中华人民共和国户口登记条例》于1958年1月9日颁布，成为新中国成立以来首部推行的户籍制度。

三、城镇化快速推进下的城市主导阶段

从时间节点上来看，这一阶段是由改革开放（1978 年）到党的十六大（2002 年）之前。这一时期，国家重点针对农村开展了一系列具有时代意义的改革措施，城乡联系得以在一定程度上实现重塑。以乡镇企业迅速崛起为基本表现，尤其是在东南沿海地区，中国城乡关系逐步进入城镇化快速推进下的城市主导阶段。这一阶段多项农村改革起到了明显改善与重塑城乡联系的作用，并且为城镇化快速推进奠定了坚实基础。其中，重大措施主要包括：①1979 年将原来的农业集体经营改为推行家庭联产承包责任制，通过还以农业劳动者独立自主的生产经营权来规避政府行政干预的低效行为；②1982 年由宪法重新确立乡镇的基层组织形式，标志着人民公社制度退出历史舞台，从行政上化解了基层政府机构对农村经济与市场机制的消极影响；③1985 年正式废除农产品统购统销制度，这可以说是具有划时代意义的改革内容，其本质上反映出资源配置方式由过去计划下的强制性手段变为基于自由意愿的市场调节，使逐步打造较为开放的贸易条件与氛围成为可能；④以乡镇企业为突破口，着重培育乡村非农产业发展壮大，并从政策上逐步放开对于农民购买城市户口的限制，不仅有助于增强城乡联系，而且在很大程度上冲击了户籍制度在城乡之间的“割裂”作用。

总体来看，通过上述一系列农村改革，原本遭受重创的城乡联系得以重塑，在城镇化快速推进背景下，城乡关系表现出较强的城市主导特征。另外，由于二元结构与城乡分离等历史遗留与积重问题，加之同年经济体制改革的重心倒向城市，城乡收入差距虽经历了短暂的缩窄期，仍然在 1985 年之后开始扩大。具体来看，一是工农产品“剪刀差”依旧存在，如果算上农业税以及转移支付等形式，实际上城市仍在获取农业剩余。根据学者孙旭玉（2006）给出的数据，1985 年至 1998 年间，由农业部门流向非农业部门的资金规模达到 8709 亿元。二是尽管城乡居民人

均收入之比由1978年的2.37缩小到1985年的1.72，但这一趋势从次年开始反转，分别于1990年、1995年与2003年震荡攀升至2.02、2.47与3.23（国家统计局，2005）。三是与农民工相关的一系列问题开始成为阻碍城乡发展的主要症结之一，占全国总人口比重超过十分之一的农民工群体，在户口、居所、社保、医疗、子女教育等诸多环节无法享有与城市居民同等的权利，也成为城乡差距扩大的重要表现形式之一。

四、统筹战略引导下的城乡互动阶段

面对上述由于城乡差距扩大所引致的种种弊端和社会问题，国家基于多年相关理论研究与实践探索，以党的十六大召开为契机，开始重新审视城乡关系与工农发展模式，并首次从全面建设小康社会的高度，确立了将城乡统筹战略作为21世纪引领城乡健康可持续发展的重大决策。继而，又在2003年党的十六届三中全会上明确把统筹城乡作为“五个统筹”的第一抓手，标志着国家已具备较为充分的资源配置与城乡协调能力，试图将城乡关系扭转到以工促农、以城带乡的互动式发展道路上来。在随后几年里，国家先后围绕城乡统筹这一战略思想连续出台多个针对协调城乡关系、促进农业农村发展的一号文件，充分释放国家对破解城乡发展难题、实现城乡良性互动的决心与信号。其中，重要思想主要包括：①将促进农民增收摆在首要位置，强调缩小城乡差距对解决“三农”问题的极端重要性；②为有效推动农民增收，需要合理运用农业科技创新手段，稳步推进农村经济结构调整步伐，切实增强农业综合生产能力；③提出社会主义新农村建设是实现全面小康的根本途径，具体手段包括发展现代农业、深化农村综合改革等；④深化以工促农理念，加强农业农村基础建设，并首次以城乡统筹思想为统领，提出城镇化与新农村建设协同推进。

从具体政策措施上来看，城乡统筹战略引导下的城乡互动阶段关于城乡关系的一个重大变革表现在，国家由起初的破解“三农”难题导向，逐步转到根治二元结构的体制机制壁垒上来，在此基础上进一步通过多项政策措施，将城乡统筹与城乡互动理念贯穿于城乡发展进程中。其一，一项具有划时代意义的重大举措，即于2005年底通过的全面取消农业税决议，这不仅有助于为农业劳动力减负，进一步挖掘农户的生产潜力与劳作积极性，而且能够体现工业反哺农业的城乡协调发展理念，反映出中国城乡关系正在向城乡互动方向进行演化。其二，在开展农业生产性补贴基础上，加大对农村基建设施与公共物品的投资力度，为基于要素流动的城乡互动培育了生长土壤。尤其是在城乡统筹战略引导下，农村地区对资金、技术与人才等稀缺要素资源的迫切需求局面能够在一定程度上得到缓解，一个比较典型的例子是大学生村官与选调生选拔任用机制，有效推动人才向基层组织流动。其三，除加大农村基建设施与公共物品投资以外，国家还致力于逐步扭转以往城乡分离与城市主导关系格局下的社会治理体制，这一点突出表现在医疗、教育与社会保障等方面。比如，2007年将免费义务教育全面推行至所有农村地区，2008年基本构建起覆盖全国的新型合作医疗制度，2009年开始试点探索新型农村社会养老保险制度，等等，这些举措意味着国家公共财政体制初步担负起农村区域的基本公共服务供给，为扭转城市偏向、引导城乡均衡协调发展提供有力保障。

第二节　中国城乡关系演进影响因素的实证检验

从上节内容可以看出，1949年以来中国城乡关系大致经历了国民经济恢复期的城乡协调发展阶段、重工业优先发展战略下的城乡分离阶段、城镇化快速推进下的城市主导阶段以及统筹战略引导下的城乡互动阶段。沿着这一演进脉络，国家于2017年10月发布的十九大报告没有继续使用“城乡统筹”与“城乡协调”等提法，而是首度提出了“城乡融合”发展理念并计划实施“乡村振兴战略”。可见，以互动融合为导向的城乡发展格局将代表着当前乃至未来一段时期中国城乡关系演进方向。对此，本节将基于第三章所提出的城乡关联—共生发展分析框架，应用计量软件 Stata15.0 对当前中国城乡关系演进的影响因素做出实证分析。

一、计量模型设定与变量选取

根据本书所构建的城乡关联—共生发展分析框架及其数理模型，乡—城单向要素流动性、城乡双向要素流动性、城乡多部门产业互动性、城乡跨域通达性、城乡基本公共服务差异性、城乡环境效用内化度六项变量，对城乡联系与城乡交互的作用最强，构成决定城乡关系阶段演进的主要驱动力指标。基于此，本书重点围绕上述影响因素进行变量选取，从全国省级层面出发构建一个面板数据，并将计量方程基本形式设计如下：

$$y_{i,t}=\beta_0+\vec{X}_{i,t}\beta+\vec{Z}_{i,t}\gamma+\mu_i+\varepsilon_{i,t} \qquad i=1,\ 2,\ \cdots,\ N;\ t=1,\ 2,\ \cdots,\ T \tag{6.1}$$

其中，i 代表截面数量，t 代表时间跨度；$y_{i,t}$ 为被解释变量，$\vec{X}_{i,t}$ 与 $\vec{Z}_{i,t}$ 分别为 $K\times1$ 阶与 $H\times1$ 阶列向量，K 与 H 分别表示解释变量与控制变量的个数，并分别与两者的回归系数列向量 β 和 γ 对应于相同的阶数，用以表征不同个数的解释变量与控制变量；μ_i 是剔除时间影响的个体效应，$\varepsilon_{i,t}$ 则是包括时间效应在内的随机误差项。

首先来探讨被解释变量 $y_{i,t}$ 的选取，无论是处于城市主导、城乡互动还是城乡融合下的关系格局，对于其发展阶段与发展效果的有效测度都是极其复杂困难的，大量文献选择采用城乡收入差距作为主要度量指标，具体变量涉及城乡居民人均可支配收入比或城乡居民消费支出比。但正如蔡昉和杨涛（2000）所提出的观点，一方面，尽管人均可支配收入涵盖工资性净收入、经营性净收入、财产性净收入和转移净收入，但仍可能无法全面体现城镇居民全部收入来源；另一方面，消费支出未能涵盖城镇居民在住房、物价等方面享有的补贴或红利因素。在此基础上，考虑到本书第五章数理模型推导同样以城乡劳动力收入差异来描述城乡联系与要素流动，因此也一并沿用城乡收入差距对城乡互动融合发展的水平与效果进行测度。不同的是，这里将选用城乡居民消费水平比（记为consratio）作为收入差距的代理变量。

上式是一个静态面板方程，尽管它能够从区域差异与时序层面来度量各种因素对城乡居民消费水平比的影响，但无法考察多种因素的动态效应，即前一期所累积的城乡消费水平差距对当期乃至后期城乡居民消费水平比可能产生的影响。其中，不仅存在各期行为过程中对消费理念与决策以及消费习惯与品类等所形成的“递延性”特征，而且现代社会诸多消费项目往往具有跨期属性，如房屋按揭消费、分期付款消费、多期商业保险等。而静态面板数据模型则假设不存在上述这些影响，为了能将居民消费行为的持续性考虑在内，这里选择的处理方式是在计量方程中加入城乡居民消费水平比的滞后项，并同样设定为解释变量。下面则给出这一动态面板计量模型（被解释变量城乡居民消费水平比consratio及其滞后项直接纳入其中）：

$$consratio_{i,t} = \alpha consratio_{i,t-1} + \beta_0 + \vec{X}_{i,t}\beta + \vec{Z}_{i,t}\gamma + \mu_i + \varepsilon_{i,t} \tag{6.2}$$

基于上述动态面板方程，对解释变量与控制变量向量组$\vec{X}_{i,t}$与$\vec{Z}_{i,t}$的选取进行相关描述。在本书前面章节所构建的城乡关系及其阶段演进理论模型中，主要涵盖乡—城单向要素流动性、城乡双向要素流动性、多部门产业互动性、城乡跨域通达性、基本公共服务差异性、环境效用内化度六方面影响因素。其中，为突出体现互动融合导向下的城乡关系与发展水平，故将重心放在后面五个核心因素上。

二、变量说明与数据来源

1. 变量说明

城乡居民消费水平比：consratio。上一小节变量选取部分探讨了为何排除城乡居民人均可支配收入比这一指标，而这里有必要着重从第三章核心理论框架层面对 consratio 变量的优势做出进一步说明。实际上，本书研究过程中发现，城乡社会联系与环境联系作为体现城乡融合发展阶段的重要载体，它们与通常意义上的城乡收入差距似乎并不存在明显的因果关系。但如果将被解释变量换作兼具统计综合性与细项覆盖度的城乡居民消费水平比，则有助于反映教育、医疗等基本公共服务均等化以及生态环境改善对城乡发展格局与发展效果的影响，进而实现对本书核心观点的实证检验。

区域人口出行频次：labmob。该变量的具体算法为，各省市年客运量（万人）与总人口的比值，用以表征城乡要素流动性。需要指出的是，很多文献选用旅客周转量作为代理变量，但考虑到其乘积属性（算法为客运量与平均运距相乘），数值过大且易夸大区域差异，因而这里予以舍弃。

区域农用机械普及程度：umacpower。该变量的具体算法为，各省市农业机械总动力（万千瓦）与耕地面积（万公顷）的比值。其突出优势是，能够较好测度城乡技术相互作用以及工业部门与农业部门之间的互动水平，并且数据的准确性与完整性较高。

非农产业与农业产值对比情况：induscorr。为避免某些区域数值过小，该变量的具体算法为，各省市第二、第三产业增加值与第一产业增加值的比值，从产出水平上直接反映各产业部门对比情况。

区域公路与铁路交通网密度：trandense。该变量的具体算法为，各省市公路、铁路运营里程（千米）之和与辖内土地面积（万平方千米）的比值。为避免数值过大影响回归结果，故将里程单位进行调整，使最终所得交通网密度单位为“百千米/万平方千米”。

区域互联网普及程度：interpop。该变量的具体算法为，各省市互联网上网人数与总人口的比值，能够有效体现信息交换与知识传播对于现代生活方式的影响。interpop 与 trandense 两个变量，分别通过交通载体与信息载体两个维度对城乡跨域通达性进行测度。

城乡高中专任教师生均配比情况：eduratio。该变量的具体算法为，各地区城市高中在校生生均专任教师数量与乡村高中在校生生均专任教师数量的比值。很多文献往往选用小学与初中数据，但在城乡互动融合发展阶段下，这种倾向于反映城乡小学与初中教育对比情况的指标显然是不够充分的，易于低估基本公共服务在城乡之间的差异，因此这里选用城乡高中专任教师生均配比作为测度标准。

城乡执业医师人均配比情况：mediratio。该变量的具体算法为，各地区城市每千人中执业（助理）医师人数与乡村每千人中执业（助理）医师人数的比值。查阅相关文献过程中发现，国内许多学者较多使用卫生技术人员人数进行计算，但该指标往往由于涵盖范畴过广（各类检验师、药剂师、护师都算在内）而高估城乡基本公共服务差异性，因此这里选用城乡执业医师人均配比作为测度。

区域单位面积造林比率：afforeshare。该变量的具体算法为，各省市当年植树造林面积与辖内土地面积的比值。相对于更为常见的森林覆盖率指标，区域单位面积造林比率显然更能有效体现各地区在每一期中改善环境的主观意愿变化情况，适用于作为环境效用内化度的代理变量。

区域单位面积环境污染治理投资强度：environshare。该变量的具体算法为，各省市当年环境污染治理投资总额与辖内土地面积的比值。很多文献在研究过程中使用较多的是环境污染治理投资总额占 GDP 比重，但实际上在全国范围内单位面积土地上所耗费的污染治理成本相差无几，如果使用 GDP 作为参照标准，则会对经济发达区域的环境污染治理水平造成低估。基于此，这里选用区域单位面积环境污染治理投资强度进行回归。

各地区财政支农比重：agrisupp。该变量的具体算法为，各省市农林水事务支出与地方一般公共预算支出的比值。需要指出的一点是，由于国家统计局在 2007 年“财政—分地区一般公共预算支出”条目中新增“农林水事务支出”子项，而在 2007 年之前并未设立该项。为避免统计口径变化带来的数据突变影响，笔者特意对 2000~2006 年该变量数据中“农业支出”“林业支出”与“农林气象等部门事业费支出”三个子项执行加总处理。

此外，还有 pgdp（各地区人均 GDP）、spagglom（各地区城镇化率）、averfarml（各地区乡村人均耕地面积）与 labprod（各地区劳动生产率）四个控制变量。

2. 数据来源

对于上述动态面板方程，其被解释变量、解释变量以及控制变量各期数据主要来源于《中国统计年鉴》（2001~2016）、《中国农村统计年鉴》（2001~2016）以及 EPS 数据库。面板数据的时间跨度为 2000~2015 年，截面个体为剔除西藏自治区（各年数据缺失较为严重）以及香港、澳门、台湾三地后的全国 30 个省份、直辖市或自治区，因而观测值共计 480 个。针对少量缺失数据，笔者综合考虑变量特征与数据位置采用线性插补法或趋势外推法予以补齐。对于各个变量的统计性描述相关内容，如表 6-1 所示。

表 6-1　各个变量的统计性描述

变量名 Variable	观测值 Obs.	均值 Mean	标准差 Std. Dev.	最小值 Min	最大值 Max
consratio	480	3.0023	0.6815	1.5000	5.3000
labmob	480	17.0354	10.8153	3.1000	73.8000
umacpower	480	0.7008	0.5659	0.1300	5.3700
induscorr	480	15.3182	28.3371	1.6400	227.7800
trandense	480	71.1898	48.5728	2.3100	235.5200
interpop	480	0.2523	0.1939	0.0050	0.7590
eduratio	480	7.6145	6.3989	0.8000	56.9900
mediratio	480	2.2768	0.6522	0.8000	4.6700
afforeshare	480	9.9861	7.8499	0.3000	48.4300
environshare	480	26.1100	57.8904	0.0500	431.0300

续表

变量名 Variable	观测值 Obs.	均值 Mean	标准差 Std. Dev.	最小值 Min	最大值 Max
pgdp	480	2.0818	1.6669	0.2700	10.7400
spagglom	480	0.4865	0.1504	0.2000	0.9000
agrisupp	480	0.0901	0.0324	0.0200	0.1700
averfarml	480	2.1358	1.5877	0.2900	10.0900
labprod	480	4.9449	3.8909	0.6200	26.4100

三、计量回归估计

广泛存在的变量内生性（Endogeneity）问题往往会打破OLS最小二乘回归方法关于Cov（$\varepsilon_{i,t}$，$x_{i,t}$）=0的经典假设，即模型中一个或多个解释变量与方程随机扰动项相关，其结果会导致参数估计有偏。尤其是对本节这种多变量面板数据结构，更易于受到内生性问题影响。因此，在对回归方程进行估计之前，有必要先给出面板数据内生性检验。这里选择应用范围相对更广的DWH内生性检验方法，先执行xtreg命令对原计量方程进行回归，然后返回残差项并将其代入可能存在内生性问题的解释变量，再执行xtivreg命令实现计量方程回归。结果显示，DWH检验在5%显著性水平下拒绝所有变量均为外生变量的零假设，故内生性问题是存在的。

考虑到变量内生性问题，这里需要结合动态面板的样本结构与特征，用解释变量的一期滞后变量视作其工具变量（Instrumental Variables，IV），并分别采用两阶段最小二乘法（2SLS）与广义矩估计（GMM）两种工具变量方法对城乡消费水平对比方程进行估计。工具变量法的使用，有助于解决内生性问题，提高估计的有效性。其中，GMM估计法是应对动态面板模型内生性问题较为有效的方法，最早由Hansen于1982年提出。之后经过Arellano和Bond（1991）、Arellano和Bover（1995）两度改进，分别做出差分GMM（DIF-GMM）估计与水平GMM（Level GMM）估计两种方法改进。尽管在一定程度上推动了 GMM 的发展与应用，但是容易产生有限样本偏差。对此，Blundell 和 Bond（1998）结合上述两种方法，并通过加入平稳性假设在有限样本中获取更多矩条件，提出了系统 GMM（SYS-GMM）方法。目前来看，针对动态面板模型所使用的估计方法多为 DIF-GMM 与 SYS-GMM 两类。基于上述分析，这里通过 xtabond 与 xtdpdsys 命令分别使用三种估计方法（2SLS、DIF-GMM、SYS-GMM）对动态面板数据做出回归，估计结果如表 6-2 所示。

表 6-2　三种工具变量方法下的动态面板估计

变量	2SLS	DIF-GMM	SYS-GMM
consratio L.1 被解释变量滞后一期	0.3570*** (0.1096)	0.4175*** (0.0835)	0.4149*** (0.0947)
labmob 区域人口出行频次	0.0027** (0.0013)	0.0013 (0.0021)	0.0023* (0.0013)
umacpower 区域农用机械普及程度	−0.0519** (0.0246)	−0.0407*** (0.0128)	−0.0687** (0.0273)
induscorr 非农产业与农业产值对比	0.0129 (0.0094)	0.0115 (0.0198)	0.0138* (0.0074)
trandense 区域公路与铁路交通网密度	−0.0058** (0.0026)	−0.0011** (0.0005)	−0.0014*** (0.0002)
interpop 区域互联网普及程度	−0.2915* (0.1541)	−0.2410*** (0.0803)	−0.2160*** (0.0765)
eduratio 城乡高中专任教师生均配比	0.0094* (0.0048)	0.0042*** (0.0015)	0.0021** (0.0009)
mediratio 城乡执业医师人均配比情况	0.1007** (0.0414)	0.1035*** (0.0272)	0.1187*** (0.397)
afforeshare 区域单位面积造林比率	−0.0033*** (0.0012)	−0.0040** (0.0016)	−0.0024*** (0.0008)
environshare 单位面积环境治理投资强度	−0.0023** (0.0010)	−0.0022* (0.0013)	−0.0025*** (0.0007)
spagglom 各地区城镇化率	0.1635* (0.0862)	−0.1915** (0.0780)	0.1892*** (0.0421)

续表

变量	2SLS	DIF-GMM	SYS-GMM
averfarml 各地区乡村人均耕地面积	-0.0174 (0.0279)	-0.0277** (0.0131)	-0.0251** (0.0104)
labprod 各地区劳动生产率	-0.0630* (0.0349)	-0.0955* (0.0493)	-0.0891* (0.0487)
_cons 常数项	2.4176*** (0.4452)	2.0006*** (0.5364)	2.1972*** (0.4057)
Arellano-Bond AR（1）检验	0.0106	0.0067	0.0042
Arellano-Bond AR（2）检验	0.3582	0.6259	0.8874
Sargan 检验	0.9036	0.9958	0.9004

注：2SLS、DIF-GMM 与 SYS-GMM 分别表示两阶段最小二乘法、差分 GMM 估计与系统 GMM 估计等方法；控制变量 pgdp 与 agrisupp 在三种方法中均不显著，故予以剔除；括号内的值表示稳健标准差，***、** 与 * 分别表示在 1%、5%和 10%的水平上显著；在三种估计方法中，使用解释变量的一期滞后变量视作其工具变量，用以克服所检验出的内生性问题；Arellano-Bond AR（1）与 Arellano-Bond AR（2）分别为 $u_{i,t}$ 的一、二阶序列相关性检验；Sargan 为工具变量过度识别条件检验的统计量。

从估计结果可以发现，三种工具变量估计方法的系数符号基本一致，一方面可以体现回归结果的稳健性与可靠性，另一方面也能够对本书理论框架与数量模型部分给出合理解释。其中，SYS-GMM 估计为三者中相对较优的方法，不仅各个变量的显著性明显更强，并且对于估计值而言稳健标准差数值较小，大大提高了估计有效性。同时，Arellano-Bond AR（1）检验拒绝一阶序列无关的零假设，而 Arellano-Bond AR（2）检验则无法拒绝二阶序列无关零假设，Sargan 检验结果也表明并不存在工具变量过度识别问题。相较而言，尽管 2SLS 与 DIF-GMM 方法同样能够通过相关性检验与过度识别检验，但其估计结果的显著性与估计值的稳健标准差都逊于 SYS-GMM 估计。据此，可以认为我们所采用的 SYS-GMM 估计方法有效克服了动态面板多变量内生性问题，并在此基础上得到有效估计。

四、实证结果解释与讨论

下面主要基于表 6-2 第三列的 SYS-GMM 估计方法，对本节实证结果做出相关解释。需要指出的是，由于被解释变量使用城市与乡村消费水平之比来测度，体现的是城乡发展差距或城乡关联缺失。基于此，除induscorr、eduratio与mediratio三个涉及城乡数据之比（或第二、第三产业与第一产业之比）的变量以外，如果实证结果中解释变量系数为正，则表示加剧了这种差距或缺失的程度；反之，若系数为负，则显示出该解释变量有助于弥合城乡发展差距，强化城乡关联。比如，consratio L.1作为被解释变量滞后一期项，其系数显著为正，表明上一期城乡消费水平会强化当期对比态势，其他解释变量会受到这种累积效应的影响，这也从侧面反映出为何城乡发展差距缩窄需要经历一个较长的过程。对于induscorr、eduratio与mediratio三个变量，则是系数为正表明有助于弥合城乡发展差距，强化城乡关联。这里将结合本书所构建的城乡关联—共生发展分析框架及其数量模型，从城乡要素流动性、城乡产业互动性、城乡跨域通达性、基本公共服务差异性、环境效用内化度等几项驱动力指标入手，根据实证结果分析城乡联系与城乡交互的作用，对构成决定城乡关系形态及其发展阶段演进的主要影响因素做出解释与讨论。

（1）区域人口出行频次labmob系数为正，表明要素流动性因素与当前中国城乡发展差距具有正相关关系，并且从数值上呈现出较弱的影响态势。结合中国城乡发展历程来看，剩余劳动力由乡村到城市的单向流动，将不可避免地促使城乡发展差距扩大化，此时在空间上显示出较强的集聚力特征；而随着要素资源在城乡之间开始逐步实现双向流动，这种空间集聚特征趋于分散化，对城乡差距的正向影响不断削弱，并在更强的城乡双向要素流动性下实现城乡协调发展。实际上，正如本书理论章节所述，要素流动性作为城乡经济联系与城乡空间相互作用的重要表现，是打造城乡关联—共生发展格局的假设前提。

（2）非农产业与农业产值对比情况induscorr系数为正、区域农用机械普及程度umacpower系数为负，表明城乡产业互动性因素能够有助于缩窄中国城乡发展差距。与本书理论观点相一致，两者所体现的产业互动与产业关联，能够直接反映城乡联系及其相互作用，是城乡关联—共生发展的作用机制。从两个变量系数的数值上来看，umacpower 所反映的城乡技术相互作用对当前中国城乡经济联系与产业互动的影响更为强烈。实际上，将城市所生产的农用机械广泛应用于乡村生产活动仅仅是城乡多部门产业互动的其中一个易见场景。正如本书第三章理论部分所述，近年来，各种新经济与新要素由城市逐步扩散至乡村区域，打破了原有的城乡产业结构及其空间布局与功能划分，在空间与功能上为城乡相互作用带来更多可能。这里需要指出的是，出于模型构建与数据处理需要，笔者对 induscorr 变量所给出的算法为各省市第二、第三产业增加值与第一产业增加值的比值，与被解释变量 consratio（城乡居民消费水平比）在城乡比值方向上实际上属于正向对应关系。换言之，induscorr 系数为正恰好体现出乡村农业提质增效能够缓解城乡发展差距，这一点与中国城乡发展实际情况以及本书理论部分相关论述也是相符的。

（3）区域公路和铁路交通网密度 trandense 系数与区域互联网普及程度 interpop 系数都为负值，表明城乡之间的跨域通达性因素对于当前中国城乡发展差距具有显著的抑制或缓解作用。两者作为城乡关联—共生发展的先期跃升条件，有助于实现要素双向自由流动下的城乡互动发展，验证了本书的理论观点。从两个变量系数的数值上来看，interpop 所体现的城乡空间与技术相互作用对中国城乡经济、社会与文化联系的影响强度远高于 trandense 变量。结合中国城乡发展历程的现实表现来看，以 90 年代末期高铁修建热潮为代表，公路与铁路交通网密度的提升有利于经济要素在城乡不同区位之间高效率、低成本地实现空间位置转换，通过基础设施建设、流通壁垒破除等通道建设手段为城乡相互作用铺平道路，进而由城市从实体层面带动乡村协同发展。21 世纪以来，尤其是集中于近几年的一段时间内，信息互联网以其破竹之势在中国城乡区域广泛普及，并不断实现宽带提速与降费提质，使不受区位限制的网络电商、线上娱乐乃至移动支付等经济活动或交易手段得以在城乡之间实现普遍蔓延与扩散。不难发现，与交通网密度相比，互联网普及程度的提高允许城市通过以信息为载体的非实体层面带动乡村区域协同发展，有助于孕育与新经济、新要素相关的应用场景，在弥合城乡差距方面具有更为突出的优势。在理论框架与数理模型部分，本书强调了信息互联网对于城乡互动阶段的重要性，该实证结果能够对这一观点给出有效佐证。

（4）城乡高中专任教师生均配比 eduratio 与城乡执业医师人均配比 mediratio 系数为正、区域单位面积造林比率 afforeshare 与单位面积环境治理投资强度 environshare 系数为负，表明城乡基本公共服务差异性与环境效用内化度两方面因素能够有助于缩窄中国城乡发展差距。与本书理论观点相一致，服务均等、环境效用及两者推动下的网络共生作为城乡关联—共生发展的后期跃升条件，有助于实现更为注重社会、文化与环境联系及其相互作用的城乡融合。从几个变量系数的数值上来看，mediratio 所体现的城乡制度与功能相互作用对城乡社会与文化联系的影响强度更高，而 afforeshare 与 environshare 则对当前中国城乡环境联系的影响效果所差无几，都显示出较低的强度。就基本公共服务差异性而言，侧重于体现政府在城乡基本公共服务领域实行差别化对待的程度大小。医疗与教育所特有的典型“伴生性”人本特征，不仅表现在两者需要以人为载体，同时也能够体现在伴生而行与持久溢出方面，因此是基本公共服务领域中最为重要的两个环节，与城乡社会联系密切相关；环境效用内化度则融合了人们追求生活质量的绿色观念以及乡村优美自然环境的功能属性，afforeshare 与 environshare 衡量的是城乡居民能否将生态环境视作自身消费者效用集合的组成子集之一，因而正如本书理论部分所述，环境效用内化度属于城乡关系较高形态所对应的内在特征，能够同时体现城乡环境联系与城乡功能相互作用。对于该因素下两个变量影响强度相对较低这一实证结果，可能的原因是，就目前而言，中国城乡发展格局尚处于不断向城乡融合阶段过渡与演化的进程中，仍未能充分体现城乡环境联系的重要性。

（5）在控制变量中，各地区城镇化率 spagglom 系数为正，表明城乡要素在空间维度上向城市集聚会加剧城乡发展差距；而各地区乡村人均耕地面积 averfarml 与各地区劳动生产率 labprod 系数均为负值，表明农业集约化生产水平与经济效率因素对于中国城乡发展差距具有一定的抑制或缓解作用，并在某种程度上有助于强化城乡联系。不难发现，上述实证结果与客观事实以及本书理论章节给出的观点都是相符的。其中，一方面表明乡—城单向要素流动性因素显示出较强的集聚性特征与极化效应，易于诱使城乡之间经济联系与空间交互不足；另一方面，从乡村耕地集中度与生产效率视角凸显出城乡经济联系与城乡功能相互作用的重要性。

总体来看，如图 6-1 所示，根据中国城乡关系演进影响因素的实证检验结果，城乡产业互动性、城乡跨域通达性与城乡基本公共服务差异性是影响当前中国城乡发展差距与城乡关联程度的三个关键性因素（图中在较强相关变量后用“+”标注）。尽管城乡要素双向流动性与环境效用内化度同样有助于弱化或缩窄城乡发展差距，但前者所体现的城乡经济联系与空间相互作用已作为一种前提性、基础性元素根植于中国城乡基本发展格局中，而后者则集中反映城乡环境联系与城乡功能相互作用，以目前中国城乡发展实际来看，仍未能够让多数城乡居民从价值认可与

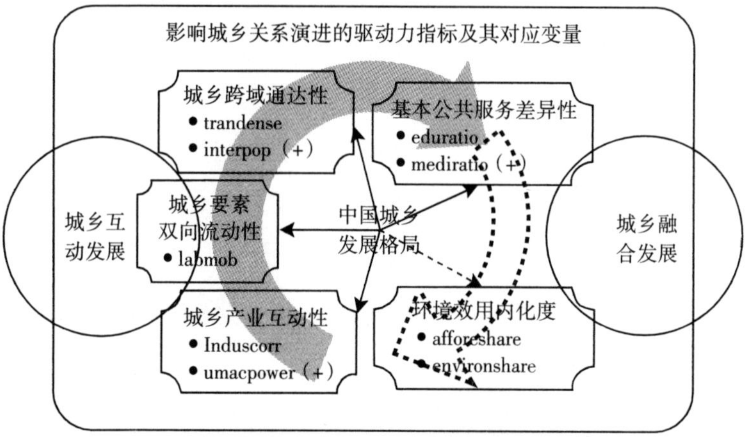

图 6-1　基于实证分析结果的中国城乡关系演进影响因素及其演进现状

发展理念上达成普遍共识。其结果是，这两个因素对于当前中国城乡发展差距与城乡关联程度的影响效果相对较弱。

根据本书在第三章提出的城乡关联—共生发展分析框架，城乡产业互动性与城乡跨域通达性属于城乡互动阶段的主要判定指标，基本公共服务差异性与环境效用内化度属于城乡融合阶段的主要判定指标。而实证结果显示，除环境效用内化度以外的其他三方面因素均对当前中国城乡发展差距与城乡关联程度产生显著影响。这或许可以表明，中国当前城乡关系正处于由城乡互动向城乡融合转变的演进格局中（如图 6-1 中虚线箭头所示），与党的十九大刚刚提出的城乡融合发展理念是相符的。

第三节　区域视角下中国城乡关联—共生发展水平测度

在上一节内容中，本书重点以全域整体层面为考察对象，对近年来作用于中国城乡关系阶段演进的主要影响因素做出实证检验。那么，如果试图将地域非均衡性与异质性考虑进来，能否实现区域视角下的中国城乡关系及其发展模式评价与测度呢？想要解决这一问题，对面板数据分区域逐次展开回归估计的方法已不再适用。这一方面是由于分区域考察后截面序列数量急剧减少，用以消除内生性问题的工具变量法很难对其做出有效估计；另一方面再从功能性角度来看，经典回归方法一般难以在区域个体之间以及各个次级变量之间进行可量化的动态比较分析。基于以上考虑，这里将通过构建综合评价指标体系的方法，实现区域视角下的中国城乡关联—共生发展水平测度。

一、研究方法选取及其基本原理

在综合评价指标体系研究领域，通常包括主观赋值（如专家学者赋权法）、客观赋值（如因子分析法）以及主客观综合赋值法（如网络层次分析法）等。其中，由于客观赋值法能够在有效规避研究人员主观经验不足的基础上，通过选用指标之间的相关性与异质性对权重做出判定，有助于在最大限度上令测度结果趋于合理化与科学化，因此本章将选取此法进行中国城乡关联—共生发展水平测度。在各种客观赋值法中，Pearson（1901）所提出的主成分分析（Principal Component Analysis，PCA）能够在保有变量信息基础上，将指标体系所构成的多维数据形式实行转化，并最终处理成一维数据结构。该过程充分体现出“降维”的数学思想，具有较强的科学性与可操作性。

具体来看，PCA 实质上是一种将较大数量指标转化为个别几个成分指标的统计分析方法。假设我们所要测度的城乡关联—共生发展综合评价指标体系共涵盖 N 个变量，所观测的区域样本共有 P 个，则所有变量与样本之间能够组建一个 $N \times P$ 阶矩阵：

$$X = \begin{bmatrix} x_{11} & x_{12} & \cdots & x_{1N} \\ x_{21} & x_{22} & \cdots & x_{2N} \\ \vdots & \vdots & & \vdots \\ x_{P1} & x_{P2} & \cdots & x_{PN} \end{bmatrix} \tag{6.3}$$

考虑到 N 个不同变量之间可能存在的量纲不统一、符号方向不一致等情况，首先需要在对逆向指标施行取倒数或取对数等正向化处理后，将所有变量进一步统一给出标准化形式。常用的方法是：

令 $y_{ij} = \dfrac{x_{ij}}{\frac{1}{N}\sum_{i=1}^{N} x_{ij}}$ 或 $y_{ij} = \left(x_{ij} - \frac{1}{N}\sum_{i=1}^{N} x_{ij}\right) \Big/ \sqrt{\frac{1}{N-1}\sum_{i=1}^{N}\left(x_{ij} - \frac{1}{N}\sum_{i=1}^{N} x_{ij}\right)^2}$。其中，相对于前者，这种均值化处理方式，后者所代表的标准化处理方式

更优。

为了实现城乡关联—共生发展综合评价指标体系的“降维”过程，得到其主成分变量指标，接下来需要计算经过标准化处理后的 y_i 与 y_j(i，j=0，1，2，…，N)之间的相关系数，并得到其相关系数矩阵：

$$R=\begin{bmatrix} r_{11} & r_{12} & \cdots & x_{1N} \\ r_{21} & r_{22} & \cdots & x_{2N} \\ \vdots & \vdots & & \vdots \\ r_{N1} & r_{N2} & \cdots & x_{NN} \end{bmatrix} \tag{6.4}$$

根据相关系数矩阵求出特征方程 $|\lambda I-R|=0$ 的解，由此得到相关系数矩阵的特征根，并将其按降序排列，有 $\lambda_1\geqslant\lambda_2\geqslant\cdots\geqslant\lambda_M\geqslant1\geqslant\lambda_{M+1}\geqslant\cdots\geqslant\lambda_N\geqslant0$。可以看出，一般而言总有 M<N。通常情况下，选取特征根的值大于 1 所对应的 M 个指标作为主成分变量。在此基础上，通过公式 $\frac{\lambda_i}{\sum_{j=1}^{M}\lambda_i}$ 与 $\frac{\sum_{j=1}^{i}\lambda_j}{\sum_{j=1}^{M}\lambda_j}$（i，j=0，1，2，…，M）分别计算得到主成分贡献率与主成分累积贡献率。其中，特征根的值大于 1 所对应的 M 个主成分变量，其累积贡献率往往能够实现 85%左右，从而达到综合评价指标体系变量削减的“降维”目的。

实际上，此时若以 F_i 表示经过降维后的主成分变量，则有：

$$F_i=l_{11}y_1+l_{12}y_2+\cdots+l_{1j}y_j(i=0,\ 1,\ 2,\ \cdots,\ M) \tag{6.5}$$

其中，l_{ij} 为原标准化指标在各主成分 F_i 上的荷载。在此基础上，根据式（6.5）所得到的各主成分变量及其方差贡献率即可给出最终的城乡关联—共生发展水平评价结果。

二、城乡关联—共生发展综合评价指标体系构建

为了实现区域视角下的中国城乡关联—共生发展水平测度，不仅要有针对性地选取相关研究方法，还需要基于本书理论章节所设计的城乡关联—共生发展分析框架，进行综合评价指标体系构建。具体而言，评价指标体系共分为四个层级。其中，分别以关联—共生发展假设前提、关联—共生发展作用机制、关联—共生先期跃升条件、关联—共生后期跃升条件与关联—共生发展结果等城乡关联—共生发展分析框架的五个逻辑层次为基准特征，按照特征适宜与数据易得原则对应选取 28 个具体量度指标，构建出城乡关联—共生发展综合评价指标体系（见表 6-3）。

表 6-3　城乡关联—共生发展综合评价指标体系

	主要特征	指标代码	指标属性	具体量度指标
城乡关联—共生发展综合评价指数	城乡经济水平	X_1	正	各地区人均 GDP（元/人）
	城乡要素流动与城乡基本联系	X_2	正	各地区人口出行频次（次/人）
		X_3	正	各地区人均邮电业务量（元/人）
		X_4	正	各地区单位面积货物周转量（百亿吨千米/平方千米）
	城乡空间集聚	X_5	正	各地区城镇化率（%）
	城乡产业互动	X_6	正	各地区农用机械普及程度（万千瓦/万公顷）
		X_7	正	各地区非农产业与农业产值对比情况
	城乡消费升级	X_8	逆	各地区城乡恩格尔系数比
		X_9	正	各地区人均私人汽车拥有量（辆/万人）
	城乡通道建设	X_{10}	正	各地区公路与铁路交通网密度（千米/万平方千米）
		X_{11}	正	各地区财政支农比重（%）
		X_{12}	正	各地区长途光缆线路密度（千米/万平方千米）
	城乡新经济兴起	X_{13}	正	各地区互联网普及程度（%）
		X_{14}	正	各地区研究与试验发展（R&D）经费投入强度（%）
		X_{15}	正	各地区高技术产业新产品开发项目数（百件）

续表

	主要特征	指标代码	指标属性	具体量度指标
城乡关联—共生发展综合评价指数	城乡基本公共服务均等化	X_{16}	逆	各地区高中专任教师生均配比的城乡比值
		X_{17}	正	各地区电视节目农村人口覆盖率（%）
		X_{18}	逆	各地区执业医师人均配比的城乡比值
	城乡环境效用	X_{19}	正	各地区单位面积造林比率（%）
		X_{20}	正	各地区单位面积环境污染治理投资强度（亿元/万平方千米）
		X_{21}	正	各地区工业固体废物综合利用率（%）
		X_{22}	正	各地区农村卫生厕所普及率（%）
	城乡网络共生	X_{23}	正	各地区移动电话普及率（部/百人）
		X_{24}	正	各地区人均公共交通运营线路网长度（千米/万人）
		X_{25}	正	各地区电视节目综合人口覆盖率（%）
		X_{26}	正	各地区广播节目综合人口覆盖率（%）
	城乡发展绩效	X_{27}	逆	各地区城乡居民家庭人均可支配收入之比
		X_{28}	逆	各地区城乡居民家庭人均消费比

（1）城乡关联—共生发展假设前提共涵盖4个具体量度指标，其主要特征表现为在一定经济发展水平之下的城乡要素流动与城乡基本联系。其中，各地区人均GDP（X_1）反映城乡经济发展水平；各地区人口出行频次（X_2）、各地区人均邮电业务量（X_3）、各地区单位面积货物周转量（X_4）三项指标用于体现城乡要素流动与城乡基本联系。

（2）城乡关联—共生发展作用机制共包括3个具体量度指标，以城乡空间集聚与城乡产业互动为主要特征。其中，各地区城镇化率（X_5）侧重于反映城乡空间集聚情况；各地区农用机械普及程度（X_6）、各地区非农产业与农业产值对比情况（X_7）两项指标则分别从技术与规模两个层面集中体现城乡产业互动水平。

（3）城乡关联—共生先期跃升条件共涵盖8个具体量度指标，其主要特征表现为城乡消费升级、城乡通道建设与城乡新经济兴起三个方面。

其中，各地区城乡恩格尔系数比（X_8）、各地区人均私人汽车拥有量（X_9）反映的是城乡消费升级情况；各地区公路与铁路交通网密度（X_{10}）、各地区财政支农比重（X_{11}）、各地区长途光缆线路密度（X_{12}）则着重从基础设施与政策制度两方面视角，实现对城乡通道建设情况的测度；各地区互联网普及程度（X_{13}）、各地区研究与试验发展（R&D）经费投入强度（X_{14}）、各地区高技术产业新产品开发项目数（X_{15}）则集中体现城乡新经济兴起或新要素应用状况。

（4）城乡关联—共生后期跃升条件共涵盖 11 个具体量度指标，其主要特征表现为城乡基本公共服务均等化、城乡环境效用与城乡网络共生三个方面。其中，各地区高中专任教师生均配比的城乡比值（X_{16}）、各地区电视节目农村人口覆盖率（X_{17}）、各地区执业医师人均配比的城乡比值（X_{18}）衡量城乡基本公共服务均等化水平；各地区单位面积造林比率（X_{19}）、各地区单位面积环境污染治理投资强度（X_{20}）、各地区工业固体废物综合利用率（X_{21}）、各地区农村卫生厕所普及率（X_{22}）体现城乡环境效用在不同区域居民中的内生化情况；各地区移动电话普及率（X_{23}）、各地区人均公共交通运营线路网长度（X_{24}）、各地区电视节目综合人口覆盖率（X_{25}）、各地区广播节目综合人口覆盖率（X_{26}）则用以测度城乡网络共生水平。

（5）城乡关联—共生发展结果共涵盖 2 个具体量度指标，以城乡居民在收入、消费等方面所表现出来的发展绩效为基本特征，主要通过各地区城乡居民家庭人均可支配收入之比（X_{27}）、各地区城乡居民家庭人均消费比（X_{28}）对其进行量度。

三、数据来源与指标处理

（1）数据来源。针对上述城乡关联—共生发展综合评价指标体系的 28 个具体量度指标，样本个体为剔除西藏自治区（数据缺失较为严重）以及香港、澳门、台湾三地后的全国 30 个省份、直辖市或自治区，其基础数据来源于2016年《中国统计年鉴》《中国农村统计年鉴》《中国卫生和计划生育统计年鉴》《中国教育经费统计年鉴》《中国教育统计年鉴》《中国科技统计年鉴》《中国科技统计资料汇编》《中国社会保障统计年鉴》《中国城市统计年鉴》《中国劳动统计年鉴》《中国农业统计年鉴》EPS数据库以及各省市相关年鉴与公报等。

（2）指标处理。基础指标之间存在的量纲、量级差异与符号方向差异而引致的不可公度性，决定了在对中国城乡关联—共生发展综合评价指数进行测算前，需要首先对各个指标的基础数据进行相关处理。一方面，针对指标体系的符号差异做出同向化处理。基于主成分分析的综合评价方法，要求将各个逆向指标采取一定的数学变换，使所有指标对最终得到的评价指数具有一个同向的量度。这里所出现的逆向指标，如表6-3所示，主要涉及城乡相关指标数值之比这一形式，我们将采用取倒数的变换方式进行正向化处理。另一方面，不难发现，在所设计的指标体系中，同时存在百分比型、状态度量型、均值密度型以及城乡比值型等多种数据结构，并且各自的数据单位也不尽相同（见表6-3）。基于这一考虑，需要对所有基础数据进行标准化处理以消除量纲量级差异带来的影响。所采用的方法为：$y_{ij}=\left(x_{ij}-\frac{1}{N}\sum_{i=1}^{N}x_{ij}\right)\Big/\sqrt{\frac{1}{N-1}\sum_{i=1}^{N}\left(x_{ij}-\frac{1}{N}\sum_{i=1}^{N}x_{ij}\right)^2}$，即Z-score标准化方法。其中，等式左边即标准化结果，等式右边分母部分为样本标准差。

四、城乡关联—共生发展综合评价指数测算

应用统计软件SPSS19.0将28个指标的原始数据进行录入，根据所构建的城乡关联—共生发展综合评价指标体系展开主成分分析。首先，需要对经过标准化后的所有指标进行相关系数矩阵检验。这里由于变量数目过多而难以将其相关系数矩阵进行呈现，故采用KMO和Bartlett球形检验方法，以此验证主成分分析对数据结构的适用性。经过测算，得出

Bartlett 球形检验近似卡方值（Approx. Chi-Square）与自由度（df）分别为 1114.083 与 378，显著性（Sig.）则为 0.000，表明主成分分析适用于本书指标体系数据结构。

1. 累积贡献率计算与主成分因子确定

如表 6-4 所示，通过主成分分析方法可以得到所有具体量度指标的特征值、方差贡献率以及方差累积贡献率。根据所阐述的相关原理，应当选取特征值大于 1、方差累积贡献率达到 85%左右这一标准来确定主成分因子。不难发现，按照这一原则，总共应当选取 6 个主成分因子（见表 6-4）。在这些主成分因子中，能够有效表达原始指标 84.919%的数据信息，适用于作为城乡关联—共生发展综合评价指数的代表性测度指标。

表 6-4　各指标特征值与方差累积贡献率表

成分	初始特征值			提取平方和载入		
	合计	方差的（%）	累积（%）	合计	方差的（%）	累积（%）
1	13.619	48.641	48.641	13.619	48.641	48.641
2	2.713	9.689	58.329	2.713	9.689	58.329
3	2.531	9.038	67.367	2.531	9.038	67.367
4	2.193	7.831	75.198	2.193	7.831	75.198
5	1.448	5.173	80.370	1.448	5.173	80.370
6	1.273	4.548	84.919	1.273	4.548	84.919
7	0.832	2.972	87.890	—	—	—
8	0.642	2.294	90.184	—	—	—
9	0.583	2.081	92.265	—	—	—
10	0.510	1.820	94.085	—	—	—
11	0.375	1.338	95.423	—	—	—
12	0.354	1.263	96.687	—	—	—
13	0.211	0.755	97.442	—	—	—
14	0.166	0.593	98.035	—	—	—
15	0.127	0.453	98.488	—	—	—
16	0.119	0.424	98.912	—	—	—

续表

成分	初始特征值			提取平方和载入		
	合计	方差的（%）	累积（%）	合计	方差的（%）	累积（%）
17	0.082	0.294	99.206	—	—	—
18	0.068	0.242	99.448	—	—	—
19	0.047	0.168	99.615	—	—	—
20	0.034	0.121	99.736	—	—	—
21	0.023	0.082	99.819	—	—	—
22	0.017	0.061	99.880	—	—	—
23	0.013	0.047	99.926	—	—	—
24	0.010	0.036	99.963	—	—	—
25	0.006	0.021	99.984	—	—	—
26	0.003	0.010	99.994	—	—	—
27	0.001	0.004	99.998	—	—	—
28	0.001	0.002	100.000	—	—	—

2. 旋转因子荷载矩阵与主成分因子归类命名

在多指标综合评价方法中，主成分分析一般用作总评价指数计算。为了能够结合城乡关联—共生发展的主要特征给出相关测度，我们需要对上一小节所选取的主成分因子进行归类命名。考虑到主成分分析实际上属于因子分析法（Factor Analysis，FA）的特例形式，而后者对于多变量公共因子的解释与归类处理又具有较强优势，因此这里将使用因子分析法来实现主成分因子的归类命名（见表 6-5）。

表 6-5　旋转后的因子荷载矩阵

指标名称	主成分因子					
	F_1	F_2	F_3	F_4	F_5	F_6
ZX_1	0.635	—	—	—	—	—
ZX_4	0.948	—	—	—	—	—
ZX_7	0.851	—	—	—	—	—

续表

指标名称	主成分因子					
	F_1	F_2	F_3	F_4	F_5	F_6
ZX_8	0.557	—	—	—	—	—
ZX_{11}	-0.566	—	—	—	—	—
ZX_{12}	0.840	—	—	—	—	—
ZX_{18}	0.700	—	—	—	—	—
ZX_{20}	0.865	—	—	—	—	—
ZX_3	—	0.814	—	—	—	—
ZX_5	—	0.574	—	—	—	—
ZX_9	—	0.780	—	—	—	—
ZX_{13}	—	0.777	—	—	—	—
ZX_{14}	—	0.542	—	—	—	—
ZX_{23}	—	0.895	—	—	—	—
ZX_{24}	—	0.696	—	—	—	—
ZX_{16}	—	—	0.578	—	—	—
ZX_{17}	—	—	0.827	—	—	—
ZX_{25}	—	—	0.842	—	—	—
ZX_{26}	—	—	0.725	—	—	—
ZX_6	—	—	—	0.827	—	—
ZX_{10}	—	—	—	0.695	—	—
ZX_{15}	—	—	—	0.609	—	—
ZX_{21}	—	—	—	0.676	—	—
ZX_{19}	—	—	—	—	-0.604	—
ZX_{22}	—	—	—	—	0.557	—
ZX_{27}	—	—	—	—	0.758	—
ZX_{28}	—	—	—	—	0.608	—
ZX_2	—	—	—	—	—	0.890

注：（1）所用提取方法为主成分分析法；（2）为避免较小数值观测影响，仅保留绝对值最大系数；（3）所用旋转法为具有 Kaiser 标准化的正交旋转法；（4）旋转在 17 次迭代后收敛。

通过因子分析中的最大方差法得到旋转后的因子荷载矩阵，其中，ZXi（i = 1，2，…，28）表示经过 Z-score 标准化后的 28 个具体量度指标，其数值（已剔除其余较小项）在表中所对应的列栏，即为对该指标最具解释力的主成分因子。下面将根据旋转后的因子荷载矩阵，结合各项指标所体现的城乡关联—共生发展主要特征（见表 6-3），对六个主成分因子进行归类命名。

其一，将 F_1 归类命名为城乡关联—共生发展基础性量度因子。由于 F_1 涵盖各地区人均 GDP、单位面积货物周转量、非农产业与农业产值对比情况、城乡恩格尔系数比、财政支农比重、长途光缆线路密度、城乡执业医师人均配比情况、单位面积环境污染治理投资强度九项原始指标，涉及城乡关联—共生发展分析框架中除城乡网络共生与城乡发展绩效之外的其余六类主要特征，且侧重于突出城乡经济水平、产业互动等代表城乡关联—共生发展假设前提与作用机制的分项指标，因此将主成分因子 F_1 命名为城乡关联—共生发展基础性量度因子。尽管 F_6 也应当归入这一门类，但考虑到仅囊括一项原始指标，可能对后续分析造成较强的扰动性，故将其从因子归类中剔除。

其二，将 F_2 与 F_4 归类命名为城乡关联—共生发展先期跃升量度因子。其中，F_2 包括各地区人均邮电业务量、城镇化率、人均私人汽车拥有量、互联网普及程度、研究与试验发展（R&D）经费投入强度、移动电话普及率、人均公共交通运营线路网长度等指标；而 F_4 包括各地区农用机械普及程度、公路与铁路交通网密度、高技术产业新产品开发项目数、工业固体废物综合利用率等指标，主要体现了城乡消费升级、通道建设与新经济兴起等城乡关联—共生发展先期跃升条件的主要特征，因此将主成分因子 F_2 与 F_4 命名为城乡关联—共生发展先期跃升量度因子。

其三，将 F_3 与 F_5 归类命名为城乡关联—共生发展后期跃升量度因子。其中，F_3 包括各地区城乡高中专任教师生均配比情况、电视节目农村人口覆盖率、电视节目综合人口覆盖率、广播节目综合人口覆盖率等；

而 F_5 包括各地区单位面积造林比率、农村卫生厕所普及率、城乡居民家庭人均可支配收入之比、城乡居民家庭人均消费比等，主要体现了城乡服务均等、环境效用与网络共生等城乡关联—共生先期跃升条件的主要特征，并能同时反映出作为关联—共生发展结果的城乡发展差距，因此将主成分因子 F_3 与 F_5 命名为城乡关联—共生发展后期跃升量度因子。

3. 成分得分系数矩阵与评价指数计算

前文提到，城乡关联—共生发展综合评价指数是通过六个主成分因子及其对应权重得到的。其中，主成分因子需要通过成分得分系数矩阵得到（见表 6-6），而各个主成分因子在总评价指数中所占权重是由其方差贡献率决定的（见表 6-4）。这里首先通过表 6-6 所给出的成分得分系数矩阵来考察各个主成分因子取值。

表 6-6 成分得分系数矩阵

指标名称	主成分因子					
	F_1	F_2	F_3	F_4	F_5	F_6
ZX_1	0.068	–0.019	0.020	–0.101	–0.055	0.071
ZX_2	0.002	0.018	–0.118	0.289	0.234	0.425
ZX_3	0.062	–0.002	–0.177	0.086	–0.018	–0.026
ZX_4	0.044	–0.252	–0.002	–0.135	–0.127	–0.083
ZX_5	0.068	0.015	–0.044	–0.044	0.076	0.082
ZX_6	0.019	0.111	0.215	0.163	–0.263	–0.090
ZX_7	0.060	–0.164	–0.086	–0.053	0.038	0.056
ZX_8	0.031	–0.156	–0.164	0.108	–0.079	–0.278
ZX_9	0.043	0.208	–0.118	0.024	0.056	–0.039
ZX_{10}	0.050	–0.105	0.185	0.178	–0.072	0.024
ZX_{11}	–0.060	0.058	–0.088	–0.114	–0.025	–0.005
ZX_{12}	0.058	–0.162	0.059	–0.014	–0.174	–0.099
ZX_{13}	0.059	0.062	–0.144	–0.009	–0.003	–0.068
ZX_{14}	0.064	–0.001	–0.029	0.105	0.167	0.090
ZX_{15}	0.043	0.130	0.010	0.170	–0.173	–0.199

续表

指标名称	主成分因子					
	F_1	F_2	F_3	F_4	F_5	F_6
ZX_{16}	0.024	−0.078	0.179	−0.018	0.357	0.161
ZX_{17}	0.054	0.095	0.096	−0.051	0.252	−0.261
ZX_{18}	0.058	−0.099	0.111	−0.113	0.155	0.167
ZX_{19}	−0.011	−0.072	0.107	0.347	0.152	−0.157
ZX_{20}	0.062	−0.161	−0.051	−0.040	−0.011	0.056
ZX_{21}	0.054	0.006	0.122	0.156	−0.131	0.016
ZX_{22}	0.054	0.069	0.019	−0.016	−0.207	0.196
ZX_{23}	0.055	0.046	−0.228	0.085	0.059	−0.029
ZX_{24}	0.062	0.077	−0.087	−0.026	−0.107	0.062
ZX_{25}	0.053	0.102	0.092	−0.067	0.261	−0.274
ZX_{26}	0.050	0.131	0.061	−0.148	0.150	−0.220
ZX_{27}	0.043	0.111	0.175	−0.098	−0.130	0.274
ZX_{28}	0.045	0.165	−0.010	−0.045	−0.127	0.203

在得到各个主成分因子之后，再通过表 6-4 中所给出的方差贡献率得到其对应的权重水平，再进行线性组合即可获得最终的城乡关联—共生发展综合评价指数 I：

$$I=0.4864F_1+0.0969F_2+0.0904F_3+0.0783F_4+0.0517F_5+0.0455F_6 \quad (6.6)$$

根据式（6.6），将全国 30 个省、直辖市或自治区各项指标下的数据进行代入，即可得到区域视角下的中国城乡关联—共生发展水平测度结果，分别包含主成分因子与综合评价指数排名情况。如表 6-7 所示，将各地区得分位次情况做出排列。

表 6-7　区域视角下的中国城乡关联—共生发展水平测度结果

地区	各主成分因子排名						总指数排名
	F_1	F_2	F_3	F_4	F_5	$F_6$①	I
北京	1	12	16	11	8	28	3
天津	4	5	14	18	10	9	6
河北	12	8	13	20	22	29	12
山西	16	17	18	21	9	30	19
内蒙古	22	6	26	30	6	26	25
辽宁	10	11	15	6	4	10	10
吉林	15	13	22	4	14	12	16
黑龙江	13	7	21	12	18	8	22
上海	3	4	10	1	1	22	2
江苏	2	2	1	14	3	16	1
浙江	5	1	4	8	5	24	5
安徽	14	25	5	7	13	21	11
福建	8	10	19	13	15	14	8
江西	23	18	6	22	26	11	20
山东	7	9	7	10	12	19	7
河南	18	16	11	9	30	20	14
湖北	11	15	8	19	7	4	9
湖南	19	28	2	3	27	3	18
广东	6	3	3	2	2	7	4
广西	24	23	9	26	16	13	24
海南	25	24	23	17	21	5	27
重庆	9	22	17	25	23	15	13
四川	20	21	12	24	24	1	17
贵州	27	30	28	15	28	2	23
云南	29	29	25	16	19	27	29

① 正如本书在主成分因子归类命名时所述，尽管对 F_6 排名同样给出，但基于其单指标扰动性特征，将在下一小节的实证结果讨论中予以忽略。

续表

地区	各主成分因子排名						总指数排名
	F_1	F_2	F_3	F_4	F_5	$F_6$①	I
陕西	21	19	20	5	17	17	15
甘肃	30	26	24	27	25	18	26
青海	26	27	30	29	29	25	30
宁夏	17	14	27	23	11	23	21
新疆	28	20	29	28	20	6	28

五、实证测度结果解释与讨论

在得到评价指数排名情况基础上，如图 6-2 所示，如果按照国家统计标准下的全国地区顺序进行排布，无论是总指数得分，还是主成分因子得分，其蛛网图大致形状都呈现出“人”字形分布。不难发现，蛛网

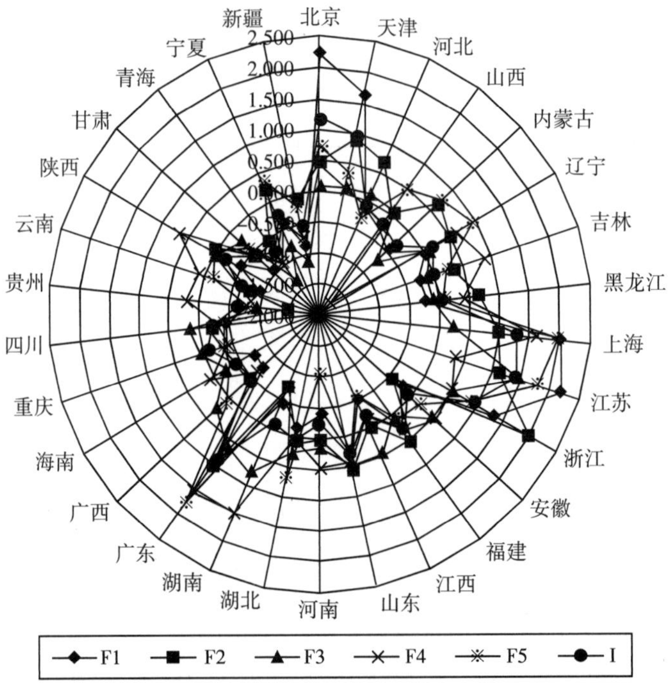

图 6-2　全国各省、市、自治区城乡关联—共生发展水平得分蛛网图

图的“凸出地带”都属于东部地区，而相对应的“凹陷地带”则基本归为中西部地区。基于这一鲜明的总体分布特征，与第二节实证内容所着重探讨的全国总体情况不同，这里主要以区域视角作为切入点，根据表 6-7 中通过主成分分析与因子分析得到的实证结果，按照东部、东北、中部、西部四大地区划分①，对全国各省、市、自治区城乡发展关系演进及其城乡关联—共生发展水平做出比较分析与分类阐释。

（1）从城乡关联—共生发展综合评价指数 I 的得分水平来看，全国四大地区按照东部、东北、中部、西部的顺序依次显示出由高及低的梯级变动趋势。由于综合评价指数 I 以第三章中构建的城乡关联—共生发展分析框架为基本设计理念，体现的是城乡互动融合发展能力，因而其 0 值得分水平即代表是否具备这一能力的“荣枯线”。如图 6--3 所示，综合评价指数 I 的全国平均得分为 0.047，表明从总体上来讲，中国处于城乡互动融合发展格局中，而某些区域可能已经进入城乡融合发展阶段（如东

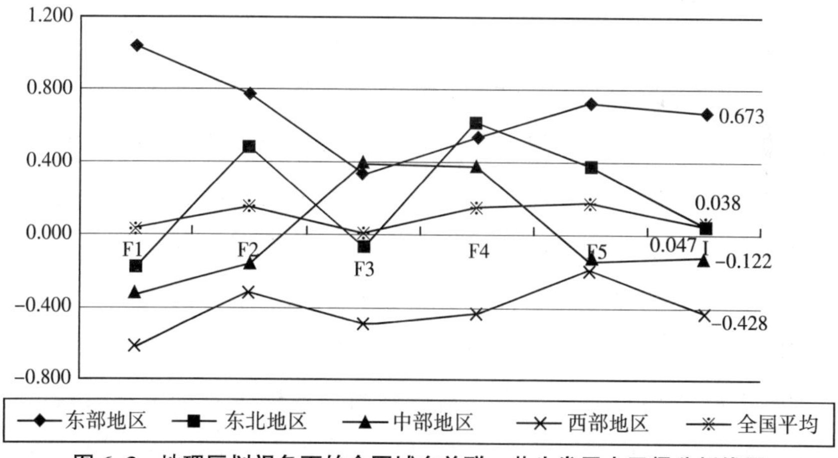

图 6–3　地理区划视角下的全国城乡关联—共生发展水平得分折线图

① 这里的全国地理区划标准与《中国统计年鉴》是一致的。东部地区 10 省市：北京、天津、河北、上海、江苏、浙江、福建、山东、广东、海南；东北地区 3 省：辽宁、吉林、黑龙江；中部地区 6 省：山西、安徽、江西、河南、湖南、湖北；西部地区 11 省、市、自治区（除去西藏）：内蒙古、广西、重庆、四川、贵州、云南、陕西、甘肃、青海、宁夏、新疆。

部 I 值达到 0.673)，这与上一小节中的实证结论是契合的。

（2）从区域城乡发展格局来看，东部地区显示出较强的城乡关联—共生发展能力，处于城乡融合发展阶段中。从图 6-3 中可以看出，东部地区不仅拥有较高水平的 F_1、F_2 与 F_4 等基础性与先期性因子得分，并且在代表着城乡关联—共生发展后期跃升量度因子 F_3 与 F_5 的测度结果方面，也同样获得较优表现。F_3 与 F_5 正是衡量服务均等、环境效用、网络共生等城乡融合阶段主要特征的关键性量度因子，因而可以判定东部地区进入城乡融合发展阶段，如长三角、珠三角与京津冀的城市群网络。实际上，从具体表现来看，综合排名居前的江浙沪三省市基本实现特色小镇集群化发展，类似于欧洲的网络共生模式，属于典型的城乡融合阶段；而北京、广东、福建等地则类似于美国的消费升级与技术驱动（新经济）模式，表现为由城乡互动后期阶段向城乡融合阶段的过渡状态。

（3）相对于东部地区，东北地区与中部地区具备较强的城乡关联—共生发展先期跃升条件，处于城乡互动发展阶段中。如图 6-3 所示，东北地区拥有较高水平的 F_1、F_2 与 F_4 等城乡关联—共生发展基础性与先期性因子得分，而中部地区则在 F_3 与 F_4 两项量度因子获得较优得分。F_2 与 F_4 通过城乡消费升级、通道建设与新经济兴起等城乡互动阶段主要特征来衡量城乡关联—共生发展先期跃升条件。基于此，能够判定东北地区与中部地区进入城乡互动发展阶段。其中，东北地区以其高于城乡互动融合发展能力“荣枯线”的综合评价指数 I 得分（0.038）而归属于城乡互动后期阶段，重点将矛头指向城乡基本公共服务差异与生态环境等问题，逐步向城乡融合格局演化；中部地区则尚处于城乡互动前期阶段，需要进一步在城乡消费升级、通道建设与产业互动等领域不断巩固与强化。

（4）与全国其他区域相比，西部地区所有因子与合成指数得分均位于城乡互动融合发展能力“荣枯线”以下，尚处于向城乡互动阶段逐步演化与追进的发展格局之下。实际上，在西部地区内部仍存在一定的分化现象，如云南、甘肃、青海等地多项指标得分较低，显示出较差的城乡联系与城乡相互作用水平，其城乡关系仍处于城市主导阶段之下；而排名相对靠前的重庆、陕西与四川三省市，其在城乡关联—共生发展基础性因子 F1 上得分较高，在某种程度上可以认为已经进入城乡互动前期阶段，与中部地区所差无几。实际上，这种分化格局也提示笔者在对策建议章节关注城乡关联—共生发展基础性因子对于欠发达区域的重要作用。

第四节　小结

基于前文所设计的城乡关联—共生发展分析框架及其数理模型，本章重点运用多种计量方法与统计方法从全国与区域两个视角进行实证检验与相关解释，基本得到符合预期的验证结果。其中，第一节由 1949 年以来中国城乡关系演进脉络的梳理分析作为导入点，初步判定以互动融合为导向的城乡发展模式将代表当前乃至未来一段时期中国城乡关系演进方向；第二节则沿着这一演进脉络，在第三章所提出的城乡关联—共生发展分析框架上选取 21 世纪以来全国数据，应用 2SLS、DIF-GMM、SYS-GMM 三种估计方法对中国城乡关系演进的影响因素做出实证检验。结果表明，城乡产业互动性、城乡跨域通达性与城乡基本公共服务差异性是影响当前中国城乡发展差距与城乡关联程度的三个关键性因素，并进一步判定中国当前城乡关系正处于由城乡互动向城乡融合转变的演进格局中；第三节重点将地域非均衡性与异质性考虑进来，试图实现区域视角下的中国城乡关系及其发展模式评价与测度。在这一思路之下，以关联—共生发展假设前提、关联—共生发展作用机制、关联—共生先期跃升条件、关联—共生后期跃升条件与关联—共生发展结果等城乡关联—共生发展分析框架的五个逻辑层次为基准特征，构建出涵盖 28 个具体量度参数的综合评价指标体系，选用 PCA 与 FA 方法对全国 30 个省、直辖市、自治区展开区域视角下的比较分析与分类阐释。结果显示，从总体上来讲，中国处于城乡互动融合发展格局中，与第二节回归估计结论相吻合；分区域来看，全国四大地区按照东部、东北、中部、西部的顺序依次显示出由高及低的梯级变动趋势。其中，东部地区表现为城乡融合发展，东北地区与中部地区处于城乡互动发展阶段中，而西部地区尚处于向城乡互动阶段逐步演化与追进的发展格局之下。

第七章
推进城乡关联—共生发展的对策建议

到目前为止，本书从城乡关系动态演进过程中的相关概念界定入手，通过欧美模式推演、数理模型归纳以及实证检验分析等逻辑梳理过程，较为全面细致地探讨了城乡关系演进的内在机理及其主要影响因素，并在此基础上有针对性地构建出基于互动视角的城乡关联—共生发展分析框架，能够较好地应用于中国与各地区城乡发展实践。在本章内容中，重点围绕整个理论体系与逻辑框架，进一步给出能够有效推进中国城乡关联—共生发展的对策建议，以促进全国不同地区城乡居民共同享有经济发展红利与社会进步成果，不断弥合城乡发展差距，早日形成城乡融合发展格局。

第一节　破除制度障碍，加强要素流动和城乡联系

在城乡关联—共生发展分析框架之下，多维度城乡联系与要素双向自由流动是实现城乡互动融合发展的假设前提。城乡要素自由流动的核心要义在于，通过资源与环境、劳动力人口、资金、信息与技术等要素资源以及产品与服务的流动，能够有效规避城市与乡村自身现有要素分

布失衡的难题，从而完成城乡共有要素的重新组合与配置，进一步打通经济、政治、社会、文化与环境五个维度的城乡联系。

一、破除制度障碍，健全完善城乡市场秩序

为了充分发挥城乡联系与要素自由流动的基础性作用，首先要破除制度障碍，健全完善城乡市场秩序，从资源配置与行政调控两个层面共同推进城乡要素自由流动。总体来看，市场机制与市场秩序的缺失或不足以及城乡分离导向下的政策制度与管理方案，是制约城乡要素自由流动的主要因素。

在市场机制培育方面，为有效规避城市和乡村市场环境与市场秩序失衡所引致的要素非均衡流动问题，应当在扩大规模集聚效应的基础上，充分挖掘城乡腹地与边缘区的空间过渡作用，一方面加强乡村市场体系建设与培育，另一方面在动态改进中不断完善市场秩序。以非正式部门为特征的流动形式或就业中间态体现了城乡要素自由流动受限状态下，对区域要素实现重新组合与有效匹配的一种折中，有助于构建城乡均衡的市场机制与市场秩序，从而有效推动城乡要素自由流动。

从制度障碍破除方面来看，传统城乡分离格局之下的政策制度与管理方案人为地制约了要素资源依据边际收益大小实行配置的能力，驱使区域之间要素流动非均衡性大大增强。对此，应当实行城乡户籍制度改革，破解城市与乡村居民在身份上的固有“级别”差异，进而有助于构建跨越城乡区域的要素双向流动机制。在此基础上，由于城乡之间在产业效率、市场规模、人口素质等方面表现出来的异质性，目前，乡村仍将在长期内处于资源要素配置体系下的不利地位，因此持续开展针对乡村区域的补贴与扶助政策是相当有必要的。

二、多方位强化城乡社会、文化与环境联系

进一步深化城乡经济与政治联系，多方位增进城乡社会与文化联系，

适时加大城乡环境联系力度，提高城乡要素双向自由流动与互动融合发展能力。从具体实现形式来看，城乡联系实质上代表着城市与乡村通过资源要素流动与配置而“打通”各个部位“经脉”的过程，使城乡之间在不同维度获得新鲜“血液”供给，对人类城乡关系塑造与演化发挥了重要作用。但是，传统认知下的城乡联系不仅层次不明、未成体系，还与新经济、新环境脱节。对此，应当注重兼顾经济、政治、社会、文化与环境五个城乡联系层次，尤其对处于相对薄弱环节的城乡文化联系与环境联系，需要拔高到与前三者等同水平上来提出相关对策建议。

其一，在当前城乡发展格局下，进一步深化城乡经济与政治联系。其重点努力方向在于，城乡实际地理边界事实上已超越行政边界划分，在两者结合地带形成城乡边缘区，并基于这种空间性与功能性突破，推动劳动力人口在城乡之间双向自由流动，由此进一步引发产业间与产业内关联、商品流通与消费，以及信息与服务往来等一系列更为广泛、更为复杂的城乡经济联系。其二，在城乡经济与政治联系深化基础上，多方位增进城乡社会与文化联系。伴随经济联系各维度的持续广化与深化而来的，是对城乡社会联系的强烈需求，需要进一步关注与流动人口就业住房、人力资源培训积累、失业伤病保险保障措施等相关的城乡社会联系以及侧重于人文生活方式领域的思想观念、文化习俗、群体仪式与价值理念等城乡文化联系。其三，随着生态环保理念越发深入人心，应当适时加大城乡环境联系力度，重点将政策着眼点放在食品安全、绿色走廊、生态协同、环境效用与休闲观光等内容上。对于环境联系的强化，有助于城乡之间达成价值认可与发展理念上的共识，提高城乡要素双向自由流动与互动融合发展能力。

三、发挥城乡空间、功能、技术与制度驱动作用

充分发挥城乡空间、功能、技术与制度驱动作用，由城市“单主角”独唱到城乡“双主角”协奏，为城乡联系与要素自由流动提供长效驱动

力。诚如前文所述，城镇化这一概念是以城市为主观视角，利益立足点始于城市、终于城市，比如，要素与产业联系、空间联系与文化联系往往只是以城镇标准来衡量或限定乡村的演进脉络，以促成乡村在人口与经济景观层面、空间形态方面、生活方式方面等向城镇格局靠拢；另外，在制度、环境与人口等更倾向于以乡村为主观视角的方面却长期未能得到体现。而“城乡相互作用”正是通过强调城市与乡村的“双主角”交互性，弱化了城市在城乡关系中的“单主角”特质，能够将城乡空间、功能、技术与制度等多维度城乡相互作用视作城乡关系演进的重要驱动机制。

具体来看，其一，应当积极统筹城乡空间布局，分别针对单个城乡内部、多个城乡内部以及多个城乡组成的区域之间施以结合带圈层结构、多中心集聚以及网络式组团布局下的空间构型，为城乡联系与其他各种城乡相互作用驱动机制提供较为完善的空间韧度与承载度；其二，综合考虑城市与乡村的功能属性，在城乡之间着力实现产业功能性集聚与分散以及节点区位功能集成化，使得城乡功能相互作用能够在空间构型上与多中心集聚、网络式组团布局相呼应；其三，充分把握新一轮科技和产业革命，通过技术在理论层面与应用层面的演化以及时滞效应的可调性与可控性，进一步在城乡之间促进城乡联系与要素自由流动；其四，推动跨域行政决策协同化与城乡治理政策系统化，弥补次级城市、小城镇、乡村等区域在行政职能与治理能力方面的欠缺与不足，有助于强化不同层次的城乡联系与不同维度的城乡相互作用。

第二节　加强城乡通道建设，培育新经济模式

作为城乡联系与要素流动的客观载体，以交通、通信条件改造为主

要对象的城乡通道建设，其水平高低在很大程度上决定着经济要素在城乡不同区位之间实现空间位置转换的效率，往往可以通过运输费用、通勤费用、租金成本等予以反映。同时，以信息互联网、分布式能源、共享与零工经济为代表的新经济模式，能够逐步打破集聚与效率之间的"固有"搭配，加强城市与乡村之间的联系与相互作用，并且在决策者主观政治意愿下催生出城乡协调发展的政策导向。基于这种深化动能，新经济模式能够显著影响并趋于重构区域之间的生产模式、交易结构乃至生活方式。

一、推动城乡通道型基础设施网络化覆盖

在城市与乡村范围内提升多领域城乡通道建设，有助于通过基础设施改善、交易壁垒破除等方式为增强城乡联系、促进要素自由流动铺平道路。广义上来看，通道建设不仅涵盖轨道交通、通信网络、移动支付、廉租房建设、棚户区改造等基础设施建设方面，而且涉及户籍、土地流转等制度改进方面。便利的交通系统、发达的通信网络以及优质的基础设施，能够对资源环境、劳动力人口、资金、信息与技术等要素或产品在城乡之间的高效流通起到关键性与保障性作用。

基于此，应当充分考虑区域空间构型与实际发展需求，逐步在城乡之间实现由交通与通信设施的节点式布局向网络化覆盖转变。一方面，交通与通信系统应当与区域人口密度与产业结构及其空间分布相匹配，不同的区域主体或功能区对运输与通信能力的要求不尽相同；另一方面，作为典型的"短板"约束型行业，区域通达性往往受制于交通与通信设施水平较差的一方，为了使要素资源在城乡之间能够得到有效流转，应当更加照顾基础设施落后的乡村区域，积极稳妥地推进城乡之间实现由交通和通信设施的节点式布局向网络化覆盖转变。在此基础上，逐步引导城市交通和通信技术应用向周边城乡边缘区与乡村区域扩散，为城乡空间相互作用与城乡功能相互作用提供更为有力的硬件载体。

二、培育新经济模式，提升城乡协调发展水平

以创新驱动为手段，重点推动信息互联网、分布式能源、共享与零工经济等新经济模式在城乡之间的孕育与兴起，通过便捷化的组织平台、多维化的服务模式与稳定化的交易结构削弱集聚效应的传统优势，使资源要素具备向乡村扩散的充足意愿与动能，城乡互动格局因而得以深化，有助于提升城乡协调发展水平。技术革命推动下的信息互联网、分布式能源、共享与零工经济等新经济模式在持续强化过程中，打破了集聚与效率之间的必然关联，先显示出以城市为中心的集聚力，再不断向周边乡村区域扩散。可以看出，通过新经济模式在城乡区域之间的孕育与兴起，分散化经济得以经由市场化手段实现布局。

从城乡关系演进层面来看，新经济培育与兴起在城乡关联—共生发展先期跃升条件中占据主导地位，不仅本身是推动城乡联系及其相互作用的重要因素，并且反过来对城乡消费升级与通道建设也具有正向促进效应。具体来看，一方面，新经济模式自身能够推动包括企业准入成本、要素流动成本、信息搜寻成本等在内的社会成本体系呈现整体下降态势；另一方面，城乡之间交通、交流、交易的便捷性借助轨道交通、通信网络、移动支付等新经济技术手段得以体现。两者合力形成较高的跨域通达性，打破了原有的城乡产业结构及其空间布局与功能划分，进一步在城乡之间形成多部门产业互动格局，推动城乡双向要素流动性与多部门产业互动性提升，并于空间形态上表现为由城市逐步向乡村扩散，围绕城乡边缘区形成区域次中心。在这一新生的特殊区位内部，城乡联系及其相互作用显示出前所未见的活跃度与持续性，客观上达到深化城乡互动发展的目的。

第三节 优化观念，提升城乡基本公共服务均等化水平

世界上多数发展中国家在城乡发展实践中普遍缺乏的是基本公共服务均等化与生态环境协调共生能力。一方面，城乡之间流动的劳动力要素不仅满足于便利的通勤与职住条件，还对教育培训、健康医疗、社会保障等内容充满渴望；另一方面，资金、信息等多种要素在城乡之间的双向无障碍流动也需要基本公共服务均等化与良好环境进行相互匹配，这就需要通过较小的基本公共服务差异性与较高的环境效用内化度予以体现。反观欧美等发达国家，城乡分工与产业结构差异越来越不明显，许多郊区居民的收入甚至超过了都市居民。这表明发达国家城乡关系已由单纯的双向互动逐步演化为城乡深度融合，以自由流动与互利网络为基础形成一种城乡共生关系，即进入到城乡融合发展格局中。

一、建立健全覆盖城乡的基本公共服务体系

以教育与医疗两个重点领域为突破口，建立健全覆盖城乡的基本公共服务体系。在城乡之间打造多主体供给格局并加大财政倾斜力度，持续改善城乡基本公共服务质量失衡与数量差距并存现状，引导城乡关系向融合格局实现逐步跨越。医疗与教育所特有的典型“伴生性”人本特征，不仅表现在两者需要以人为载体，同时也能够体现在伴生而行与持久溢出方面，对提高社会生产效率、克服要素流动障碍起到“四两拨千斤”的功效；同时，由于中国尚处于发展中阶段，应当将有限资金有的放矢地投入到乡村居民迫切需要得到条件改善的教育培训与医疗健康环节中。考虑到上述因素，应当以教育与医疗两个重点领域为突破口，建

立健全覆盖城乡的基本公共服务体系，逐步缩窄城乡基本公共服务差距。

为了构建覆盖城乡的基本公共服务体系，应当着重从以下三个方面入手。其一，在建立健全覆盖城乡的基本公共服务体系进程中，针对乡村区域设立专门性事务机构或管理机构，对城乡基本公共服务有序推进提供保障，同时提高政策推行的公开度与透明度，确保城市与乡村基本公共服务获得统一而有序的推进；其二，遵循政府部门主导、市场竞争与激励机制并举的原则，在城乡之间打造多主体供给格局，同时加大财政支出对乡村区域教育与医疗基本公共服务的倾斜力度；其三，由于当前乡村基本公共服务供给不足，逐步由最初的城乡数量差距转变为城乡质量失衡，因而有必要持续改善城乡基本公共服务质量失衡与数量差距并存现状。可以看出，面对更为复杂的城乡互动关系，以教育与医疗为重点突破口的基本公共服务均等化，能够体现城乡之间客观存在的物质交换与实体流动转向一种基于价值与观念层面的精神共识，有助于促进劳动力、资金、信息等多种要素在城乡之间双向无障碍流动并实现相互匹配，形成城乡居民普遍认可的协同共生发展理念，进而引导城乡发展关系向融合格局实现逐步跨越。

二、培养城乡居民文化认同与环境效用观念

结合区域经济发展现状与社会文化认同水平，适时培养优化城乡居民的环境协调共生观念与能力，能够为基于城乡区域网络的组团式发展格局聚集积极因素。在经济、政治、社会、文化等多维度城乡联系的持续推进与深化背景下，生态承载与环境协调问题日趋严峻，物质生活已极大丰富的民众对生活质量导向下的优美环境更为向往，表现在人们认为生态、绿色的环境具有更高的效用。基于这一现实需求，如何形成价值认可与发展观念上的共识，促使区域网络以及位于各组团发展区位的城乡居民能够自发关注生态协同与环境效用，就成为真正构造城乡融合发展形态的关键所在。

这种高度依赖城乡居民环境协调共生观念优化与能力培养的城乡融合关系背后，实质上反映的是基于城乡区域网络的组团式发展模式。互动时期交互激烈的城乡边缘区不断衍生出次级都市、卫星城市、小城镇、乡镇等多极多点空间区位，加上原本的城市（中心都市）与乡村，构造出由区域平面、节点城镇与连接轴线组成的“点—线—面”网络构型，形成单纯互动关系下无法比拟的复杂流动与交互。在许多经济发达、市场化程度较高的国家，尤其是西欧、北欧与北美等区域，由于城乡环境协调共生观念深入人心，城乡居民早已将生态环境因素纳入价值量度体系中，从而促使中心都市区诸多原本集聚的功能属性正在逐步分散至外围生态环境优美的城乡边缘区甚至乡村腹地，周边县域乡镇的环境与景观对中心都市区的可持续发展起到重要的支撑作用。可以看出，应当重视培养与优化城乡居民的生态协同与环境效用观念，有助于推动网络共生下的城乡融合发展进程。

第四节　分类推进打造组团共生的城市区域与城镇网络

通过第四章对国外城乡发展模式的比较分析可以看出，欧美城乡关系演进动态集中体现在互动融合思想的城乡关联—共生发展领域，近年来，呈现出自由延展、城市区域与网络共生趋势。其中，美国侧重于技术驱动与自由延展下的城乡互动模式，而欧洲则强调城镇网络与组团共生下的城乡融合模式。尽管中国与欧美在城乡总体发展水平、要素流动条件、社会文化环境等国情背景方面存在一定差异，但欧美当前城乡关系演进动态涵盖了更为全面的城乡联系与更为复杂的城乡相互作用，体现出更为健康可持续的城乡关系状态，其互动融合发展模式代表着更多积极因素的积累，能够对中国城乡关系良性演进提供有益的借鉴与启示。

一、提升中小城镇的技术孵化与服务提供能力

从 20 世纪 50 年代开始，美国最前端、最先进的技术与服务行业就已经显示出向中小城镇与中小企业集中的趋势。这也是为何后来到了 20 世纪末，生产者服务能够依托中小城镇与乡村社区，成为美国所有经济部门中增长最快的行业领域，并得以进一步通过初始资源与材料提供、信息与问题解决等中间功能催生出各类新经济部门。中国绝大多数高新技术产业都集聚于特大城市或区域中心城市，这种格局一方面不利于新经济部门自身发展，另一方面也会抑制新经济部门在乡村区域的广泛延伸与应用，从而弱化区域关联与城乡互动水平。基于此，中国需要提升中小城镇的技术孵化与服务提供能力，并借鉴美国风险投资基金对不同层级中小城镇与不同规模中小企业进行技术投资的做法，使伴随着最新技术从实验室到量产过程，能够率先在城乡之间形成一定的互动与反馈，提升区域关联发展能力。

二、重视新经济部门对城乡自由延展的推动作用

美国模式以要素自由流动为基础，多种生产要素以及商品服务在市场利益与效用偏好驱动下逐步由中心城区向外围城郊扩散，“郊区化”与城乡边缘区兴起等区域空间重构由此展开，其结果是郊区和乡村居民收入已与城市居民相差无几，甚至在更为发达的东北部与西海岸地区超越了城市居民。在此过程中，技术与服务催生的新经济部门通过影响美国城乡社区经济活力对城乡自由延展与城乡互动起到正向推动作用，许多乡村社区基于良好的技术设施与小城镇便利环境，对新经济行业产生强大的孕育空间与从业人员吸引力。中国应当充分重视新经济部门对城乡自由延展的推动作用，结合当前在大数据、人工智能、量子通信、新能源汽车等领域所积累的一定优势，借鉴从硅谷小镇到整个旧金山湾区的

演化发展路径，充分体现知识与科技导向下的城乡多部门产业互动以及小城镇梯级延伸，从而实现自由延展式城乡互动发展。

三、培育体现城乡功能协调性的多中心城市区域

与美国的自由延展模式相对应，欧洲城乡关系演进弱化了延展进程中的梯度性，更为侧重多中心城市区域空间构型下的城乡协调发展，从而进一步构成次级节点均衡共生的区域网络生态。具体来看，欧洲模式以较高的经济发达程度与区域通达性但却有限的土地面积与人口规模为背景特征，众多中小城镇之间的联系与相互作用日益密切，由城市群向多中心城市区域过渡的趋势十分明显。这种多中心城市区域构型不仅能够体现借用规模在绩效方面的作用，并且同时涵盖了单中心集聚与单中心城市区域所不具备的城乡功能协调性。反观中国现状，尽管以京津冀、长三角与珠三角为主的城市区域空间布局基本成型，但特大城市的主导特性仍然过于突出，究其实质，尚属于单中心城市区域结构，处于“区域绩效有余而功能协调不足”的境地。基于此，中国应当在现有城市区域布局下，更加强调次级中心城市以及中小城镇的培育，在空间上推行PIA结构，通过功能协调实现城乡融合，不仅能够通过充分挖掘并带动小城镇与乡村腹地增长，并且可以实现功能互补、设施共享，真正从绩效与功能两个维度体现借用规模对城乡融合与协调共生的重要影响。

四、构建关联与互惠机制导向下的城乡共生网络

在多中心城市区域基础上，欧洲进一步形成了全球规模最大、关联最强的城镇网络体系。欧洲在这种基本形态之下，以要素流动、产业关联以及通道建设为主要衡量指标的城乡互动程度已达到较高水平，取而代之的是通过组团共生的城乡融合模式实现区域可持续发展。这一方面要求在空间上实现多中心城市区域向网络化空间构型方向发生转变，从绩效与功能两个维度体现借用规模对城乡融合与协调共生的重要影响；

另一方面，还需要从城乡经济联系进一步关注到社会、文化以及环境方面的城乡联系，通过社会、文化、环境等有形或无形的交互形式实现城乡关系进一步趋于融合。其最重要的表现是，城市与乡村在这一进程中都享有潜在的发展机会。近年来，尽管中国也逐步意识到基本公共服务、文化观念以及生态环境对于城乡可持续发展的重要作用，但往往仅限于某个行政区划单位内部，尚未能上升到区域联系的高度。基于此，中国应当充分借鉴欧洲网络共生构型下的组团式城乡融合模式，从城乡互惠与区域生活质量入手，打造涵盖社会、文化与环境联系的城乡共生网络。

第五节　因地制宜推进实施差异化城乡发展策略

中国在城乡关系及其发展模式的逐步演化与完善进程中，不仅需要面对复杂的国内外经济、社会、文化等背景环境与相对欠缺的实践经验，而且常常由于受到区域异质性因素影响而无法捕获全国范围内的普适性应对策略。甚至在某些情况下，这种看上去积极稳妥、倾向于全域展开的“一揽子”解决方案，往往忽视了个体特征差异，从而在各个区域内部协同推进过程中诱发偏离预期乃至相互冲突的政策结果。针对这一问题，就需要充分结合区域发展实际对症下药，在国家层面把控全局趋势化共性基础上，采取因地制宜、斟酌使用的城乡关联—共生发展推进策略。根据前文实证分析结果，中国整体上处于城乡互动融合发展格局中。其中，东部地区表现为城乡融合发展，东北地区与中部地区处于城乡互动发展阶段，而西部地区尚处于向城乡互动阶段逐步演化与追进的发展格局之下。

一、全国层面协同推进城乡产业融合与基本公共服务均等化

站在全域视角来看，应当通过强化城乡产业互动性、深化城乡跨域通达性与弱化城乡基本公共服务差异性的策略部署，加速中国城乡关系逐步实现由城乡互动向城乡融合格局演进与转变。实证章节的回归估计结果表明，城乡产业互动性、城乡跨域通达性与基本公共服务差异性是影响当前中国城乡发展差距与城乡关联程度的三个关键性因素，结合中国当前城乡关系正处于由城乡互动向城乡融合转变的演进格局中这一基本判断，不难看出，在全国层面协同推进城乡产业融合与基本公共服务均等化，有助于从整体上推动全国城乡发展格局实现融合化跃升。

具体来看，其一，在新经济模式下，充分发挥小城镇与县域经济对城乡产业互动与产业关联的带动作用。各种新经济与新要素由城市逐步扩散至周边县域、小城镇乃至广袤的乡村区域，打破了原有城乡产业结构及其空间布局与功能划分，在空间与功能上为城乡相互作用带来更多可能。应当鼓励以农村电商为代表的互联网导向型农业发展方向，并辅以现代物流仓储等基础设施改进策略。其二，在基础设施建设方面继续加大对乡村区域的倾斜力度，促进城乡跨域通达性与互联互通能力。从交通网络、能源电力等实体通道层面与信息通信、移动网络等虚拟通道层面完善城乡基础设施，尤其要将投入重心放在乡村区域，推动城市通过良好的跨域通达性带动乡村区域协同发展。其三，着力保障乡村基本公共服务，逐步构建覆盖城乡的基本公共服务供给制度。从乡村医疗卫生、基础教育等基本公共服务领域入手，以满足并提升群众生产生活需求为导向，协调多方资源，逐步构建覆盖城乡的基本公共服务供给体制。

二、东部地区优先发展城镇网络，加快城乡融合发展

东部地区整体显现出较强的城乡融合发展态势，从其内部结构来看，江浙沪三省市应当重点借鉴欧洲城乡发展模式，发挥现有城市群与特色

小镇优势，逐步打造多中心城市区域乃至城乡共生网络；京津两市与福建、广东两省则适宜探索美国模式导向下的消费升级与技术驱动型城乡发展路径，通过新兴业态由城及乡的延展式互动逐步走向城乡融合。实证章节的综合测度结果表明，中国东部地区显示出较强的城乡关联—共生发展能力，这一点不仅体现在长三角、珠三角与京津冀等区域具备较高水平的基础性与先期性因子得分，并且能够在城乡关联—共生发展后期跃升条件方面所获得的优良表现中予以集中反映，因而可以判定东部地区整体上进入城乡融合发展阶段。

其中，尽管江浙沪三省市在城乡基本公共服务均等化与生态环境协同化方面走在全国前列，但多中心城市区域空间构型下的城乡协调发展格局尚未成型，城乡融合发展所依赖的网络共生系统仍在一定程度上缺乏观念性与功能性基础。应当借鉴欧洲城乡发展模式，着重发挥江浙沪地区众多中小城镇的经济优势与环境优势，强化其与节点城市之间的联系与相互作用，通过功能协调，实现多中心城市区域空间构型下的城乡协调发展，进一步构建次级节点均衡共生的区域网络生态；对于京津两市与福建、广东两省而言，应当积极探索美国模式导向下的消费升级与技术驱动型城乡发展路径，提升中小城镇的技术孵化与服务提供能力，引导多种生产要素以及商品服务在市场利益与效用偏好驱动下逐步由中心城区向外围城郊扩散，从而对大数据、人工智能、量子通信、新能源汽车等新经济行业产生强大的孕育空间与从业人员吸引力，推动区域发展格局经过由城及乡的延展式互动逐步走向城乡融合。

三、东北地区与中部地区持续深化通道建设，加强城乡互动发展

与东部地区相比，东北地区与中部地区总体上尚处于城乡互动发展格局中，对两者分而视之，东北三省应当重点应对城乡基本公共服务差异与生态环境等问题，推动城乡关系向融合格局演化；中部六省则需要

基于区域联动视角巩固与强化城乡通道建设与产业关联水平，逐步积累城乡互动融合发展能力。根据实证综合测度结果，东北地区与中部地区拥有较高水平的城乡关联—共生发展基础性因子得分，同时具备较强的城乡关联—共生发展先期跃升条件，能够从整体上判定东北地区与中部地区进入城乡互动发展阶段。

其中，东北三省归属于城乡互动后期阶段，重点将矛头指向城乡基本公共服务差异与生态环境等问题。具体来看，应当更加强调城乡基本公共服务资源的合理配置，从数量上与质量上更加注重乡村区域利益，提高社会事业对乡村居民的倾斜力度，推动城乡基本公共服务实现均衡化配置、布局与运行，确保乡村居民能够从机会与过程两个维度逐步享有与城镇居民非差异化的基本公共服务水平。在生态环境协调方面，积极引导城乡居民尤其是乡村居民的环境效用内生化意识，同时考虑构建城乡环境效益补偿制度，在此基础上积极推动城乡区域统筹规划，并对生活管网、垃圾与污水处理等环保领域的基本公共服务设施逐步实现城乡互联与共享；对于中部六省而言，由于尚处于城乡互动前期阶段，需要进一步在城乡通道建设与产业关联互动等领域不断巩固与强化。对此，应当充分利用中部地区地理环境与社会人文优势，以区域联动与区域合作为突破口，重点提升城乡主要交通网络的规模等级与通达能力，着力实现县域以下行政区域的网络覆盖与通信设备更新，并在此基础上，推动实施城乡互动的产业园区建设，加强区域产业集聚与城乡衔接能力，协调优化城乡产业园区的综合效率。

四、西部地区推行梯级延展策略，加强城乡关联发展

与全国其他地区相比，西部地区尚处于向城乡互动阶段逐步演化与追进的发展格局之下，从其内部结构来看，重庆、陕西与四川三省市城乡发展阶段与中部地区相差无几，其重点在于稳妥推进产业布局由城及乡梯级转移与构建贯通城乡的商品流通体系；云南、甘肃、青海等西部

其他省区则应当更加关注强化城乡联系与促进要素流动，为城乡关联—共生发展先期跃升积累充足动能。实证章节的综合测度结果强调，西部地区内部存在着较为明显的分化特征，部分区域表现出与中部地区相似的城乡互动形态，而另一部分相对落后的区域则显示出较差的城乡联系与城乡相互作用水平，其城乡关系仍处于城市主导阶段之下，因而在西部地区内部同样应当斟酌使用因地制宜策略。

具体来看，重庆、陕西与四川三省市在城乡关联—共生发展基础性因子上得分较高，可以认为已经进入城乡互动前期阶段，其重点在于稳妥推进产业布局由城及乡梯级转移与构建贯通城乡的商品流通体系，推动乡镇企业优化升级，积极引导城镇劳动、资金密集型产业与生产生活服务业向乡村区域梯级延伸，在此基础上进一步打造贯通城乡的商品流通体系，并鼓励城乡之间基于产业关联互动推行产业园区共建共营；对于云南、甘肃、青海等西部其他省区而言，由于其城乡关联—共生发展各项因子指标均得分较低，显示出较差的城乡互动融合发展能力，因而需要更加重视空间布局优化、经济集聚带与增长极培育，从整体上强化城乡联系与促进要素流动。基于这一理念，应当重点围绕昆明、兰州、贵阳、西宁等省会城市与周边区域次中心城市，从空间与功能两个维度的城乡相互作用出发，发挥主轴城市对周边沿线与发展带内的小城镇、乡村区域的辐射带动作用，形成布局合理、往来密切的要素流动机制，进而有效提升西部后发地区城乡联系与城乡相互作用的强度和密度，逐步强化城乡互动发展能力。

第八章
结论与展望

本书在城乡融合发展理念的推行背景下，以城乡关系演进为研究对象，基于城乡联系与城乡相互作用两类驱动机制，探讨城乡关系演进的内在机理以及互动视角下的城乡关联—共生发展模式。首先，对城乡关系的阶段演进做出内含界定与特征演绎，强调关联发展与互惠共生对于城乡互动和城乡融合发展的重要作用；其次，将城乡联系与城乡相互作用作为城乡关系演进的两类驱动机制，并结合城乡关系不同演进阶段做出内在机理分析，通过驱动机制与内在机理分析过程解析核心驱动力指标，进一步构建出基于互动视角的城乡关联—共生发展分析框架；接着，运用城乡关联—共生发展分析框架对欧美城乡关系进行了比较研究，分析不同变量影响下的互动融合模式；而后，运用新经济地理学研究方法，从城乡关联—共生发展分析框架中的阶段跃升条件入手，分别对城乡关系阶段演进做出模型推演；再次，从全国与区域两个维度对理论框架和模型变量进行实证检验，进一步探讨中国及其不同地区的城乡发展阶段与可能的演进方向；最后，根据理论分析与实证检验结果，提出推动中国城乡关联—共生发展的对策建议。

第一节　主要结论

（1）基于城乡互动视角探讨城乡关系演进，强调城市与乡村的“双主角”作用，弱化城市在城乡关系中的“单主角”特质。实践观察和理论分析结果显示，动态视角下的城乡关系可以划分为城乡分离、城市主导、城乡互动与城乡融合四个发展阶段，其中关联发展与互惠共生是城乡互动与城乡融合阶段的重要特征。在要素自由流动与城乡关联发展格局下，城乡互动与城乡融合两个城乡关系演进阶段，在不同空间区位、规模密度、制度技术等条件背景下趋向于积累更多积极因素，成为当前城乡关系演进的占优路径选择。

（2）城乡互动视角下城乡关系演进的驱动机制，主要体现为经济、政治、社会、文化、环境多层次城乡联系的一类驱动，以及空间、功能、技术与制度等多维度城乡相互作用的二类驱动。两类驱动机制共同作用，得到城乡关系演进中的六项驱动力指标：乡—城单向要素流动性、城乡双向要素流动性、城乡多部门产业互动性、城乡跨域通达性、城乡基本公共服务差异性以及城乡环境效用内化度。在城乡关系演进过程中，它们成为显示不同阶段特征的驱动力。其中，乡—城单向要素流动性表现为城市向心下的集聚力，反映城市主导阶段核心特征；城乡双向要素流动性、城乡多部门产业互动性、城乡跨域通达性在持续强化过程中，先显示出以城市为中心的集聚力，再不断向周边乡村区域扩散，体现城乡互动阶段核心特征；城乡基本公共服务差异性、城乡环境效用内化度则主要表现为分散力，重点与城乡融合阶段核心特征相关联。

（3）以城乡互动为切入视角，通过“假设前提—作用机制—先期跃升条件—后期跃升条件—发展结果”的逻辑内核，构建城乡关系演进下的关联—共生发展分析框架。其中，要素流动与城乡联系作为整个框架的中枢神经，是关联—共生发展假设前提；报酬递增与产业互动能够直接反映城乡联系与城乡相互作用，是关联—共生发展作用机制；消费升级、通道建设与新经济兴起，以及服务均等、环境效用与网络共生，从微观机制上对城乡互动与城乡融合发展起到不同程度的正向驱动作用，分别作为关联—共生发展先期跃升条件与后期跃升条件；城乡差距缩小、城乡融合与城乡一体化对终态目标做出动态描述，是关联—共生发展结果。

（4）在城乡关联—共生发展分析框架之下，美国与欧洲作为互动融合发展的典型代表，前者为技术驱动下的自由延展式城乡互动模式，后者为网络共生构型下的组团式城乡融合模式。其中，技术与服务催生的新经济部门通过影响美国城乡社区经济活力对城乡自由延展进程起到正向推动作用，从硅谷小镇到整个旧金山湾区的演化发展路径，其实质反映的是知识与科技导向下城乡多部门产业互动以及小城镇梯级延伸；在欧洲模式下，由城市群向多中心城市区域过渡的趋势十分明显，进一步形成了全球规模最大、关联最强的城镇网络体系，通过组团共生的城乡融合模式实现区域可持续发展。

（5）运用新经济地理学理论，通过城乡基础模型及其分类推演，将相关变量逐步加入，构建了城市主导模型、城乡互动模型和城乡融合模型，从理论上推导了实现城乡关系阶段演进的跃升条件。在城市主导模型下，传统工业蓬勃发展、集聚效应与规模报酬趋向峰值，要素迁移核心特征是乡村劳动力单向流动，城乡空间形态表现为向城市集聚；在城乡互动模型下，由于传统工业“阈值区间”下乡村传统工业部门的引入，要素流动的内在驱动力表现为集聚力与分散力并存，要素迁移核心特征是乡村劳动力自由流动，城乡空间形态由集聚趋于扩散；在城乡融合模型下，由于新经济部门、环境效用与跨域通达性等因素的引入，要素流动的内在驱动力集中体现为分散力，可以通过城市拥挤成本、人力资本因子与环境效用因子予以反映，要素迁移核心特征是乡村劳动力与城市劳动力都能够发生自由流动，城乡空间形态进一步趋于扩散。

（6）实证检验结果显示，当前中国城乡关系正处于由城乡互动向城乡融合转变的阶段演进格局中，与党的十九大刚刚提出的城乡融合理念相符。从城乡关联—共生发展水平来看，东部地区居高，东北地区与中部地区紧随其后，西部地区相对较低。就全国整体而言，城乡产业互动性、跨域通达性与基本公共服务差异性是影响当前中国城乡发展差距与城乡关联程度的三个关键性因素。分区域来看，全国四大地区城乡关联—共生发展水平按照东部、东北、中部、西部的顺序依次显示出由高及低的梯级变动趋势。其中，东部地区显示出较强的城乡关联—共生发展能力，处于城乡融合发展阶段中；相对于东部地区，东北地区与中部地区具备较强的城乡关联—共生发展先期跃升条件，处于城乡互动发展阶段中；与全国其他区域相比，西部地区所有因子与合成指数得分均位于城乡互动融合发展能力“荣枯线”以下，尚处于向城乡互动阶段逐步演化与追进的发展格局中。

第二节　研究不足与展望

城乡关系及其阶段演进是一项复杂而庞大、极具探索性与挑战性的研究课题，跨学科交叉性是其重要特征，可能涉及经济、人口、社会、生态、地理、管理、建筑等诸多领域，甚至还需要有针对性地考察世界不同国家或地区的城乡发展历史沿革与演进脉络。受限于笔者认知水平、研究能力与研究手段，同时也存在全书篇幅与资料文献不足方面的制约，本书在理论研究与实证分析过程中仍有一些需要进一步商榷完善之处。这里将本书的几点不足之处逐一列出，同时也考虑作为今后一段时间内的研究方向。

（1）在理论框架部分，本书对城乡关系及其阶段演进的判定主要依据六组指标。实际上，纵观不同历史时期各个国家或地区城乡发展进程，其阶段演进的影响因素是很多的，并且往往因时因地而异。由于认知水平与研究能力所限，本书仅围绕权重可能较大的影响因子进行了分析与探讨，今后需要就此方面展开进一步拓展与深化。

（2）在数理模型部分，本书在新经济地理框架传统模式下重点围绕劳动力要素与人力资本要素进行推导，尚未将土地、资本等其他生产要素涵盖进来，于笔者今后而言是兼具趣味与意义的一个研究方向。

（3）在实证分析部分，由于缺乏直接度量城乡关系演进与城乡发展水平的相关数据，无论是处于城市主导、城乡互动还是城乡融合下的关系格局，对于其发展阶段与发展效果的有效测度都是极其复杂困难的，因而在实证检验时采取城乡差距类指标作为替代，可能会在一定程度上影响估计结果，下一步打算进行更多有益探索。

（4）诚如上文所述，整体来看，城乡关系及其阶段演进无论是对人类自身发展而言，还是对城市与区域经济学的学科拓展来说，都是具有重要意义的研究课题。笔者未来将继续付诸努力，进一步探索城乡关系演进与城乡发展水平的相关理论认识，以期能有一定收获。

参考文献

[1] Alagh, Y. K. Agriculture in a Rural-Urban Continuum [J]. Indian Journal of Agricultural Economics, 2011, 66 (2): 165-177.

[2] Allen, A. Environmental Planning and Management of the Peri-urban Interface: Perspectives on an Emerging Field [J]. Environmental Planning and Management, 2003, 15 (1): 135-147.

[3] Alonso, W. Location and Land Use [M]. Cambridge, MA: Harvard University Press, 1964.

[4] Arellano, M., Bond, S. Some Tests of Specification for Panel Data: Monte Carlo Evidence and an Application to Employment Equations [J]. The Review of Economic Studies, 1991, 58 (2): 277-297.

[5] Arellano, M., Bover, O. Another Look at the Instrumental Variable Estimation of Error-Components Models [J]. Journal of Econometrics, 1995, 68 (1): 29-51.

[6] Baldwin, R., Forslid, R., Martin, P., Ottavino, G., Robert-Nicoud, F. Economic Geography and Public Policy [M]. Princeton: Princeton University Press, 2003.

[7] Barron, H. S. Rural America on the Silent Screen [J]. Agricultural History, 2006 (80): 383-410.

[8] Beel, D., Jones, M., Jones, I. R., Escadale, W. Connected

Growth: Developing a Framework to Drive Inclusive Growth across a City-region [J]. Local Economy, 2017, 32 (6): 565-575.

[9] Bell, D. The Coming of Post-Industrial Society: A Venture in Social Forecasting [M]. NY: Basic Books, 1973.

[10] Berdegué, J. A., Carriazo, F., Jara, B., Modrego, F., Soloaga, I. Cities, Territories, and Inclusive Growth: Unraveling Urban-rural Linkages in Chile, Colombia, and Mexico[J]. World Development, 2015 (73): 56-71.

[11] Berliant, M., Fujita, M. Dynamics of Knowledge Creation and Transfer: The Two Person Case [J]. International Journal of Economic Theory, 2009, 5 (2): 155-179.

[12] Besser, T. L. New Economy Businesses in Rural, Urban, and Metropolitan Locations [J]. Rural Sociology, 2003, 68 (4): 531-553.

[13] Besser, T. L. The Conscience of Capitalism: Business Social Responsibility to Communities [M]. Westport, CT: Praeger, 2002.

[14] Blundell, R., Bond, S. Initial Conditions and Moment Restrictions in Dynamic Panel Data Models [J]. Journal of Econometrics, 1998, 87 (1): 115-143.

[15] Brown, D. L., Hines, F. K., Zimmer, J. M. Social and Economic Characteristics of the Population in Metro and Nonmetro Counties: 1970 [M]. Washington, DC: USDA/ERS, 1975.

[16] Caffyn, A., Dahlström, M. Urban-rural Interdependencies: Joining up Policy in Practice [J]. Regional Studies, 2005 (39): 283-296.

[17] Camagni, R., Capello, R. Caragliu, A. The Rise of Second-rank Cities: What Role for Agglomeration Economies? [J]. European Planning Studies, 2015, 23 (6): 1069-1089.

[18] Campanella, T. La Città del Sole [M]. Trento: Manoscritto Anonimo, 1602.

[19] Cardoso, R. V., Meijers, E. J. Contrasts between First-tier and Second-tier Cities in Europe: A Functional Perspective [J]. European Planning Studies, 2016, 24 (5): 996-1015.

[20] Christer, B. Urban-rural Relations in Europe [A]. In Collections of Inter-regional Conference on Strategies for Enhancing Rural-urban Linkages Approach to Development and Promotion of Local Economic Development [C]. 2004.

[21] Chubarov, I. Spatial Hierarchy and Emerging Typologies inside World City Network [J]. Bulletin of Geography (Socio-economic Series), 2015 (30): 23-30.

[22] Conley, K. L., Whitacre, B. E. Does Broadband Matter for Rural Entrepreneurs and Creative Class Employees? [J]. The Review of Regional Studies, 2016 (46): 171-190.

[23] Corbridge, S. Marxism, Post-Marxism, and the Geography of Development [J]. World Development, 1990, 18 (5): 623-639.

[24] Dai, D., Weinzimmer, D. Riding First Class: Impacts of Silicon Valley Shuttles on Commute & Residential Location Choice [R]. UC Berkeley Working Papers, UCB-ITS-WP-2014-01, 2014.

[25] Davoudi, S., Stead, D. Urban-rural Relationships: An Introduction and Brief History [J]. Built Environment, 2002, 28 (4): 354-368.

[26] DiCecio, R., Gascon, C. S. Income Convergence in the United States: A Tale of Migration and Urbanization [J]. Ann Reg Sci, 2010 (45): 365-377.

[27] Dijkstra, L., Enrique, G., McCann, P. The Effects of the Global Financial Crisis on European Regions and Cities [J]. Journal of Economic Geography, 2015, 15 (5): 935-949.

[28] Dijkstra, L., Ruiz, V. Refinement of the OECD Regional Typo-

logy: Economic Performance of Remote Rural Regions [C]. Ersa Conference Papers, 2010, 10 (3): 221-231.

[29] Dixit, A. K., Norman, V. Theory of International Trade: A Dual General Equilibrium Approach [M]. Cambridge: Cambridge University Press, 1980.

[30] Dixit, A. K., Stiglitz, J. E. Monopolistic Competition and Optimum Product Diversity [J]. American Economic Review, 1977, 67 (3): 297-308.

[31] Douglass, M. Rural-urban Linkages and Poverty Alleviation: Toward a Policy Framework [M]. International Workshop on Rural-Urban Linkages, 1998.

[32] Elijah, N. The Concept and Practice of the Rural-urban Linkages Approach and the Emerging Issues [A]. In Collections of Inter-regional Conference on Strategies for Enhancing Rural-urban Linkages Approach to Development and Promotion of Local Economic Development [C]. 2004.

[33] Epstein, T. S., Jezeph, D. Development—There is Another Way: A Rural-Urban Partnership Development Paradigm [J]. 2001, 29 (8): 1443-1454.

[34] Ethier, W. J. National and International Returns to Scale in the Modern Theory of International Trade [J]. American Economic Review, 1982 (72): 225-238.

[35] Farley, P., Roberts, M. S. Edgelands: Journeys into England's True Wilderness [M]. London: Vintage, 2012.

[36] Fei, J. C. H., Ranis, G. Development of the Labor Surplus Economy: Theory and Policy [M]. Homewood, IL: Richard D. Irwin, 1964.

[37] Fourier, C. Le Nouveau Monde amoureux [M]. Paris: éditions Anthropos, 1816.

[38] Fujita, M., Krugman, P., Venables, A. J. The Spatial Economy: Cities, Regions, and International Trade [M]. Cambridge, MA: MIT Press, 1999.

[39] Glaeser, E. L., Ponzetto, G. A. M., Zou, Y. Urban Networks: Connecting Markets, People, and Ideas [J]. Papers in Regional Science, 2016, 95 (1): 17-59.

[40] Goe, R. W. The Producer Service Sector and Development within the Deindustrialized Urban Community [J]. Social Forces, 1994 (72): 971-1009.

[41] Gottmann, J. Megalopolis [M]. New York: The Twentieth Century Fund, 1961.

[42] Guttenberg, A. Z. Classifying Regions: A Conceptual Approach [J]. International Regional Science Review, 1977 (2): 1-13.

[43] Hall, P., Pain, K. The Polycentric Metropolis: Learning from Mega-city Regions in Europe [M]. London: Earthscan, 2006.

[44] Hansen, L. Large Sample Properties of Generalized Method of Moments Estimators [J]. Econometrica, 1982 (50): 1029-1054.

[45] Hansen, N. The Strategic Role of Producer Services in Regional Development [J]. International Regional Science Review, 1994 (16): 187-195.

[46] Harris, C. D. The Market as a Factor in the Localization of Industry in the United States [J]. Annals of the Association of American Geographers, 1954, 44 (4): 315-348.

[47] Harris, J. R., Todaro, M. P. Migration, Unemployment and Development: A Two Sector Analysis[J]. American Economic Review, 1970, 60 (1): 126-142.

[48] Hesse, M. On Borrowed Size, Flawed Urbanisation and Emerging

Enclave Spaces: The Exceptional Urbanism of Luxembourg, Luxembourg [J]. European Urban and Regional Studies, 2016 (4): 612-627.

[49] Hidle, K., Farsund, A. A., Lysgard, H. K. Urban-rural Flows and the Meaning of Borders: Functional and Symbolic Integration in Norwegian City-Regions [J]. European Urban and Regional Studies, 2009, 16 (4): 409-421.

[50] Hirshman, A. O. The Strategy of Economic Development [M]. New Haven: Yale University Press, 1958.

[51] Hoover, E. M. The Location of Economic Activity [M]. New York: McGraw-Hill Book Co., 1948.

[52] Hotelling, H. Stability in Competition [J]. Economic Journal, 1929 (39): 41-57.

[53] Howard, E. Garden Cities of Tomorrow [M]. London: S. Sonnen-schein & Co., Ltd., 1898.

[54] Irwin, E., Isserman, A. M., Kilkenny, M., Partridge, M. D. A Century of Research on Rural Development and Regional Issues [J]. American Journal of Agricultural Economics, 2010 (92): 522-553.

[55] Isard, W. Location and the Space Economy [M]. New York: John Wiley, 1956.

[56] Isserman, A. M. Competitive Advantages of Rural America in the Next Century [J]. International Regional Science Review, 2001, 24 (1): 38-58.

[57] Isserman, A. M. In the National Interest: Defining Rural and Urban Correctly in Research and Public Policy [J]. International Regional Science Review, 2005 (28): 465-499.

[58] Jorgenson, D. W. The Development of a Dual Economy [J]. Economic Journal, 1961 (11): 309-334.

[59] Kanter, R. M. World Class: Thriving Locally in the Global Economy [M]. NY: Simon and Schuster, 1995.

[60] Krugman, P. Increasing Returns and Economic Geography [J]. Journal of Political Economy, 1991 (99): 483-499.

[61] Krugman, P. Increasing Returns, Monopolistic Competition and International Trade [J]. Journal of International Economics, 1979 (9): 469-479.

[62] Kunz, K. Urban-rural Partnership in Europe [R]. http://www.nordregio.se/north002art.html.

[63] Lagas, P., van Dongen, F., van Rijn, F., Visser, H. Regional Quality of Living in Europe [J]. Region, 2015, 2 (2): 1-26.

[64] Lancaster, K. Intra-industry Trade under Perfect Monopolistic Competition [J]. Journal of International Economics, 1980 (10): 151-171.

[65] Lewis, W. A. Economic Development with Unlimited Supply of Labor [J]. The Manchester School, 1954, 22 (2): 139-191.

[66] Lipton, M. Why Poor People Stay Poor: Urban Bias in World Development [M]. Cambridge, MA: Harvard University Press, 1977.

[67] Lösch, A. The Economics of Location [M]. New Haven: Yale University Press, 1954.

[68] Low, S., Isserman, A. M. Where are the Innovative Entrepreneurs? Identifying Innovative Industries and Measuring Innovative Entrepreneurship [J]. International Regional Science Review, 2015 (38): 171-201.

[69] Lucas, R. E. Life Earnings and Rural-Urban Migration [J]. Journal of Political Economy, 2004, 112 (1): 29-59.

[70] Lynch, K. A Theory of Good City Form [M]. Cambridge, MA: MIT Press, 1981.

[71] Marsal-Llacuna, M. L. City Indicators on Social Sustainability as Standardization Technologies for Smarter (Citizen-Centered) Governance of

Cities [J]. Social Indicators Research, 2016 (128): 1193-1216.

[72] Marshall, A. Principles of Economics [M]. London: Macmillan, 1920 (8th ed.).

[73] Marx, K., Engels, F. Die Entwicklung des Sozialismus von der Utopie zur Wissenschaft [M]. Berlin: Dietz Verlag, 1880.

[74] Marx, K., Engels, F. The German Ideology [M]. Moscow: Marx-Engels Institute, 1932.

[75] McGee, T. G. Urbanization or Kotadesasi? The Emergence of New Regions of Economic Interaction in Asia [R]. East West Environment and Policy Institute Working Papers, 1986.

[76] McGranahan, G., Songsor, J., Surjadi, C., Kjellen, M., Jacobi, P. The Citizens at Risk: From Urban Sanitation to Sustainable Cities [M]. London and Sterling, VA: Earthscan Publications Ltd., 2001.

[77] Meijers, E. J., Burger, M. J., Hoogerbrugge, M. M. Borrowing Size in Networks of Cities: City Size, Network Connectivity and Metropolitan Functions in Europe [J]. Papers in Regional Science, 2016, 95 (1): 181-198.

[78] Meijers, E. J., Burger, M. J. Stretching the Concept of "Borrowed Size" [J]. Urban Studies, 2017, 54 (1): 269-291.

[79] Mencken, F. C., Singelmann, J. Socioeconomic Performance in Metropolitan and Nonmetropolitan Areas during the 1980s [J]. The Sociological Quarterly, 1998 (39): 215-238.

[80] Micarelli, A., Pizzoli, G. Metropolitan Rural Areas: Interscapes and Interfaces [J]. International Journal of Environmental Resources, 2008, 2 (1): 1-12.

[81] More, T. Libellus vere aureus nec minus salutaris quam festivus de optimo republicae statu, deque nova insula Utopia [M]. Apud Inclytam

Basileam, 1516.

[82] Moses, L. N. Location and the Theory of Production [J]. Quarterly Journal of Economics, 1958 (78): 259-272.

[83] Mumford, L. The City in History: Its Origins, Its Transformations, and Its Prospects [M]. New York: Oxford University Press, 1961.

[84] Myrdal, G. Economic Theory and Underdeveloped Regions [M]. London: Duckworth, 1957.

[85] Naldi, L., Nilsson, P., Westlund, H. What is Smart Rural Development? [J]. Journal of Rural Studies, 2015 (40): 90-101.

[86] Partridge, M. D., Ali, M. K., Olfert, M. R. Rural-to-Urban Commuting: Three Degrees of Intergration [J]. Growth and Change, 2010, 41 (2): 303-335.

[87] Partridge, M. D., Rickman, D. S., Ali, K., Olfert, M. R. The Spatial Dynamics of Factor Price Differentials: Productivity or Consumer Amenity Driven? [J]. Regional Science and Urban Economics, 2010 (40): 440-452.

[88] Pearson, K. National Life from the Stand Point of Science [M]. London: Adam & Charles Black, 1901.

[89] Perroux, F. Economic Space: Theory and Applications [J]. The Quarterly Journal of Economics, 1950, 60 (1): 89-104.

[90] Poelhekke, P. Urban Growth and Uninsured Rural Risk: Booming Towns in Bust Times [J]. Journal of Development Economics, 2011 (96): 461-475.

[91] Potter, R. B., Binns, T., Elliott, J., Smith, D. W. Geographies of Development [M]. Harlow: Pearson/Prentice Hall, 2004.

[92] Potter, R. B., Unwin, T. The Geography of Urban-Rural Interaction in Developing Countries [M]. London: Routledge, 1989.

[93] Pred, A. The Spatial Dynamics of US Urban-Industrial Growth, 1800-1914 [M]. Cambridge, MA: MIT Press, 1966.

[94] Puga, D. Urbanization Patterns: European Versus Less Develop-ment Countries [J]. Journal of Regional Science, 1998, 38 (2): 231-252.

[95] Qvistrom, M. Landscapes out of Order: Studying the Inner Urban Fringe Beyond the Rural-urban Divide [J]. Geografiska Annaler, 2007, 89B (3): 269-282.

[96] Qvistrom, M., Saltzman, K. Exploring Landscape Dynamics at the Edge of the City: Spatial Plans and Everyday Places at the Inner Urban Fringe of Malmo Sweden [J]. Landscape Research, 2006, 31 (1): 21-41.

[97] Ravenstein, E. G. The Laws of Migration [J]. Journal of the Statis-tical Society of London, 1885, 48 (2): 167-235.

[98] Ravetz, J. Living Reviews in Landscape Research: Integrated Gov-ernance in the Peri-urban: Experiences from an EU Integrated Project [J]. Landscape Research (submitted for publication), 2010.

[99] Rigg, J. More than the Soil: Rural Change in Southeast Asia [M]. Singapore: Prentice Hall, 2001.

[100] Rondinelli, D. A. Secondary Cities in Developing Countries: Poli-cies for Diffusing Urbanization [M]. London Beverly Hills: Sage Publications, 1983.

[101] Saarinen, E. The City: Its Growth, Its Decay, Its Future [M]. New York: Reinhold Publishing Corporation, 1943.

[102] Schaeffer, P. V., Kahsai, M. S., Jackson, R. W. Beyond the Rural-Urban Dichotomy [J]. International Regional Science Review, 2013, 36 (1): 81-96.

[103] Schultz, T. W. Economic Growth and Agriculture [M]. New York: MacGraw-Hill, 1968.

[104] Scott, A. J., Carter, C., Reed, M. R., Larkham, P. Disintegrated Development at the Rural-urban Fringe: Re-connecting Spatial Planning Theory and Practice [J]. Progress in Planning, 2013 (83): 1-52.

[105] Smith, A. An Inquiry into the Nature and Causes of the Wealth of Nations [M]. Chicago: University of Chicago Press, 1776.

[106] Sørensen, J. F. L. Rural-Urban Differences in Life Satisfaction: Evidence from the European Union [J]. Regional Studies, 2014, 48 (9): 1451-1466.

[107] Stohr, W. B., Taylor. D. R. F. Development from Above or Below? The Dialectics of Regional Planning in Developing Countries [M]. Chichester: John Wiley & Sons Ltd., 1981.

[108] Storper, M. The Keys to the City [M]. Princeton, NJ: Princeton University Press, 2013.

[109] Tacoli, C. Rural-urban Interactions: A Guide to the Literature [J]. Environment and Urbanisation, 1998, 10 (1): 147-166.

[110] Thünen, J. H. V. Der isolierte Staat in Beziehung auf Landwirtschaft und Nationalökonomíe [M]. Stuttgart: Gustav Fischer, 1826.

[111] Todaro, M. P. A Model of Labor Migration and Urban Unemployment in Less Developed Countries [J]. The American Economic Review, 1969 (59): 138-148.

[112] Tsvetkova, A., Partridge, M., Betz, M. Entrepreneurial and Wage and Salary Employment Response to Economic Conditions Across the Rural-Urban Continuum [R]. MPRA Paper No. 75781, 2016.

[113] United Nations. Habitat Ⅲ Urban Dialogues: Montreal Thematic Meeting on Metropolitan Areas [R]. 2016.

[114] Unwin, T. Urban-rural Interaction in Developing Countries: A Theoretical Perspective [J]. In Potter, R. B., Unwin, T. (Eds.). The Ge-

ography of Urban-rural Interaction in Developing Countries [M]. London: Routledge, 1989, 11-32.

[115] USDA, United States Department of Agriculture, Rural Development, 2018.8.28.

[116] Van Der Burg, A. J., Dieleman, F. M. Dutch Urbanization Policies: from "Compact City" to "Urban Network" [J]. Tijdschrift voor Economische en Sociale Geografie, 2004, 95 (1): 108-116.

[117] Veneri, P., Ruiz, V. Urban-to-rural Population Growth Linkages: Evidence from OECD TL3 Regions [R]. OECD Regional Development Working Papers, 2013 (3): 13-15.

[118] Walker, R., Schafran, A. The Strange Case of the Bay Area [J]. Environment and Planning A, 2015 (47): 10-29.

[119] Whitacre, B., Gallardo, R., Strover, S. Broadband's Contribution to Economic Growth in Rural Areas: Moving towards a Causal Relationship [J]. Telecommunications Policy, 2014 (38): 1011-1023.

[120] Williams, R. The Country and the City [M]. New York: Oxford University Press, 1973.

[121] Wright, F. L. The Disappearing City [M]. New York: William Farquhar Payson, 1932.

[122] 蔡昉，杨涛. 城乡收入差距的政治经济学 [J]. 中国社会科学，2000 (4): 11-22.

[123] 蔡昉. 城乡收入差距与制度变革的临界点 [J]. 中国社会科学，2003 (5): 16-25.

[124] 曹钢，何磊. 第三阶段城镇化模式在中国的实践与创新 [J]. 经济学动态，2011 (2): 80-83.

[125] 曾磊，雷军，鲁奇. 我国城乡关联度评价指标体系构建及区域比较分析 [J]. 地理研究，2002 (6): 763-771.

［126］陈斌开，林毅夫. 发展战略、城市化与中国城乡收入差距［J］. 中国社会科学，2013（4）：81–102.

［127］陈学云，史贤华. 我国城镇化进程中的城乡一体化路径研究——基于新农村建设平台［J］. 经济学家，2011（3）：59–66.

［128］陈雪娟，余向华. 公共品供给城乡一体化的研究述评［J］. 经济学动态，2011（12）：89–92.

［129］陈钊，陆铭. 从分割到融合：城乡经济增长与社会和谐的政治经济学［J］. 经济研究，2008（1）：21–32.

［130］崔晓黎. 统购统销与工业积累［J］. 中国经济史研究，1988（4）：120–135.

［131］范海燕，李洪山. 城乡互动发展模式的探讨［J］. 中国软科学，2005（3）：155–159.

［132］费孝通. 小城镇　大问题［M］. 南京：江苏人民出版社，1984.

［133］费孝通. 中国城乡发展的道路——我一生的研究课题［J］. 中国社会科学，1993（1）：1–13.

［134］高红樱，罗红. 论农村经济发展滞后与城乡信息差距之关系［J］. 现代财经，2008（7）：88–91.

［135］顾朝林. 中国城市地理［M］. 北京：商务印书馆，1999.

［136］顾益康，许勇军. 城乡一体化评估指标体系研究［J］. 浙江社会科学，2004（6）：95–99.

［137］郭继. 互动：重新审视中国的城乡劳动力流动问题［J］. 西北人口，2002（2）：56–59.

［138］郭美荣，李瑾，冯献. 基于“互联网+”的城乡一体化发展模式探究［J］. 中国软科学，2017（9）：10–17.

［139］郭书田，刘纯彬. 失衡的中国——农村城市化的过去、现在与未来［M］. 石家庄：河北人民出版社，1990.

［140］国家统计局. 中国统计摘要（2005）［M］. 北京：中国统计出

版社，2005.

［141］洪银兴，陈雯. 城市化和城乡一体化［J］. 经济理论与经济管理，2003（4）：5-11.

［142］洪银兴. 工业和城市反哺农业、农村的路径研究［J］. 经济研究，2007（8）：13-19.

［143］胡鞍钢，李春波. 新世纪的新贫困：知识贫困［J］. 中国社会科学，2001（3）：70-81.

［144］胡必亮，马昂主. 城乡联系理论与中国的城乡联系［J］. 经济学家，1993（4）：98-109.

［145］胡顺延. 中国城镇化发展战略［M］. 北京：中共中央党校出版社，2002.

［146］江曼琦. 知识经济与信息革命影响下的城市空间结构［J］. 南开学报，2001（1）：26-28.

［147］江小涓. 高度联通社会中的资源重组与服务业增长［J］. 经济研究，2017（3）：4-17.

［148］焦必方，林娣，彭婧妮. 城乡一体化评价体系的全新构建及其应用——长三角地区城乡一体化评价［J］. 复旦学报（社会科学版），2011（4）：75-83.

［149］李斌，李拓，朱业. 公共服务均等化、民生财政支出与城市化——基于中国 286 个城市面板数据的动态空间计量检验［J］. 中国软科学，2015（6）：79-90.

［150］李华. 城乡公共品供给均等化与转移支付制度的完善［J］. 财政研究，2005（11）：38-40.

［151］李强，陈宇琳，刘精明. 中国城镇化"推进模式"研究［J］. 中国社会科学，2012（7）：82-100.

［152］厉以宁. 走向城乡一体化：建国 60 年城乡体制的变革［J］. 北京大学学报（哲学社会科学版），2009（6）：5-19.

[153] 林阿妙. 农村公共产品供给侧结构性改革的战略重点 [J]. 经济问题，2017 (12)：82-85.

[154] 刘成奎. 自豪感、政府偏好与城乡基本公共服务供给的影响研究 [J]. 管理世界，2012 (9)：174-175.

[155] 刘天宇，姜彦福. 关于我国城乡经济社会一体化发展中若干问题的思考 [J]. 经济学动态，2010 (1)：22-25.

[156] 刘伟，张士运，孙久文. 我国四个直辖市城乡一体化进程比较与评价 [J]. 北京社会科学，2010 (4)：28-36.

[157] 刘小玄，赵农. 论公共部门合理边界的决定——兼论混合公共部门的价格形成机制 [J]. 经济研究，2007 (3)：45-56.

[158] 刘玉. 信息时代城乡互动与区域空间结构演进研究 [J]. 现代城市研究，2003 (1)：33-36.

[159] 卢荣善，张远秀. 以"小市大镇"为载体引导资源流向——中国城乡协调发展的一种思路 [J]. 经济学动态，2009 (6)：71-74.

[160] 陆铭，陈钊. 城市化、城市倾向的经济政策与城乡收入差距 [J]. 经济研究，2004 (6)：50-58.

[161] 骆永民，樊丽明. 城乡基本公共服务均等化标准的选择问题研究——基于政策敏感度和福利效果的比较分析 [J]. 中国工业经济，2011 (5)：16-26.

[162] 马晓河. 统筹城乡发展要解决五大失衡问题 [J]. 宏观经济研究，2004 (4)：3-6.

[163] 缪小林，王婷，高跃光. 转移支付对城乡公共服务差距的影响——不同经济赶超省份的分组比较 [J]. 经济研究，2017 (2)：52-66.

[164] 任迎伟，胡国平. 城乡统筹中产业互动研究 [J]. 中国工业经济，2008 (8)：65-75.

[165] 孙旭玉. 论促进城乡协调发展问题 [J]. 山东社会科学，2006 (7)：154-156.

［166］王检贵. 劳动与资本双重过剩下的经济发展［M］. 上海：上海三联书店，上海人民出版社，2002.

［167］王兴明，黄策，孙国玉. 城乡产业发展统筹内涵初探［J］. 经济研究，2009（12）：85-88.

［168］魏佳容. 城乡一体化导向的生活垃圾统筹治理研究［J］. 中国人口·资源与环境，2015（4）：171-176.

［169］吴丰华，白永秀，周江燕. 中国城乡社会一体化：评价指标体系构建及应用［J］. 福建论坛（人文社会科学版），2015（9）：11-18.

［170］谢文蕙，邓卫. 城市经济学［M］. 北京：清华大学出版社，1996.

［171］熊巍. 我国农村公共产品供给分析与模式选择［J］. 中国农村经济，2002（7）：36-44.

［172］徐明华，白小虎. 浙江省城乡一体化发展现状的评估结果及其政策含义［J］. 浙江社会科学，2005（2）：47-55.

［173］杨荣南. 城乡一体化及其评价指标体系初探［J］. 城市研究，1997（2）：19-23.

［174］叶超，陈明星. 国外城乡关系理论演变及其启示［J］. 中国人口·资源与环境，2008（1）：34-39.

［175］张国平，籍艳丽，马军伟. 城乡一体化水平测度与进程比较——京津冀与长三角地区城乡一体化评价［J］. 经济问题，2015（8）：117-121.

［176］郑国，叶裕民. 中国城乡关系的阶段性与统筹发展模式研究［J］. 中国人民大学学报，2009（6）：87-92.

［177］中国经济增长前沿课题组. 突破经济增长减速的新要素供给理论、体制与政策选择［J］. 经济研究，2015（11）：4-19.

［178］周江燕，白永秀. 中国城乡发展一体化水平的时序变化与地区差异分析［J］. 中国工业经济，2014（2）：5-17.

［179］周业安，宋紫峰. 公共品的自愿供给机制：一项实验［J］. 经济研究，2008（7）：90-104.

［180］周志山. 从分离与对立到统筹与融合——马克思的城乡观及其现实意义［J］. 哲学研究，2007（10）：9-15.

［181］朱铁臻. 实行多元协调发展的城镇化模式［N］. 人民日报，2003-5-13.

［182］朱希伟. 偏好、技术与工业化［J］. 经济研究，2004（11）：96-106.

［183］庄林德，张京祥. 中国城市发展与建设史［M］. 南京：东南大学出版社，2002.

［184］邹磊，徐策. 实施“互联网+”行动计划推动提质增效升级［J］. 宏观经济管理，2015（6）：13-26.

［185］邹农俭. 中国农村城市化研究［M］. 南宁：广西人民出版社，1998.

［186］安同良，杨晨. 互联网重塑中国经济地理格局：微观机制与宏观效应［J］. 经济研究，2020（2）：4-19.

［187］李晓华. “新经济”与产业的颠覆性变革［J］. 财经问题研究，2018（3）：3-13.

［188］孙浦阳，张靖佳，姜小雨. 电子商务、搜寻成本与消费价格变化［J］. 经济研究，2017（7）：139-154.

［189］宁朝山. 工业革命演进与新旧动能转换——基于历史与逻辑视角的分析［J］. 宏观经济管理，2019（11）：18-27.

［190］陶君成，潘林，初叶萍. 大数据时代城乡物流网络重构研究［J］. 中国流通经济，2016（11）：22-32.

［191］纪良纲，王佳淏. “互联网+”背景下城乡商贸流通一体化模式研究［J］. 经济与管理，2020，34（2）：77-84.

［192］余航，田林，蒋国银，陈云. 共享经济：理论建构与研究进展

[J]. 南开管理评论，2018，21（6）：39-54.

[193] 陈燕纯，杨忍，王敏. 基于行动者网络和共享经济视角的乡村民宿发展及空间重构——以深圳官湖村为例 [J]. 地理科学进展，2018，37（5）：142-154.

[194] 唐清利. 共享经济新经济模式下的社会治理新思路 [J]. 国家治理，2018（4）：21-27.

[195] 周洋，华语音. 互联网与农村家庭创业——基于 CFPS 数据的实证分析 [J]. 农业技术经济，2017（5）：113-121.

[196] 祝仲坤，冷晨昕. 互联网与农村消费——来自中国社会状况综合调查的证据 [J]. 经济科学，2017（6）：115-128.

[197] 马俊龙，宁光杰. 互联网与中国农村劳动力非农就业 [J]. 财经科学，2017（7）：50-63.